はじめて学ぶ
学校教育と新聞活用

考え方から実践方法までの基礎知識

小原友行/髙木まさき/平石隆敏
[編著]

ミネルヴァ書房

はじめに

■はじめて学ぶ 学校教育と新聞活用

「授業で新聞を活用しよう」と聞くと，「教科書があるのに，どうして新聞なのか」と意外に感じる人もいるかもしれません。

しかし子どものころ，授業の中で関連する新聞記事の話を聞いたり，クラスで新聞をつくったりした経験がある人は多いのではないでしょうか。

授業での新聞活用は，けっして特別なことではなく，実はとても身近な学習活動です。本書の中でも紹介されているように，すでに明治時代から新聞は「生きた教材」として利用されてきました。

本書は，将来，教員を目指している大学生のみなさん，またこれから授業で新聞を利用してみようと考えている教員の方々に，授業に新聞を活用した学習活動を取り入れることの基本的な考え方や理論的な裏づけから，実際の授業実践のやり方までを紹介しています。

とくに2008年に告示された新しい学習指導要領（小学校では2011年度から，中学校では2012年度から実施されています）は，「思考力・判断力・表現力の育成」と「言語活動の充実」を強調しており，それに適した学習活動として新聞の活用を取りあげています。

第Ⅰ部「新しい学びと新聞活用」では，学習指導要領に示されるような新しい学びとはどのようなものか，またなぜ新聞活用がそれにふさわしい学習を可能にするのかを解説しています。

また第Ⅱ部「教育と新聞」では，「教育に新聞を活用しよう」というNIE (Newspaper in Education) の取組みについて紹介しました。

そして授業で新聞を用いるためには，授業者自身が「新聞」というマス・メディアについて十分な理解をもっていてほしいと思います。

第Ⅲ部「新聞を知る」では，新聞というメディアはどのように生まれ，いまどのような役割を果たしており，またどのような問題に直面しているのかについて，第Ⅳ部「新聞を読む」では新聞紙面や新聞記事を理解するうえで知っておくべき事柄を取りあげました。

また本書では，新聞を活用してどんな授業ができるのかを，授業実践をかさねているベテランの先生方に紹介していただいています。第Ⅰ部から第Ⅳ部でも関連する項目にあわせて，できるだけ授業実践の様子も取りあげていますが，とくに第Ⅴ部「新聞を活用した代表的な学習活動」では，多くの学校で取り組まれている代表的な学習活動のスタイルを紹介しました。

本書は項目ごとの事典形式をとっていますので，必要や関心に応じてどの項目から読んでいただいても結構ですし，また通読していただければ学校教育での新聞活用に関する理論から実践までの全体像を理解することができます。

　この本を読まれて，教育での新聞活用に興味をもち，授業で取り組んでみようかと少しでも思っていただければ，執筆者にとり，これにまさる喜びはありません。

　最後になりますが，この企画に賛同していただき，学校や大学の授業でお忙しい中，編者の厄介な注文に応じて原稿を寄せていただいた方々，そして辛抱強く編集に携わっていただいたミネルヴァ書房編集部の河野菜穂さんに，心よりお礼を申し上げます。

2013年2月10日

編者一同

もくじ

■はじめて学ぶ 学校教育と新聞活用

はじめに

Ⅰ 新しい学びと新聞活用

A 学習指導要領と新聞活用

1 学習指導要領とは何か，学習指導要領の変遷 …… 2
2 新しい学習指導要領の特徴 …… 4
3 学習指導要領における「新聞」の扱い …… 6
4 キー・コンピテンシーとPISA調査 …… 8
5 読解力（リーディング・リテラシー） …… 10
- コラム1 PISAの分析から …… 12

6 全国学力・学習状況調査 …… 14
- コラム2 「全国学力・学習状況調査」の分析から …… 16

B 新しい学習課題と新聞活用

1 言語力／言語活動の充実 …… 18
- 実践1 言語活動の充実を図る …… 20

2 活用型学力 …… 22
- 実践2 新聞を比べて読んで考えよう …… 24

3 思考力・判断力・表現力 …… 26
- 実践3 わたしの意見を提案しよう …… 28

4 学習意欲，主体的な学び …… 30
- 実践4 主体的な学びをひらく …… 32

5 情報を読みとる …… 34
- 実践5 情報を読み解く力を育てる …… 36

6 情報を伝える …… 38
- 実践6 記事を書いてみよう …… 40

7 多メディア時代を生きる …… 42
- 実践7 情報社会を主体的に生きる …… 44

8 社会と出会う …… 46
- 実践8 新聞を通して社会と出会う …… 48

9 新聞活用の効果 …… 50

Ⅱ 教育と新聞

1 NIEとは？ …… 54
- コラム3 現代の子どもと読書 …… 56

2 世界のNIE …… 58
3 日本のNIE …… 60
- コラム4 明治期以降の新聞利用・活用 …… 62

4 ファミリー・フォーカス …… 64
- 実践9 家族で新聞を読もう …… 66

5 大学とNIE ……………………… 68
　実践10　大学でのNIE実践例 ……… 70
6 地域とNIE ……………………… 72

Ⅲ　新聞を知る

A　「新聞」とは何か
1 マス・メディアとしての新聞 …… 76
2 新聞の登場 …………………………… 78
3 近代社会の形成と新聞 …………… 80
4 近代日本における新聞の展開 …… 82
5 新聞記者の誕生 …………………… 84
6 新聞発行の産業化 ………………… 86
　コラム5　新聞とメディア・イベント … 88
7 戦争と新聞 ………………………… 90
　コラム6　新聞と検閲・言論統制 …… 92

B　新聞の現在
1 新聞（倫理）綱領 ………………… 94
2 日本の新聞 ………………………… 96
3 世界の新聞 ………………………… 98
4 一般紙とスポーツ紙／業界紙 … 100
　コラム7　子ども新聞 ………………… 102
5 新聞販売店と宅配制 …………… 104
6 新聞と放送 ………………………… 106
7 インターネットと新聞 ………… 108

8 新聞社サイト・デジタル版，
　 これからの新聞 ………………… 110

C　新聞・メディアをめぐる問題
1 報道の自由・取材の自由 ……… 112
2 権力の監視，「番犬」としての新聞
　 ……………………………………… 114
3 スクープと誤報 ………………… 116
4 調査報道 ………………………… 118
5 記者クラブ，発表報道 ………… 120
6 報道被害とメディア規制 ……… 122
　コラム8　事件報道 …………………… 124
　コラム9　犯罪報道と裁判員制 …… 126
7 名誉毀損・プライバシー侵害 … 128
8 新聞と世論 ………………………… 130
　コラム10　世論調査 ………………… 132
9 震災・災害報道と新聞 ………… 134
　コラム11　『石巻日日新聞』，「ファイト新聞」 …… 136
10 新聞とジャーナリズム ………… 138

Ⅳ　新聞を読む

1 ニュースとは何か ……………… 142
　実践11　一面を比べてみよう …… 144
2 言論機関と報道機関：
　 中立報道／客観報道は可能か … 146
3 ストレートニュース／フィーチャー記事／解説・論評 …… 148

| 実践12 | 事実と意見を区別する …… 150

4 見出しとリード ………………… 152
| 実践13 | 見出しを付けよう・比べよう
　　　　 ……………………………… 154

5 新聞記事の構成・文章 ………… 156
| 実践14 | ５Ｗ１Ｈを読みとる …… 158

6 面建てとレイアウト …………… 160

7 取材部門と編成・整理部門 …… 162
| コラム12 | 夜討ち朝駆け …………… 164
| コラム13 | 版の違い ………………… 166

8 報道写真 ………………………… 168
| 実践15 | 新聞写真を手がかりに …… 170

9 広告から時代が見える ………… 172
| 実践16 | 新聞広告のメッセージを読み
　　　　 解く …………………………… 174

Ⅴ　新聞を活用した代表的な学習活動

1 総合的な学習における新聞づくり
　　 ……………………………………… 178

| 実践17 | 地域の課題を調べて新聞をつ
　　　　 くる …………………………… 180

2 「まとめ型新聞」………………… 182
| 実践18 | 学習新聞で学びや体験をふり
　　　　 かえる ………………………… 184

3 記事スクラップ，新聞スピーチ … 186
| 実践19 | 記事スクラップで新聞に親しむ
　　　　 ……………………………………… 188
| 実践20 | 新聞記事を選んでスピーチする
　　　　 ……………………………………… 190

4 複数紙の比較読み ……………… 192
| 実践21 | 社説を比較読みする …… 194
| 実践22 | キャリア教育に記事やコラム
　　　　 を利用する …………………… 196

5 新聞記事をどうストックするか … 198

6 新聞利用と著作権 ……………… 200

関連サイト・参考図書 ………… 202
さくいん ………………………… 205

第Ⅰ部 新しい学びと新聞活用

第Ⅰ部　新しい学びと新聞活用

A　学習指導要領と新聞活用

 学習指導要領とは何か，学習指導要領の変遷

1　学習指導要領の基本的性格

　学習指導要領とは，文部科学大臣が公示した教育課程の基準である。具体的には，「小学校学習指導要領」「中学校学習指導要領」「高等学校学習指導要領」「特別支援学校学習指導要領」がある。なお，幼稚園の場合は，「幼稚園教育要領」が出されている。

　これらの学習指導要領は，学校教育法施行規則の規定が根拠となっている。例えば，第52条では，「小学校の教育課程については，この節に定めるもののほか，教育課程の基準として文部科学大臣が別に公示する小学校学習指導要領によるものとする。」となっている（中学校は第74条，高等学校は第84条，特別支援学校は第129条で同様の規定がなされている）。

2　学習指導要領の構成

　学習指導要領の構成は，学校種別で多少違いがあるが，2008（平成20）年版の小学校学習指導要領の場合は，次のような目次である。

　　第1章　総則
　　第2章　各教科（各節は，国語，社会，算数，理科，生活，音楽，図画工作，家庭，体育）
　　第3章　道徳
　　第4章　外国語活動
　　第5章　総合的な学習の時間
　　第6章　特別活動

　また，各教科については，「小学校学習指導要領」の「第2章第2節　社会」を例に紹介すると，次のようになっている。

　　第1　目標
　　第2　各学年の目標及び内容
　　第3　指導計画の作成と内容の取扱い

　なお，学習指導要領の内容を解説するために，「総則」「各教科」「道徳」「外国語活動」「特別活動」「総合的な学習の時間」「特別活動」ごとに学習指導要領の解説書が発行されている。

A-① 学習指導要領とは何か，学習指導要領の変遷

表1　学習指導要領の変遷（社会科の場合）

発行・告示	小学校	中学校・高等学校
1947年版 （昭和22）	『学習指導要領社会科編Ⅰ（試案）』	『学習指導要領社会科編Ⅱ（試案）』 『学習指導要領人文地理編Ⅰ（試案）』 『学習指導要領東洋史編（試案）』 『学習指導要領西洋史編（試案）』
1951年版 （昭和26）	『小学校学習指導要領社会科編（試案）』	『中学校高等学校学習指導要領社会科編Ⅰ（試案）』 『中学校高等学校学習指導要領社会科編Ⅱ（試案）』 『中学校高等学校学習指導要領社会科編Ⅲ（a）(b)（試案）』 『中学校高等学校学習指導要領社会科編Ⅲ（c）（試案）』
1955・1956年版 （昭和30・31）	『小学校学習指導要領社会科編』	『中学校学習指導要領社会科編』 『高等学校学習指導要領社会科編』
1958・1960年版 （昭和33・35）	『小学校学習指導要領』「社会」	『中学校学習指導要領』「社会」 『高等学校学習指導要領』「社会」
1968・1970年版 （昭和43・45）	『小学校学習指導要領』「社会」	『中学校学習指導要領』「社会」 『高等学校学習指導要領』「社会」
1977・1978年版 （昭和52・53）	『小学校学習指導要領』「社会」	『中学校学習指導要領』「社会」 『高等学校学習指導要領』「社会」
1989年版 （平成元）	『小学校学習指導要領』「社会」	『中学校学習指導要領』「社会」 『高等学校学習指導要領』「地理歴史」「公民」
1998・1999年版 （平成10・11）	『小学校学習指導要領』「社会」	『中学校学習指導要領』「社会」 『高等学校学習指導要領』「地理歴史」「公民」
2008・2009年版 （平成20・21）	『小学校学習指導要領』「社会」	『中学校学習指導要領』「社会」 『高等学校学習指導要領』「地理歴史」「公民」

❸ 学習指導要領の変遷

学習指導要領の変遷を社会科の場合を例に紹介すると，表1のようになる。

この表からもわかるように，最初の学習指導要領は1947（昭和22）年に出され，現在まで8回の改訂がなされていることがわかる。変遷の大きな特徴は，次の2点である。第一は，戦後初期の1947年版と1951年版には「試案」という文字があるように，当時の文部省の著作物であり，各学校が教育課程の編成を行う際の参考書の一つであったが，1955・1956年版以降，「試案」の文字がなくなり，1958・1960年版からは大臣によって告示される教育課程の基準として法的な拘束力をもつようになってきていることである。第二は，戦後まもなくの混乱期には，1947年版，1951年版，1955・56年版というように度々改訂がなされていたが，1958年版以降は，おおよそ10年ごとに改訂がなされていることである。

なお，戦後初期の1947年版や1951年版の社会科には「新聞学習」の単元が位置づけられていた。また，2008・2009年版では，内容の取扱いの中に新聞活用の活動が大きく取り入れられている。[1]

（小原友行）

▶1　日本NIE学会編（2008）『情報読解力を育てるNIEハンドブック』明治図書を参照。

第Ⅰ部　新しい学びと新聞活用

A　学習指導要領と新聞活用

 新しい学習指導要領の特徴

 新学習指導要領の改訂と特徴

　新しい小学校・中学校の学習指導要領は2008（平成20）年3月に，高等学校学習指導要領は2009年3月に告示され，2011年4月から小学校，2012年4月から中学校，2013年4月から学年進行で高等学校というように，順次実施されている。

　今回の改訂のポイントとして，2008年1月に出された中央教育審議会の答申では，次の7点の基本的な考え方が示された。

(1)　改正教育基本法等を踏まえた学習指導要領改訂
(2)　「生きる力」という理念の共有
(3)　基礎的・基本的な知識・技能の習得
(4)　思考力・判断力・表現力等の育成
(5)　確かな学力を確立するために必要な授業時数の確保
(6)　学習意欲の向上や学習習慣の確立
(7)　豊かな心や健やかな体の育成のための指導の充実

　これらの中でも改訂の大きな特徴の一つは，基礎的な知識・技能を活用して課題を解決するために必要な，思考力・判断力・表現力等の育成を重視している点である。すなわち，活用型学力の育成がキーワードの一つとなっている。それは，たんに知る・わかるだけでなく，その背景を熟考し，それに対する自分なりの意見や考えをもち，それを表現しながら社会への参加・参画を考えていく力の育成でもある。NIEとの関連でいえば，「情報読解力」の育成である。

■2　「思考力・判断力・表現力」重視の背景

　新しい学習指導要領で「思考力・判断力・表現力」の育成が重視されるのはなぜであろうか。大きくは，次の2つの理由が考えられる。

　第一の理由は，「キー・コンピテンシー」が国際標準の学力として認知されたことである。「キー・コンピテンシー」とは，次の3つができることである。とくに(3)が，「思考力・判断力・表現力」の育成とつながっている。

(1)　社会的に異質な集団での交流
　◎他者とうまく関わる力　　◎協力する能力
　◎対立を処理し，解決する能力

▷1　本書の「思考力・判断力・表現力」（26-27頁）を参照。

▷2　本書の「活用型学力」（22-23頁）を参照。

▷3　NIE（「教育に新聞を」）とは，学習者に生涯学習の基盤となる能力の一つである「情報活用力」を育成するために，教育界と新聞界が協力して行っている，新聞教材の開発と活用の研究・普及の取組みである。

▷4　本書の「キー・コンピテンシーとPISA調査」（8-9頁）を参照。

▷5　ライチェン，D.S.，サルガニク，ローラ．H.編／立田慶裕監訳（2003＝2006）『キー・コンピテンシー――国際標準の学力をめざして』明石書店。

(2) 自律的に活動すること
　　◎「大きな展望」の中で活動する力
　　◎人生計画と個人的なプロジェクトを設計し，実行する力
　　◎自らの権利，利益，限界，ニーズを守り，主張する能力
(3) 道具を相互作用的に活用すること
　　◎言語，シンボル，テキストを相互作用的に活用する能力
　　◎知識や情報を相互作用的に活用する能力
　　◎技術を相互作用的に活用する能力

　第二の理由は，2006（平成18）年の教育基本法改正及び2007年の学校教育法改正で，教育の具体的な目的・目標が示されたことである。改正教育基本法の第1条では，「教育は，人格の完成を目指し，平和で民主的な国家及び社会の形成者として必要な資質を備えた心身ともに健康な国民の育成を期して行われなければならない。」というように，教育の目的を示している。また，義務教育の目的を示した第5条第2項は，「義務教育として行われる普通教育は，各個人の有する能力を伸ばしつつ社会において自立的に生きる基礎を培い，また，国家及び社会の形成者として必要とされる基本的な資質を養うことを目的として行われるものとする。」となっている。このように，日本の教育の最終目的は，平和で民主的な国家及び社会の形成者として必要な資質，すなわちシティズンシップを育成することである。

　それを受けて，学校教育法の第30条第2項には学校教育の目標が示されている。すなわち，学校教育は，「生涯にわたり学習する基盤が培われるよう，基礎的な知識及び技能を習得させるとともに，これらを活用して課題を解決するために必要な思考力，判断力，表現力その他の能力をはぐくみ，主体的に学習に取り組む態度を養うことに，特に意を用いなければならない。」となっている。

３ 「思考力・判断力・表現力」の育成とNIE

　このような「思考力・判断力・表現力」や「情報読解力」の育成にとって，NIEは大変有効だと考えられる。なぜなら，新聞そのものがニュースの背景を読み解き，それに対する意見や考えを表現しているものであるからである。その意味で新聞は，「思考力・判断力・表現力」を育成する学習材として最適であると考えられる。また，子どもたちが社会の現実や課題を調べ，その背景を考え，意見や考えを新聞形式で表現していく新聞づくりの活動は，それ自身が「思考力・判断力・表現力」を育成する有効な学習活動であるともいえる。

　このような力の育成にNIEは大きな教育的効果を発揮するのではないかとの考えで，新しい学習指導要領においても新聞活用が位置づけられるとともに，小学校，中学校，高等学校を問わず，「情報を読み解く力」の育成を中心においたNIE学習が多くの学校において試みられている。

　　　　　　　　　　　　　　　　　　　　　　　　　　　（小原友行）

A　学習指導要領と新聞活用

 学習指導要領における「新聞」の扱い

1　各教科等の『学習指導要領解説』に見られる新聞の記述

　2008年1月に出された中央教育審議会（以下，中教審）の答申「幼稚園，小学校，中学校，高等学校及び特別支援学校の学習指導要領等の改善について」において，「7．教育内容に関する主な改善事項」の冒頭に「言語活動の充実」が位置づけられた。「言語活動」とは，「思考力・判断力・表現力等」を育成するために必要な「学習活動」とされ，すべての教科等においてその充実が求められた。

　そしてこの「言語活動」を支える条件として，教科書の工夫，読書活動の推進などとともに，「新聞の活用や図書館の利用などについて指導し，子どもたちがこれらを通して更に情報を得，思考を深めることが重要である。また，様々なメディアの働きを理解し，適切に利用する能力を高めることも必要である。」との文言が盛り込まれた。

　この中教審答申を受けて，2008年3月に小中学校の学習指導要領が，2009年3月に高等学校の学習指導要領がそれぞれ改訂され，これまで以上に「新聞活用」が学習指導要領の中に位置づけられることとなった。赤池幹氏（元日本新聞協会NIEコーディネーター）の調査（2010年7月）によれば，各教科等の『学習指導要領解説』には，表1のように「新聞」に関する記述が見られる。

2　学習指導要領「国語」における「新聞」に関する記述

　今回の学習指導要領の改訂において，もっとも新聞活用に関する記述が多く，かつ具体的に示された教科は小中学校の国語科である。国語科における「言語活動の充実」は「言語活動例」の中で次のように具体化されている。

小学校　国語科
〔第三学年・第四学年〕「C　書くこと」（2）
　　イ　疑問に思ったことを調べて，報告する文章を書いたり，学級新聞などに表したりすること。
〔第五学年・第六学年〕「C　読むこと」（2）
　　ウ　編集の仕方や記事の書き方に注意して新聞を読むこと。
中学校　国語科
〔第二学年〕「C　読むこと」（2）

▶1　2001年1月に，それまでの中央教育審議会を母体とし，生涯学習審議会，理科教育及び産業教育審議会，教育課程審議会，教育職員養成審議会，大学審議会，保健体育審議会の機能を整理・統合し，文部科学大臣の諮問機関として設置された。

▶2　本書の「言語力／言語活動の充実」（18-19頁）を参照。

▶3　PISAやTIMSS等の世界的な学力調査により，日本の児童生徒が，論述力などに表れる「思考力・判断力・表現力等」に課題のあることが浮き彫りとなり，「言語活動」を通して育成することが求められた。

▶4　学習指導要領に関しては，指導事項や内容の取扱い等のみが示された本文と，それらに関する解説が示されたものが，それぞれ教科ごとに刊行されている。また文部科学省のHPでも参照できる。

表1　各教科等の『学習指導要領解説』に見られる新聞の記述

小学校	国語	社会	理科	生活	家庭	道徳	総合	特活			合計
	19	15	2	1	1	1	2	2			43
中学校	国語	社会	美術	家庭	道徳	総合	特活				
	15	6	1	1	1	3	5				32
高等学校	総則	国語	地歴	公民	工芸Ⅰ	情報	商業	総合	特活	英語	
	1	5	10	3	1	8	7	1	5	15	56

　　ウ　新聞やインターネット，学校図書館等の施設などを活用して得た情報を比較すること。

〔第三学年〕「C　読むこと」(2)

　　イ　論説や報道などに盛り込まれた情報を比較して読むこと。

3　その他の教科等における「新聞」に関する記述例

　国語科以外に「新聞」に関する記述が多い教科は，小学校の社会科，高等学校の地理歴史科，高等学校の英語などである。それらについて，記述例を拾い出してみよう。

小学校　社会科〔第五学年〕

(4)　我が国の情報産業や情報化した社会の様子について，次のことを調査したり資料を活用したりして調べ，情報化の進展は国民の生活に大きな影響を及ぼしていることや情報の有効な活用が大切であることを考えるようにする。

　　ア　放送，新聞などの産業と国民生活とのかかわり

高等学校　地理歴史科

　第3款　各科目にわたる指導計画の作成と内容の取扱い

　2　各科目の指導に当たっては，次の事項に配慮するものとする。

(1)　情報を主体的に活用する学習活動を重視するとともに，作業的，体験的な学習を取り入れるよう配慮すること。そのため，地図や年表を読みかつ作成すること，各種の統計，年鑑，白書，画像，新聞，読み物その他の資料を収集・選択し，それらを読み取り解釈すること，

高等学校　外国語（英語）

　第3款　英語に関する各科目に共通する内容等

　［言語の使用場面の例］

　　c　多様な手段を通じて情報などを得る場面：

　　・本，新聞，雑誌などを読むこと・テレビや映画などを観ること

以上のように，新しい学習指導要領では，多様な教科，場面等で「新聞」の活用が期待されている。

（髙木まさき）

第Ⅰ部　新しい学びと新聞活用

A　学習指導要領と新聞活用

 # キー・コンピテンシーとPISA調査

 新しい社会からの要請としてのキー・コンピテンシー

　現代を特徴づける概念として，グローバリゼーションや脱産業主義，情報化等があげられる。これらの特徴を色濃く持ち始めた社会において，OECD諸国が共通に目指す世界観に沿った社会を展開させ続け，「自然環境の持続可能性と経済成長のバランス」を保ち，「社会的なつながりを伴う個人の成功」と「社会的不平等の削減」が実現するような社会をつくるためには，人々にどのような能力が必要だろうか。このような問いに導かれつつ1997年，OECDはDeSeCo[1]と呼ばれるプロジェクトを立ちあげ，その成果を以下にみる3つの鍵となる能力，すなわちキー・コンピテンシーとして提案した。[2]

　その一つ目は「相互作用的に道具を用いる」力で，下位能力として「言語，シンボル，テクストを相互作用的に用いる能力」「知識や情報を相互作用的に用いる能力」「技術を相互作用的に用いる能力」が，あげられている。ここで〈相互作用的〉とはそうした道具を受容し消費するだけでなく，「それらを効果的に思慮深く，責任を持って活用する[3]」力である。また，「情報そのものの特徴，その技術的なインフラ，およびその社会的，文化的，イデオロギー的な文脈と影響を批判的に考察することを前提としている[4]」とも述べられ，情報リテラシーやメディア・リテラシーと親近性のある力としてイメージされている。

　二つ目は「異質な集団で交流する」力で，下位能力として「他人といい関係をつくる能力」「協働する能力」「争いを処理し，解決する能力」があげられている。これは，「同じ利害，目的，あるいは確信を共有する人々が，職場チーム，市民組織，政党，あるいは労働組合などの集団として力を合わせることを必要[5]」とするような課題に立ち向かう時に要請される能力である。個人で解決できるような単純な課題ではなく，異なる能力や価値観をもつ人たちが力を合わせて乗り越えることが必要となるような複雑な課題への対応が前提になっていることがうかがえる。

　三つ目は「自律的に活動する」力で，「大きな展望の中で活動する能力」「人生計画や個人的プロジェクトを設計し実行する能力」「自らの権利，利害，限界やニーズを表明する能力」が下位能力としてあげられている。これは，自らの私的生活や職業人生，社会生活を有意義な形で展開できるように，自ら選択し，行動する力と考えられる。この能力は，「社会的周辺に位置づけられたり，

▷1　DeSeCoは，Definition and Selection of Key Competenciesの略称。

▷2　ライチェン，D. S.，サルガニク，ローラ. H.編／立田慶裕監訳 (2003＝2006)『キー・コンピテンシー──国際標準の学力をめざして』明石書店．

▷3　同上書，118頁．

▷4　同上書，119頁．

▷5　同上書，108頁．

差別されたりする人々にとっても，また自らの大義を掲げて戦う人々にとっても同じように不可欠である。両者とも自明とされた，既知の，明白で受け入れられた立場性から退くことができなければならない。前者は自らの解放を勝ち取るために，後者は他者の考え方を転換させ，同じ立場に立たせるためにである」とも説明されており，あらゆる人に必要な能力として考えられている。

▷6 同上書，111頁。

実際，キー・コンピテンシーの借定にあたっては，次の3つの条件に合うことが重視されたという。すなわち，(1)社会や個人にとって価値ある結果をもたらすこと，(2)いろいろな状況の重要な課題への適応を助けること，(3)特定の専門家だけでなく，すべての個人にとって重要であること，である。

2 PISA調査とは

PISA調査は上に見たような鍵となる能力が各国の15歳（多くの国で義務教育が修了する段階）にどのように開発されているかを調査し，各国の教育システムにフィードバックさせるという目的をもっている。

▷7 OECD／国立教育政策研究所監訳 (2010)『PISA2009年調査 評価の枠組み——OECD生徒の学習到達度調査』明石書店。

ただし，今のところキー・コンピテンシーすべてにわたっての調査が開発されているわけではなく，「相互作用的に道具を用いる」力の一部，主として「言語，シンボルテキストを相互作用的に用いる能力」と「知識や情報を相互作用的に用いる能力」の部分が測定されているにすぎない。

▷8 OECD (2005) THE DEFINITION AND SELECTION OF KEY COMPETENCIES : Executive Summary. http://www.oecd.org/pisa/35070367.pdf

PISAでは，道具（言語，シンボル，テクスト，知識，情報）を，どの程度日常的な文脈の中で活用（読み書き）し，適切に機能させることができるかを，学校の教科に関連させて，読解，数学，科学（理科）の分野で調べている。それらは，それぞれ読解力（読解リテラシー），数学的リテラシー，科学的リテラシーと呼ばれ，次のように定義されている。

▷9 本書の「読解力（リーディング・リテラシー）」(10-11頁)を参照。

読解力：「自らの目標を達成し，自らの知識と可能性を発達させ，効果的に社会に参加するために，書かれたテキストを理解し，利用し，熟考し，これに取り組む能力」

▷10 ▷7に同じ。

数学的リテラシー：「数学が世界で果たす役割を見つけ，理解し，現在及び将来の個人の生活，職業生活，友人や家族や親族との社会生活，建設的で関心を持った思慮深い市民としての生活において確実な数学的根拠に基づき判断を行い，数学に携わる能力」

科学的リテラシー：「・疑問を認識し，新しい知識を獲得し，科学的な事象を説明し，科学が関連する諸問題について証拠に基づいた結論を導き出すための科学的知識とその活用。・科学の特徴的な諸側面を人間の知識と探究の一形態として理解すること。・科学とテクノロジーが我々の物質的，知的，文化的環境をいかに形作っているかを認識すること。・思慮深い一市民として，科学的な考えを持ち，科学が関連する諸問題に，自ら進んで関わること。」

(森田英嗣)

A 学習指導要領と新聞活用

読解力（リーディング・リテラシー）

1 PISAと「読解力」

「読解力」は，OECD（経済協力開発機構：Organization for Economic Co-operation and Development）のPISA（生徒の学習到達度調査：Programme for International Student Assessment）において用いられたreading literacyに当てられた訳語で，2000年調査の際は「読解リテラシー」と訳されていたが，2003年調査から「読解力」と訳され，今日に至っている。

この「読解力」は，それまで日本で用いられてきた読解力とはかなり異なる概念であったが，今日では，国語科をはじめとして日本の学校教育全般で用いられるようになっている。その背景には，同調査における日本の子どもの「総合読解力」の結果が2000年調査時には8位であったものが，2003年調査では14位，2006年調査では15位と低下していったことがある。文部科学省は，2003年調査の結果を受けて「読解力向上プログラム」（2005年）を公にし，併せて『読解力向上に関する指導資料　PISA調査（読解力）の結果分析と改善の方向』（2005年）を刊行するなどして対応し，2008年改訂の学習指導要領における国語科の「読むこと」の指導事項や言語活動例なども，PISAの「読解力」を強く意識したものになった。そうした経過の中で，当初はPISA型「読解力」として従来の読解力とは区別して用いられることが多かったが，近年では「読解力」といえばPISA型を指すことが普通になってきており，受動的なイメージの強かった，それまでの読解力とは大きく質を変えてきている。

2 「読解力」の射程

PISAにおける「読解力」の概念は，2000年調査において「自らの目標を達成し，自らの知識と可能性を発達させ，効果的に社会に参加するために，書かれたテキストを理解し，利用し，熟考する能力」と定義された。また「読解力の3つの側面」について次のように説明している。

　読むテキストの形式：PISA調査では，散文を「物語」「解説」「論証」にわけた。さらに，一覧表，書式，グラフ，図などの非連続なテキストも取り入れた。

　読む行為のタイプ：PISA調査で測定したのは，テキスト（文章と図表）を全般的に理解して〈情報を取り出し〉，〈解釈し〉，自らの知識に関連づけて

▷1　本書の「キー・コンピテンシーとPISA調査」（8-9頁）を参照。

▷2　PISA2009年調査では，日本の子どもの総合読解力は8位に回復している。

▷3　「読解力向上プログラム」。http://www.mext.go.jp/a_menu/shotou/gakuryoku/siryo/05122201/014/005.htm（アクセス2012.8.12）

▷4　文部科学省（2006）『読解力向上に関する指導資料——PISA調査（読解力）の結果分析と改善の方向』東洋館出版社。

▷5　国立教育政策研究所編（2002）『生きるための知識と技能　OECD生徒の学習到達度調査（PISA）2000年調査国際結果報告書』ぎょうせい。

テキストの内容と形式について〈熟考し〉，〈自分の意見を論ずる〉習熟度である。

テキストが作成される用途，場面，状況：例えば，私的な手紙や小説や伝記は〈私的な〉用途で，公式の文書は，〈公的な〉用途で，マニュアルや報告書は〈職業的な〉用途で，教科書やワークシートは〈教育的な〉用途で用いられる。

以上のように，ふつうの文章だけでなく「非連続なテキスト」まで対象にしたこと，また〈自分の意見を論ずる〉ところまでを「読解力」に含めたこと，さらにはテキストが作成される「用途，場面，状況」を分類したことなどは，従来の国語科の読解力とは考え方を大きく異にするものといえる。

3 「デジタル読解力」

またPISA2009年調査では，それまでの「読解力」を「プリント読解力」とし，新たにコンピュータを用いたICTに関する知識・技能を問う「デジタル読解力」の調査も行われた。同調査における「読解力の3つの側面」はプリント読解力と基本的には同じであるとしつつも，媒体の違いにより，以下のように「新たな力点や戦略」も必要とされるとしている。

「情報へのアクセス・取り出し」：複数のナビゲーション・ツールを利用し，多くのページを横断しながら，特定のウェブページにたどり着き，特定の情報を見つけ出す技能が求められる。

「統合・解釈」：リンクを選択し，テキストを収集，理解するプロセスにおいて，それぞれのテキストの重要な側面を読み手自身が構築していく（略）

「熟考・評価」：デジタルテキストでは情報の出所や信頼性，正確さを吟味，判断しなければならない（略）

このような「デジタル読解力」が学力調査の課題となるような時代状況を受けて，総務省は2010年度から「フューチャースクール推進事業」を，文部科学省も2011年度から「学びのイノベーション事業」を開始している。

4 「読解力」と新聞

以上に述べた「読解力」の考え方は，2007年から実施されている「全国学力・学習状況調査」にも影響を与え，とくに2010年調査の中学校国語B問題では新聞の紙面が取りあげられた。「情報へのアクセス・取り出し」や「統合・解釈」，さらには「熟考・評価」することなどは，新聞を読む行為に極めて近い。また新聞各社のHPやデジタル新聞の活用などとの関係からも「デジタル読解力」は重要な課題となろう。

（髙木まさき）

▶6 「OECD生徒の学習到達度調査PISA2009年デジタル読解力調査～国際結果の概要～」。http://www.mext.go.jp/component/a_menu/education/detail/__icsFiles/afieldfile/2011/06/28/1307651_2.pdf（アクセス2012.8.12）

▶7 総務省「フューチャースクール推進事業」。文部科学省「学びのイノベーション事業」。http://www.mext.go.jp/b_menu/houdou/23/07/__icsFiles/afieldfile/2011/07/11/1308304_01_1.pdf（アクセス2012.8.12）

コラム1

PISAの分析から

1 PISA調査のデザイン

　PISAは，OECD（経済協力開発機構）によって行われ，各国の15歳（義務教育修了段階）が獲得している知識や技能を，実生活の様々な場面に即した課題にどの程度活用できるか，読解力，数学的リテラシー，科学的リテラシーの各分野について調査・検討することを目的としている。2000年から開始され，その後3年ごとに実施されてきている。

　参加国はOECD加盟国を中心にして次第に増加し，2000年に32カ国（26.5万人）の参加で始まった調査は，2009年には65カ国・地域から47万人が参加するまでに拡大している。調査問題は選択肢を選ぶタイプと記述するタイプがあり，1人当たり2時間を充てる。生徒にはいくつかの異なる問題セットのうちの一つが与えられ，すべての生徒が同じ問題を解くわけではないが，項目応答理論の適用によって，全体として7時間かけて解答するような量の問題を解いたときと同等のデータを得ることができるようになっている。また，生徒には20～30分程度で回答する自分自身や家庭についての質問紙が与えられ，協力校の校長にはやはり同程度の時間で回答する学校に関する質問紙が与えられる。

2 日本の15歳のパフォーマンスの変化

　表1に，過去4回の日本に住む15歳の成績（平均得点）の変化を示す。この表における各調査年の平均得点は，2000年調査時点でのOECD加盟国の平均点を500点となるように換算した得点であり，得点の変化は基本的にはそのまま経年変化としてみることが可能である。

　ここから大きく3つのことがわかる。(1)日本の生徒は，数学的リテラシー，科学的リテラシーに比べて，読解力がいずれの年においても相対的に低い点であること。(2)2000年から2006年にかけてはいずれの領域においても，成績の低下ないし停滞がみられたこと。(3)2009年の結果はいずれの領域も上向きとなり，持ち直しているように見えること，である。

3 学力政策の変化

　こうした変化の原因はこの間の政策によるところが大きいと考えられる。例えば，上の(1)，(2)の結果をうけて，文科省は2005年に「PISA・TIMSS対応ワーキンググループ」による検討を経て『読解力向上に関する指導資料』（文部科学省，2006年）を公表し，新学習指導要領の完成を待たずに新しい指導の内容や方法についての資料提供を先行的に行った。さらには2007年度から，結果を公表するものとしては40年ぶりとなる全国的な学力調査（全国学力・学習状況調査）を小学6年生と中学3年生に悉皆調査の形で導入しはじめ，その中にPISA型の問題を含めて改善を誘導するなどして，PISA型の学力育成へむけて大きく舵を切ってきた。さらに，小学校では2011年，中学校では2012年より全面実施される新しい学習指導要領において「言語活動の充実」「理数教育の充実」を柱にかかげてPISA調査への対応を図るとともに，2009年度からの先行実施を促すなど，ハイピッチの対応が図られてき

表1 過去のPISA調査の規模と日本の15歳のパフォーマンス			
実施年	平均得点（順位）		
	読解力	数学的リテラシー	科学的リテラシー
2000	522(8)	557(1)	550(2)
2003	498(14)	534(6)	548(2)
2006	498(15)	523(10)	531(6)
2009	520(8)	529(9)	539(5)

出所：文部科学省（2010）「OECD 生徒の学習到達度調査～PISA2009年調査分析資料集～」より作成。

た。2009年調査の結果で，低下ないし停滞傾向に歯止めがかかり，多少の持ち直しがみられた背景には，これらの政策が多少とも奏功したと考えてよいだろう。

4　新たな課題としての格差

しかし，この間の変化は，生徒の状況が2000年の状態に戻るというよりも，新しい課題を生みだしつつあるようにも見える。以下では，NIEに関連のある読解力を例にとって考えてみたい。すなわち，読解力の平均得点は2000年の522点がいったん500点以下にまで低下し，2009年には520点に回復しており，平均点だけをみればV字回復ともいえる（表1）。

しかし，絶対的な規準に基づくパフォーマンスのレベルごとの生徒の割合を比較して見てみると，強力な支援が必要だと考えられるレベル1の生徒が2000年の10.0％から2009年には13.6％に3.6ポイント増えており，同時にレベル5という最も優秀なレベルの生徒も同じく9.9％から13.4％に3.5ポイント増えるという結果であった。実際のところグラフを描いてみると，2009年の山は2000年に比べて低くなり裾野が広がっており，すなわち格差が広がってしまっているのである。このような低位層の増加は，教育実践上の新しい課題となるだろうと予想される。

5　新聞と読解力の関係

新聞を読む頻度と読解力との関連を見てみよう。2009年の調査において，新聞を読む頻度が「まったくか，ほとんどない」「年に2～3回」「月に1回ぐらい」「月に数回」「週に数回」の15歳の読解力の平均点は，それぞれ492点，517点，524点，533点，530点となっている。2009年の読解力の平均点が520点であったことを考え合わせるならば，新聞を読む頻度が「まったくか，ほとんどない」「年に2～3回」の生徒の読解力は全体の平均に届かなかったことがわかる。このデータは，読解力が十分でないために新聞を読まない（読めない）のか，新聞を読まないから読解力が十分に育たないのか，その因果関係を明らかにするものではない。しかしPISA調査でいう読解力は，情報リテラシーやメディア・リテラシーとの親近性がある力であり，新聞やニュースへの接触を通して育てることには十分な合理性があるように思われる。この点から考えるとNIEの研究課題を導くデータの一つとして注目する価値があろう。その際，レベル1にとどまる生徒たちをどのように育てるのか，という視点をもつことも重要になろう。

（森田英嗣）

▷1　文部科学省（2010）「OECD 生徒の学習到達度調査～PISA2009年 調査分析資料集～」。http://www.mext. go. jp/component/a_menu/education/detail/__icsFiles/afieldfile/2010/12/07/1284443_03_1.pdf
▷2　文部科学省（2006）『読解力向上に関する指導資料――PISA 調査（読解力）の結果分析と改善の方向』東洋館出版社。
▷3　森田英嗣（2011）「『全国学力・学習状況調査』は学力の現状を客観的に知るための科学的調査か――『初期状況』にみるポリティクス」大久保智生・牧郁子編著『実践をふりかえるための教育心理学――教育心理にまつわる言説を疑う』ナカニシヤ出版，41-58頁。
▷4　OECD（2010）PISA 2009 Results: Learning Trends: Changes in Student Performance Since 2000 (Volume V). http://dx.doi.org/10.1787/9789264091580-en
▷5　同上書。

第Ⅰ部　新しい学びと新聞活用

A　学習指導要領と新聞活用

 全国学力・学習状況調査

1　40年ぶりの全国的な学力調査

　2007年度から始まった「全国学力・学習状況調査」は，調査結果が国民に詳しく示される調査としては，40年ぶりの調査であった。
　荒井克弘は戦後の学力調査の歴史を3期に分けてとらえ足跡をたどっている。第1期は1948-1955年で，経験主義的な「新教育」下で児童生徒の学力が低下しているとの指摘がなされたことを背景にして始まった。第2期は1956-1966年で，それまでの調査は規模が不十分だったとして，文部省によって小・中・高等学校において体系的に行われた時期である。それは，「直接行政的に，学習指導要領その他の教育条件の整備改善に寄与しようという目的」（文部省調査局調査課（1957），「序文」より）で行われるとされた。しかしその中で，憲法や教育基本法の精神との整合性が取りざたされるとともに経済戦略との関連が指摘されて，政治的対立を招き，1966年を最後に中止された。その後，1967-1980年までの間，文部省による学力把握は行われなかった。1981年からは「教育課程実施状況調査」（1995年までは「教育課程実施状況に関する総合的調査研究」）が，「学習指導要領における各教科の目標や内容に照らした学習の実現状況を把握し，今後の教育課程や指導方法等の改善に資する」ために行われてきている。これが第3期である。しかし，この調査の結果は国民に詳しく報告されてこなかった。苅谷剛彦は，第3期を含めた2期後の時代を，学力調査「忌避の時代」と呼び，「……全国的な教育政策の評価も，学力の変化やその分布の変化もとらえられないまま，楽観的な見込みや印象論に基づいて，教育改革のメニューが決められる……」時代であったと述べている。こうしたとらえ方に従うならば，1966年に「全国学力調査」が最後に行われてから2007年の「全国学力・学習状況調査」が開始されるまで，実に約40年もの間，〈学力〉の実態は明らかにされずにきたことになる。

2　「全国学力・学習状況調査」の目的

　40年ぶりの学力調査の目的は，それを検討した専門家の会議で，次のようにまとめられた。すなわち，
　（1）国の責務として果たすべき義務教育の機会均等や一定以上の教育水準が確保されているかを把握し，教育の成果と課題などの結果を検証する。

▷1　荒井克弘（2008）「戦後日本の大学入試と学力調査」荒井克弘・倉元直樹編『全国学力調査日米比較研究』金子書房，2-10頁。

▷2　文部省調査局調査課（1957）『全国学力調査報告書：国語・数学──昭和31年度』文部省。

▷3　国立教育政策研究所教育課程研究センター（2005）「平成15年度小・中学校教育課程実施状況調査結果の概要」。http://www.nier.go.jp/kaihatsu/katei_h15/index.htm

▷4　苅谷剛彦（2009）「学力調査と格差問題の時代変化」東京大学学校教育高度化センター編『基礎学力を問う──21世紀日本の教育への展望』東京大学出版会，108頁。

(2) 教育委員会及び学校等が広い視野で教育指導等の改善を図る機会を提供することなどにより、一定以上の教育水準を確保する。

である。

学力調査「忌避の時代」を終焉させたのは、2つの契機であった。一つは、2002年から施行された「行政機関が行う政策評価に関する法律」の影響があげられる。すなわち、この法律によって行政はその政策を評価することが義務づけられたが、教育行政の成果の指標として「学力」は説得力のある指標として見なされたのである。実際、2005年10月の中央教育審議会答申である「新しい時代の義務教育を創造する」でも、義務教育行政は「……国の責任によるインプット（目標設定とその実現のための基盤整備）を土台にして、プロセス（実施過程）は市区町村や学校が担い、アウトカム（教育の結果）を国の責任で検証し、質を保証する教育システムへの転換」（第Ⅰ部　総論、(3)義務教育の構造改革）が求められるとされた。これが目的の(1)に対応する契機である。

二つ目は、『分数が出来ない大学生』の出版を契機に始まった、「ゆとり教育」が低学力を招くのではないかという議論である。その後、この主張は、国際学力到達度学会のTIMSSの結果、そしてOECDによるPISAの結果等が明らかになるにつれ、教育行政を方向づける議論になっていった。これが上記の目的(2)に対応する契機である。

３　「全国学力・学習状況調査」のデザイン

「全国学力・学習状況調査」は、以上の目的のもと、2007年より小学6年生、中学3年生を対象に、国語と算数・数学で悉皆調査として開始された（2010年からは小学校の約25％、中学校の約42％が対象の抽出調査となり、東日本大震災のため中止となった2011年を経て、2012年度は理科も実施された）。学力調査の内容は、いわゆる基礎的・基本的内容であるA問題に加え、「OECD（経済協力開発機構）によるPISA調査の概念的な枠組みの基本である主要能力（キー・コンピテンシー）の考え方や多様なテキスト、出題の仕方なども参考」にしたといわれるB問題からなっている（2012年度に行われた理科の調査ではA・B問題の分類はなされていない）。さらに「生活習慣や学習環境に関する質問紙調査」も同時に行われ、生活の実態と学力との関連に関心が払われたデザインになっている。

実施時期は新年度開始後間もない4月である。この時期に前年度までの学習状況を把握し、最終学年の教育に活かすことができるよう、調査結果を示すことで出口の質保証に役立てるとともに、PISA対策ともなっていると考えてよいだろう。

（森田英嗣）

▷5　全国的な学力調査の実施方法等に関する専門家検討会議（2006）「全国的な学力調査の具体的な実施方法等について（報告）」。http://www.mext.go.jp/b_menu/shingi/chousa/shotou/031/toushin/06042601/all.pdf

▷6　小野方資（2009）「『全国学力・学習状況調査』政策の形成過程——政策評価制度との関わりで」『東京大学大学院教育学研究科教育学研究室紀要』第35号、9-21頁。

▷7　中央教育審議会（2005）「新しい時代の義務教育を創造する」。http://www.mext.go.jp/b_menu/shingi/chukyo/chukyo0/toushin/05102601.htm

▷8　岡部恒治・西村和雄・戸瀬信之（1999）『分数が出来ない大学生——21世紀の日本が危ない』東洋経済新報社。

▷9　PISA調査については、本書の「キー・コンピテンシーとPISA調査」（8-9頁）を参照のこと。

▷10　国立教育政策研究所教育課程研究センター（2005）前掲書、7頁。

コラム2

「全国学力・学習状況調査」の分析から

1 「全国学力・学習状況調査」の目的

「全国学力・学習状況調査」は，2つの目的をもって実施されてきた。すなわち，(1)国の責務として果たすべき義務教育の機会均等や一定以上の教育水準が確保されているかを把握し，教育の成果と課題などの結果を検証する。(2)教育委員会及び学校等が広い視野で教育指導等の改善を図る機会を提供することなどにより，一定以上の教育水準を確保する，である。前者は，国レベルでの政策評価の手段として，後者は各教育委員会や学校等の教育の現場の教育指導の改善を引き出すこと，また改善のサイクルをつくることにあると考えられる。

2 「全国学力・学習状況調査」の結果とその活用

「全国学力・学習状況調査」の結果は，技術的な事情もあって，上述した(2)の目的，すなわち各教育委員会や学校での教育指導等の改善の側面で主として活用されてきた。そのために①問題を狙いとともに公開し，②解説と正解を提示し，③改善を引き出すための授業アイディアを提示してきたが，実際これらのことは，結果の改善を目指す各教育委員会や直属の学校に，大きな影響を与えた。2010年度の報告書によると，調査の結果を何らかの形で活用した学校は，小学校で約98％，中学校で約95％にのぼっている。

「全国学力・学習状況調査」の「教科に関する調査」は，個々の問題の正答率から児童生徒の学力の実態を推定している。2012年度の結果から学力の課題は次のようにまとめられている。すなわち，国語においては小学校で「グラフや表に含まれる情報を正確に読み取った上で，話したり書いたりすること」，中学校で「相手の発言を注意して聞き，自分の考えを具体的に書くこと」，算数・数学では小学校で「方法や理由を言葉や数を用いて記述する際，場面の状況や問題の条件に基づいて，必要な事柄を過不足なく記述すること」，中学校で「数学的に表現したり，数学的に表現された事柄を読み取ったりすること」などの記述式問題において力量不足が指摘されている。また，理科においても「観察・実験の結果などを整理・分析した上で，解釈・考察し，説明すること」などに課題がみられるとされ，小学校では「観察・実験の結果を整理し考察すること」，中学校では「実験の計画や考察などを検討し改善したことを，科学的な根拠を基に説明すること」などの点から，思考力・判断力・表現力等といった，知識を「活用」する力の育成の点から課題が指摘されている。

また，2010年度調査から「生活習慣や学習環境に関する質問紙調査」の児童生徒質問紙の結果をみてみると，国語や算数の勉強や，読書が好きな児童生徒の割合は，2007年以降の目立った変化はみられない。また，一日の学習時間，家で宿題をする生徒の割合，自分で計画を立てて勉強している，朝食を毎日食べる，家の人と学校での出来事について話をする児童生徒の割合については増加傾向がみられた。

おなじく2010年度における「生活習慣や学習環境に関する質問紙調査」の学校質問紙の結果をみると，算

数・数学で実生活における事象と関連づける授業を行った割合については目だった変化はみられなかったが，国語や算数・数学の宿題を与えた割合，国語で書く習慣をつける授業を行った割合，一斉読書の時間を設けている割合等で，小・中ともに増加傾向がみられ，この全国学力・学習状況調査が，この間の教育的働きかけに対して，変化を創り出していることがうかがえる。▷5

3　2010年度の補完調査からの示唆：新聞やニュースとの関連で

2010年度のデータはまた，さらなる分析が試みられた。その中から新聞やニュースとの関連の結果を抜き出すと，以下のことが明らかになっている。

すなわち，浜野隆によると，「保護者の子どもへの接し方や教育意識が子どもの学力と関係」しており，▷6 高学力層ほど，「ニュースや新聞記事について子どもと話す」などの割合が高く，この関係は，世帯年収を考慮してもみられる。また，「保護者の普段の行動もまた子どもの学力と関係」しており，高学力層の保護者ほど，「新聞の政治経済の欄を読む」「テレビのニュース番組をよく見る」などの割合が高い，と指摘されており，こうした家庭のもつ文化が子どもの学力と大きく関係することが明らかになっている。

さらに，志水宏吉らは，就学援助を受けている子どもの割合の高低と，学力水準の高低を考慮して，不利な条件を抱えているにもかかわらず効果を上げている「効果のある学校」とその他の「比較対象校」を比較している。▷7 それによると，「新聞やテレビのニュースなどに関心がありますか」の問いに対して「当てはまる」～「当てはまらない」を4件法で答えてもらった結果，「効果のある学校」と分類された学校の児童は「当てはまる」と「どちらかといえば当てはまる」の割合が76.6％であったのに対し，「比較対象校」では65.1％であり，統計的に有意な差がみられた。すなわち，「効果のある学校」では「新聞やテレビのニュースなど」への関心が高い児童生徒が多かったと報告している。

以上の結果は，単純に因果関係だと考えることはできないが，新聞やニュースへの接触を引き出すような教育環境や子どもを巡る人たちの文化が，学力をはぐくむ要因の一つであることを示唆する結果だといえよう。

（森田英嗣）

▷1　全国的な学力調査の実施方法等に関する専門家検討会議（2006）「全国的な学力調査の具体的な実施方法等について（報告）」。http://www.mext.go.jp/b_menu/shingi/chousa/shotou/031/toushin/06042601/all.pdf
▷2　森田英嗣（2011）「『全国学力・学習状況調査』は学力の現状を客観的に知るための科学的調査か──『初期状況』にみるポリティクス」大久保智生・牧郁子編著『実践をふりかえるための教育心理学──教育心理にまつわる言説を疑う』ナカニシヤ出版，41-58頁。
▷3　国立教育政策研究所（2010）「平成22年度全国学力・学習状況調査：調査結果のポイント」。http://www.nier.go.jp/10chousakekkahoukoku/10_point.pdf
▷4　国立教育政策研究所（2012）「平成24年度全国学力・学習状況調査：調査結果のポイント」。http://www.nier.go.jp/12chousakekkahoukoku/01point/24_chousakekka_point.pdf
▷5　▷3に同じ。
▷6　浜野隆（2009）「家庭背景と子どもの学力等の関係」文部科学省編『平成19・20年度全国学力・学習状況調査追加分析報告書』所収。http://www.nier.go.jp/07_08tsuikabunsekihoukoku/07_08_tsuikabunseki_houkokusho_ikkatsu.pdf，148-161.
▷7　志水宏吉・藤井宣彰（2009）「不利な環境にある子どもの学力の底上げに成功している学校の特徴──『効果のある学校』研究手法による分析」文部科学省編『平成19・20年度全国学力・学習状況調査追加分析報告書』所収。http://www.nier.go.jp/07_08tsuikabunsekihoukoku/07_08_tsuikabunseki_houkokusho_ikkatsu.pdf，162-179.

B 新しい学習課題と新聞活用

 言語力／言語活動の充実

① 言語力育成協力者会議における「言語力」とは

「言語力」とは、学習指導要領の改訂を目指す中央教育審議会（以下、中教審）に基礎資料を提供することを目的に、2006年に設置された言語力育成協力者会議で議論された言語運用等に関する能力を指す。

2007年8月の同会議において示された「言語力の育成方策について（報告書案）【修正案・反映版】」では、「言語力」を次のように説明している。

> この報告書では、言語力は、知識と経験、論理的思考、感性・情緒等を基盤として、自らの考えを深め、他者とコミュニケーションを行うために言語を運用するのに必要な能力を意味するものとする。
>
> また、言語力のうち、主として国語に関するものについて論じるが、言語種別を問わない普遍的かつ基盤的な能力を培うとの観点から、外国語や非言語等に関する教育の在り方についても必要に応じて言及する。
>
> 言語は、文化審議会答申（平成16年2月）が国語力について指摘するように、知的活動、感性・情緒等、コミュニケーション能力の基盤として、生涯を通じて個人の自己形成にかかわるとともに、文化の継承や創造に寄与する役割を果たすものである。

このように「言語力」とは、文化審議会答申（2004）をふまえ、外国語や非言語等も視野に入れながら、幅広く検討された言語の運用能力であった。

② 言語力育成の必要性

またこの報告書案では「言語力育成の必要性」を次のように述べている。

> 子どもを取り巻く環境が大きく変化するなかで、様々な思いや考えをもつ他者と対話をしたり、我が国の文化的伝統の中で形成されてきた豊かな言語文化を体験したりするなどの機会が乏しくなったために、言語で伝える内容が貧弱なものとなり、言語に関する感性や知識・技能などが育ちにくくなってきている。（略）
>
> OECDの国際学力調査（PISA）において「読解力」が低下していることや、いじめやニートなど人間関係にかかわる問題が喫緊の課題となっていることなど、学習の面でも生活の面でも、子どもたちの生きる力を育成するために、言語力の必要性がますます高まっている。

▷1 「言語力育成協力者会議について」（2006年6月1日）。http://www.mext.go.jp/b_menu/shingi/chukyo/chukyo3/015/siryo/07072001/003.htm（アクセス2012.8.12）

▷2 「言語力の育成方策について（報告書案）【修正案・反映版】」。http://www.mext.go.jp/b_menu/shingi/chousa/shotou/036/shiryo/07081717/004.htm（アクセス2012.8.12）。文部科学省HPによれば第8回会議（2007年8月）が最終会議。

▷3 文化審議会答申「これからの時代に求められる国語力について」（2004年2月）。http://www.mext.go.jp/b_menu/shingi/bunka/toushin/04020301.htm（アクセス2012.8.12）

▷4 本書の「キー・コンピテンシーとPISA調査」（8-9頁）を参照。

▷5 本書の「読解力（リーディング・リテラシー）」（10-11頁）を参照。

さらに、社会の高度化、情報化、国際化が進展し、言語情報の量的拡大と質的変化が進んでおり、言語力の育成に対する社会的な要請は高まっている。PISA調査で要請されている、文章や資料の分析・解釈・評価・論述などの能力は、今日の社会において広く求められるものである。

言語力育成が求められる背景には、子どもを取り巻く環境の激変やPISAにおける「読解力」の低下、人間関係に関わる問題、国際化、情報化の進展などがあり、こうした認識は中教審答申(2008)と共有されていた。

3 「言語力」から「言語活動の充実」へ

上記の引用部に続けて、「言語力の育成方策について（報告書案）【修正案・反映版】」には、次の文言が続く。

> 中央教育審議会では、学習指導要領の改訂に向けての審議において、今後の学校教育において、知識や技能の習得（いわゆる習得型の教育）と考える力の育成（いわゆる探究型の教育）を総合的に進めていくためには、知識・技能を実際に活用して考える力を育成すること（いわゆる活用型の教育）が求められているとしている。その際、「言葉」を重視し、すべての教育活動を通じて国語力を育成することの必要性が指摘されている。

本報告書案の中には「言語活動」の語は一例しか見出されないが、「習得」「活用」「探究」などの語が示すように、中教審答申(2008)における「言語活動の充実」の基盤となる考え方が紹介されている。

このように中教審と言語力育成協力者会議は互いの議論をふまえて検討を重ねたわけだが、中教審答申は「思考力・判断力・表現力等の育成」を掲げ、次のように述べる。

> 今回の改訂においては、各学校で子どもたちの思考力・判断力・表現力等を確実にはぐくむために、まず、各教科の指導の中で、基礎的・基本的な知識・技能の習得とともに、観察・実験やレポートの作成、論述といったそれぞれの教科の知識・技能を活用する学習活動を充実させることを重視する必要がある。各教科におけるこのような取組があってこそ総合的な学習の時間における教科等を横断した課題解決的な学習や探究的な活動も充実するし、各教科の知識・技能の確実な定着にも結び付く。

ここで「習得」「活用」「探究」の関係が明示されるが、中でも「それぞれの教科の知識・技能を活用する学習活動」とある「学習活動」が「言語活動」に相当し、「7．教育内容に関する主な改善事項」の冒頭に「言語活動の充実」が位置づけられることになる。

子どもを取り囲む環境の激変や学力低下等への対処として思考力や感性の基盤となる「言語力」の育成が急務となり、その手段として「言語活動の充実」が求められ、学習指導要領が改訂されたといえる。

（髙木まさき）

▶6 中央教育審議会答申「幼稚園、小学校、中学校、高等学校及び特別支援学校の学習指導要領等の改善について」(2008年1月)。http://www.mext.go.jp/b_menu/shingi/chukyo/chukyo0/toushin/__icsFiles/afieldfile/2009/05/12/1216828_1.pdf（アクセス2012.8.12）

▶7 本書の「思考力・判断力・表現力」(26-27頁)を参照。

▶8 本書の「活用型学力」(22-23頁)を参照。

実践 1

言語活動の充実を図る

1 言語活動の充実を図るために

「言語活動の充実」は，学習指導要領（2008）の中核をなす視点である。では，教育の現場においてどのような言語活動を取り入れたらよいのだろうか。「言語活動」とは「話す，聞く，書く，読む」活動一般ということになるが，日常の生活でこれらの活動をある意味無自覚に行っているといえるだろう。言語における様々な活動の充実をどのように図るのかを考えなくてはならない。

『言語活動の充実に関する指導事例集～思考力，判断力，表現力等の育成に向けて～【中学校版】』（文部科学省，2011年）に，言語の役割をふまえた言語活動の充実の重要性が示されている。

では「言語活動の充実」を図るためには，どのような授業展開であるべきなのだろうか。「学習指導要領」にもあるように，言語活動を行うことがねらいではない。指導事項を効果的に指導するための手段として言語活動がある。「学習指導要領」においては，指導事項を「言語活動例を通して指導する」と明記されている。例示されている言語活動例は，「日常の生活の中の話題について報告や紹介をしたり，それらを聞いて質問や助言をしたりすること」「日常生活の中の話題について対話や討論などを行うこと」など社会とつながり，社会生活において必要とされるものである。

2 新聞を学習材とした言語活動

言語活動は，国語科の授業の中だけではなく，実社会において生きて働くことが肝要であろう。知識基盤社会，高度情報社会において情報を読み解く力，メディア・リテラシーは基盤となる力であり，その育成を図ることは必要不可欠である。新聞を学習材とした言語活動として以下のようなものが考えられる。

(1)「話すこと・聞くこと」
・1年：新聞から得た情報について紹介をし，それらを聞いて，対話や討論などを行うこと。
・2年：世の中の出来事について調べたり，考えたことなどに基づき，発表をし，それらを用いて意見交換をすること。
・3年：新聞等から得た社会生活の中の話題について，相手を説得させるために意見を述べ合うこと。

(2)「書くこと」
・1年：新聞から得た情報を活用し，図・表・データ・写真などを用いた文章を書くこと。
・2年：新聞の説明，評論，投稿などの文章について，筆者の主張を裏づける根拠の妥当性について，自分の考えや主張を明確にして書くこと。
・3年：複数の新聞記事の情報の表現の仕方や内容について，批判する文章を書くこと。

(3)「読むこと」
・1年：本や新聞からの情報の集め方，読みとり方を身に付け，読書生活につなげること。
・2年：新聞やインターネット，学校図書館等の施設で読むことで得た情報を比較して読むこと。
・3年：論説や報道などについて，複数の新聞記事を比較し，評価して読むこと。

3　言語活動の充実を図る単元

　言語活動は例示という扱いであるが，効果的に取り入れるとするならば，系統化が必須である。「様々な種類の文章」を有する新聞を学習材とした「言語活動の充実」を図る中学校における単元を以下に示す。

　(1)　中学校1年　単元「いろいろな読むこと」

第1時：子どもに関する情報はどのように伝えられているのか。

第2時：こどもの日の新聞から子どもに関する情報を収集する。

第3時：子どもに関するデータの違いを読み比べる。

第4時：興味をもった子どもに関する情報を収集する。

第5時：子どもに関する情報をもとにコラージュ新聞を作成する。

第6時：子どもに関する情報について子どもの視点から考える。

第7時：コラージュ新聞を用いて，発表する。

第8時：子どもに関する情報についてのそれぞれの意見を伝え合い，共通点，相違点を認識し，相違点について意見を交換する。

第9時：学びのあとを振り返り，自己評価する。

　(2)　中学校2年　単元「コラムを読む」

第1時：コラムを読んで自分の考えをもつ。

第2時：コラムを読んで心に残った表現をチェックする。

第3時：同じテーマで書かれたコラムを読み比べる。

第4時：コラムに関連する情報を収集し，重ねて読む。

第5時：コラムの文章構造，筆者の思いを読みとる。

第6時：コラムにおける筆者の視点を読みとる。

第7時：コラムに見出しを付け，その見出しを付けた理由を発表する。

第8時：コラムの文章構造をもとにコラムを書く。

第9時：書いたコラムを読み合い，コメントを書く。それをもとに自己評価する。

　(3)　中学校3年　単元「社説を読む」

第1時：新聞記事の中の社説のもつ意味を考える。

第2時：社説で扱われているテーマを読みとる。

第3時：社説のキーワードを意識して読む。

第4時：社説と関連する情報を収集し，重ね読みをする。

第5時：事実と意見の区別で注目すべきところ（キーワード，問いかけ，文頭，文末）を意識して読み，事実と意見を区別する。

第6時：書き手の考え方や判別が含まれる「意見」を述べる前提となる根拠を読みとる。

第7時：社説についての意見を伝え合い，社会生活の中から話題を決め社説を書く。

第8時：伝え合った意見をもとに話し合う。

第9時：社説を書き，相互評価，自己評価する。

4　言語活動の充実を図る

　今を伝え，実社会とつながる新聞を学習材として活用することで，情報を他人事ではなく自分の事として受けとめ，当事者意識をもって向き合い，考えていくことが可能になる。

　言語活動においても，知り得た情報を正確に理解し，他者に的確にわかりやすく伝えようという意識が生まれ，考えを伝え合うことで，自分の考えも深まっていく。

（植田恭子）

参考文献

日本国語教育学会（2010）『豊かな言語活動がひらく——国語単元学習の創造』東洋館出版。

田中宏幸・大滝一登（2012）『中学校・高等学校　言語活動を軸とした国語授業の改革　10のキーワード』三省堂。

植田恭子（2010）「中学校国語科におけるNIEカリキュラム構想」『日本NIE学会誌』第5号，2010年3月。

B 新しい学習課題と新聞活用

活用型学力

1 活用型学力としての「思考力・判断力・表現力」

「活用型学力」とは,「習得型学力」との対比によって表現される概念である。一般的には,学校教育法の第30条第2項で示されている,次の規定の中の,基礎的・基本的な知識・技能を活用して課題を解決していくことができる,「思考力・判断力・表現力」を意味している。

「生涯にわたり学習する基盤が培われるよう,基礎的な知識及び技能を習得させるとともに,これらを活用して課題を解決するために必要な思考力,判断力,表現力その他の能力をはぐくみ,主体的に学習に取り組む態度を養うことに,特に意を用いなければならない。」

この規定に基づけば,学校教育は生涯学習のための基盤づくりの場であり,基盤として求められるものに,習得型学力である「基礎的な知識及び技能」,活用型学力である「思考力,判断力,表現力その他の能力」,そして学習意欲にあたる「主体的に学習に取り組む態度」の3つが位置づけられている。

2 NIEで育てる活用型学力としての「情報読解力」

「活用型学力」としての「思考力・判断力・表現力」を,NIEの視点からとらえ直すと,NIEだからこそ育てる必要がある「活用型学力」としては,「情報読解力」(情報を読み解く力)をあげることができる。具体的には,NIE学習の中で,学習者が発見し構成する情報を読み解くための7つの「問い」(表1)の中の,⑤〜⑦の問いに答えることができる力である。

これらの問いのうち,①〜④は,基本的な情報を得るための問いである。⑤は,「知る」ための問い,⑥は,「わかる」ために背景を考える問いであり,そして⑦は,よりよく社会に「生きる」,よりよい社会を「つくる」ための判断を行う問いである。「情報読解力」を,たんに情報を知るだけでなく,その背景を熟考し,自分なりの意見や考えをもち,それを表現しながら社会への参加・参画を考える力と考えると,NIEが求める活用型学力とは,一般的には⑤⑥⑦を,狭義には⑥と⑦に答えることができる力ととらえることが適当であろう。

したがって,NIEで育てる「情報読解力」としては,「どのように,どのような」「なぜ,どうして」「何をなすべきか,どのようになすべきか」という問

▶1 本書の「思考力・判断力・表現力」(26-27頁)を参照。

▶2 本書の「学習意欲,主体的な学び」(30-31頁)を参照。

表1　情報を読み解く「問い」の分類

問　い	働　き
① When（いつ）	事象や問題に関する基本的な情報を得るためのもの
② Where（どこで）	
③ Who（誰が）	
④ What（何を）	
⑤ How（どのように，どのような）	事象や問題の過程や構造・特色を記述するためのもの
⑥ Why（なぜ，どうして）	事象や問題の背景を目的論的，条件的，因果的に解釈し，説明するためのもの
⑦ What Should（何をなすべきか）How Should（どのようになすべきか）	事象や問題に対する価値的判断や実践的判断を行うためのもの（意見や考えをもつために行うもの）

いを中心に，「情報の背景をクリティカルに分析する力」と，「情報をクリエイティブに創造する力」の両面が必要になろう。もちろん，読み解くものは，新聞によって提供される事象や問題だけでなく，紙面構成における新聞社の価値判断の読み解きも重要である。

「なぜ・どうして，もっと知りたい新聞で」「どうしたらいいの，みんなで考えよう新聞で」「意見や考えを，みんなに伝えよう新聞で」は，「情報読解力」を示すもう一つの表現と考えることもできよう。[3]

3　「情報読解力」を育成するNIEの3つの活動

「活用型学力」としての「情報読解力」を育成するためには，大きく次の3つの活動をNIE学習に取り入れることが必要であろう。

　第一は，新聞等のメディアから情報を受信し，取り出す活動である。例えば，「新聞スクラップ」[4]「複数紙の読み比べ」[5]「その日の新聞の喜怒哀楽を見つける」「平和や共存共生といったキーワードをもって読む」などは，代表的な情報受信活動である。

　第二は，情報の背景をクリティカルに考える活動である。「なぜ，どうして」と問い，「情報の背景を読み解く活動」や，「新聞社の紙面づくりにおける価値判断を読み解く活動」などがそれにあたる。

　そして第三は，クリエイティブに情報を創造し発信する活動である。「取材体験活動に基づく子ども新聞作成」「紙面や見出しづくり」「新聞投稿活動」「新聞感想文」「社説やコラムにチャレンジ」「NIEスピーチ」[6]「切り抜き新聞づくり」などは，これまでに開発された意見や考えを発信するための代表的な活動である。

　これらの活動を通して，子どもたちは情報に関する「思考・判断・表現」を行い，「情報読解力」を獲得していくと考えることができる。　　　（小原友行）

[3]　日本NIE学会編（2008）『情報読解力を育てるNIEハンドブック』明治図書の裏表紙より。

[4]　本書の「記事スクラップ・新聞スピーチ」（186-187頁）を参照。

[5]　本書の「複数紙の比較読み」（192-193頁）を参照。

[6]　[4]に同じ。

実践2

新聞を比べて読んで考えよう

1 情報に受け身の子どもたち

　小学校高学年になると，子どもたちは自分なりの興味や関心のある事柄をもち，それについての最新の情報をより速く得ようとする。しかし，その情報を受信する様子は安易で受け身であり，情報を受信する範囲や手段も限られている。情報の送り手の意図や思考を読みとったり，様々な受け止め方や考え方があることを感じとったりする力をつけているとはいえない。また，OECD生徒の学習到達度調査（PISA）や全国学力・学習状況調査の結果では，自分の考えを論理的に表現するのが苦手な子どもたちが多いことも明らかになっている。

　情報化社会の中に生きていく子どもたちにとって，主体的に情報と接し，情報をたんに受容するだけでなく，意図をもって構成されたものとして積極的に読み解く力，情報を取捨選択し，情報を生成していく能力，いわゆるメディア・リテラシーを育成することが必要であることはいうまでもない。この時期に，情報を客観的にとらえ体験的に考える学習を行い，その後の様々な学習や生活の場で確かめながら，自らの思いや考えを深めていくことが望まれる。

2 新聞記事を比べて読もう

　新聞記事には教科書教材とは違う新鮮さがあり，同時性のある身近な情報や興味ある情報は，子どもたちの興味・関心を高め，意欲的な活動を期待できる。

　そこで，5年生の子どもたちが興味をもちやすいスポーツ記事を教材にして，筆者（送り手）の意図や考え方に迫るために，比べて読む活動を設定した。

　教材は，浅田真央選手の記事である。浅田選手は，2010年バンクーバーオリンピックの女子フィギュアスケートで銀メダルを獲得した。これに先立って，このシーズン不調だった浅田選手は，まず日本選手代表となって出場権利を獲得する必要があった。浅田選手は，全日本選手権最終日のフリー演技で単独でトリプルアクセル（三回転半ジャンプ）を成功させ，混戦の中，オリンピックへの出場権を得ることができた。

　学習の流れは，次の通りである。

【学年・教科】小学校5年　国語
【単元名】新聞を読もう

①新聞の編集の仕方をつかみ，学習の見通しをもつ。
・ペアで複数の新聞をひろげ，共通点を探す。
・共通点を発表し合い，新聞の構成をとらえる。
・情報の伝えられ方を自分の言葉でまとめる。

②記者になったつもりで，見出しを考える。
・全日本選手権の浅田選手の試合ビデオ映像を観て，記者になったつもりで，見出しを考える。
・考えた見出しとその根拠を話し合う。
・実際の新聞記事の見出しを読み比べ，見出しの作られ方や記者の伝えたかったことを考える。

③同じ話題の記事を見出し・写真・本文の観点で比べて読み解き，2つの記事の伝えたいことや伝え方の違いを考える。使用した新聞記事は「勝利優先　大技を封印」（『読売新聞』2009年12月28日付）と「お帰り　真央スマイル」（『毎日新聞』2009年12月28日付）。

・浅田選手の試合を伝える2つの記事のバラバラにした見出しと写真を結びつけて読み、一致させる。
・写真・見出しと本文を対比して、伝えたいことの違いに気をつけて読む。
・写真・見出しと本文を一致させる。
・見出し・写真・本文のもつ意味を自分の言葉でまとめ、筆者の考えを読みとる。

④興味をもった話題に関する複数の記事を読み比べ、その違いや共通点から筆者の考えを読み解く。
・「わたしの気になったニュースを比べて」発表会をすることを知り、活動の見通しをもつ。
・複数の新聞を読み、関心のあるテーマを決める。
・マーカーで囲んだ記事を切り抜き、その中の2つの記事を選び、相違点に気をつけて読む。
・自分ならどちらの記事を書くか伝えられている話題についての考えなど、根拠を明らかにして書く。
・ペアやグループでワークシートを読み合って交流して自分の考えを深め、助言を生かして推敲する。

⑤「わたしの気になったニュースを比べて」発表会で興味をもった話題について、比べ読みを通して考えたことを発表する。
・グループ内発表のあと、代表がクラスで発表する。
・学習を振り返り、今後の学習に生かすことを書く。

記者になったつもりで見出しを考える活動では、映像を観ながら記者になったつもりでメモを取り、見出しを考えさせた。浅田選手の何を伝えたいのかを絞り込むのは、ペアやグループで取り組む。焦点化したいのは集中した演技のすばらしさか、試合後の表情か、インタビューの言葉か、子どもたちには見出し当てクイズのような楽しさで盛り上がり、「真央V4達成」「真央、復活のジャンプ」「真央五輪への切符つかむ」「思わず笑顔、次は五輪だ」などが考え出された。実際の新聞記事の見出しと比べてみて、見出しには伝えたいことが集約されていることや言葉を厳選していることに改めて納得していた。

記事の比べ読みでは、「写真Aは演技中のジャンプで、写真Bは演技後のほっとした顔。だから、見出しに『スマイル』があるのは、写真Bがいい」「Bは演技後の写真だけれど、失敗なくすべてV4を取ったのだから、『勝利優先〜』という見出しが合う」など、記者になったつもりでメモを取り、見出しも考えただけに、話し合いが活発であった。

こうしてモデル教材での比べ読みができたところで、活用型の学力を育成するために他の複数の記事の比べ読みに移行した。各自が興味をもった話題は多岐にわたり、大地震、地球温暖化、拉致問題、成人式、携帯電話の変化など、社会的な課題も取りあげられた。読むことに不慣れな子どものために、自然現象や動物、環境問題、スポーツ、子どもの生活に関する話題など理解しやすい内容の記事をあらかじめ用意した。

全国的に不況が影響して減額したお年玉を貯金する子どもが増えている、という断定的な記事に疑問をいだいた子が、周囲の友だちに取材して反論を展開した児童作品「ぼくたちのお年玉事情」が印象深い。

3 「今」と向き合う新聞の比べ読みの必要性

新聞の比べ読みは、教科書にも扱われている。教科書だけに、流動的な問題やすぐには結論の出せない話題は避けざるをえない。ましてや、教材化された新聞記事は教科書用にリライトされていることもある。

新聞などの情報はつねに「今」を扱っている。教科書で「習得」した基本的な知識・技能を「活用」して、さらに新聞を入り口として、メディアを読み解く経験を重ねることが必要である。

（臼井淑子）

B 新しい学習課題と新聞活用

3 思考力・判断力・表現力

① 学校教育法及び「審議のまとめ」に規定された「思考力・判断力・表現力」

「思考力・判断力・表現力」は，2007年の6月に一部改訂された学校教育法，及び新しい学習指導要領の基本方向を示した中央教育審議会の「審議のまとめ」において，学力の重要な要素の一つとしてあげられた概念である。

すなわち，2007年に改訂された学校教育法では，第21条に義務教育として行われる普通教育の目標が10項目に亘ってあげられている。そして第30条第1項において，小学校の教育が第21条の各号に掲げる各目標を達成するよう行われるものとすることを確認したうえで，その直後の第2項において「前項の場合においては，生涯にわたり学習する基盤が培われるよう，基礎的な知識及び技能を習得させるとともに，これらを活用して課題を解決するために必要な思考力，判断力，表現力その他の能力をはぐくみ，主体的に学習に取り組む態度を養うことに，特に意を用いなければならない。」と規定し，「思考力，判断力，表現力」等が基礎的な知識や技能を活用するために必要な力であるとの位置づけがなされている。そして，第48条，第52条，第68条において，この規定が，それぞれ中学校，高等学校，中等教育学校の教育課程の設定においても，同様に重視される能力だとされている。

これを受けて，中央教育審議会による「教育課程部会におけるこれまでの審議のまとめ」では，「学力の重要な要素は，(1)基礎的・基本的な知識・技能の習得，(2)知識・技能を活用して課題を解決するために必要な思考力・判断力・表現力等，(3)学習意欲，である」ことを確認し，「思考力・判断力・表現力」等を「確かな学力」の3要素のうちの一つであると位置づけている。

② 「活用型学力」としての「思考力・判断力・表現力」等

上記の「審議のまとめ」では，PISA調査の結果等をふまえ「子ども達の学力に関する各種の調査の結果は，いずれも知識・技能の活用など思考力・判断力・表現力等に課題があることを示している。」と分析している。このことからもうかがえるように，「思考力・判断力・表現力」等は，習得した「基礎的・基本的な知識・技能」を活用する能力，とりわけPISA調査がターゲットとする読解力，数学的リテラシー，科学的リテラシー，問題解決リテラシー等

▷1 中央教育審議会初等中等教育分科会教育課程部会（2007）「教育課程部会におけるこれまでの審議のまとめ」。http://www.mext.go.jp/b_menu/shingi/chukyo/chukyo3/siryo/07110606/001.pdf

▷2 同上書，21頁。

▷3 本書の「PISAの分析から」（12-13頁）を参照。

▷4 前掲書，24頁。

▷5 本書の「読解力（リーディング・リテラシー）」（10-11頁）を参照。

の能力開発を意識して設定されていると考えられる。

そして,「思考力・判断力・表現力」を育むための教育活動を以下のような活動として例示した[6]。すなわち,そこでは

(1) 体験から感じ取ったことを表現する
(2) 事実を正確に理解し伝達する
(3) 概念・法則・意図などを解釈し,説明したり活用したりする
(4) 情報を分析・評価し,論述する
(5) 課題について,構想を立て実践し,評価・改善する
(6) 互いの考えを伝え合い,自らの考えや集団の考えを発展させる

などの活動を,各教科で活性化させることが重要だとされている。

③ 「思考力・判断力・表現力」の評価

以上のような学力の規定を受けて,中央教育審議会の「児童生徒の学習評価の在り方について(報告)[7]」は,学習指導要録に記録する「目標に準拠した評価」の「観点」を以下のように改訂した。すなわち,2001年改訂の学習指導要録で設定された「技能・表現」「知識・理解」「思考・判断」「関心・意欲・態度」の4観点が,2010年の改訂では「技能」「知識・理解」「思考・判断・表現」「関心・意欲・態度」の4観点となり,「技能・表現」から「表現」が取り除かれて,「思考・判断」と組み合わされた。

この点については,「『思考・判断・表現』は,それぞれの教科の知識・技能を活用して課題を解決すること等のために必要な思考力・判断力・表現力等を児童生徒が身に付けているかどうかを評価する」ための「観点」であることが明示されるとともに,「この観点を評価するに当たっては,単に文章,表や図に整理して記録するという表面的な現象を評価するものではなく,例えば,自ら取り組む課題を多面的に考察しているか,観察・実験の分析や解釈を通じ規則性を見いだしているかなど,基礎的・基本的な知識・技能を活用しつつ,各教科の内容等に即して思考・判断したことを,記録,要約,説明,論述,討論といった言語活動等を通じて評価するものであることに留意する必要がある。」と指摘されている。すなわち,ここで評価の観点として「表現」は,音楽,図画工作,美術の各教科における表現,例えば「歌唱,器楽,絵,デザイン等の指導の内容を示す『表現』とは異なる」ものであり,思考・判断したことの「表現」であることが明記された。

先にあげた学力の3要素とこれらの「観点」を対応づけるならば,「①基礎的・基本的な知識・技能の習得」の評価が「技能」「知識・理解」によって,「②知識・技能を活用して課題を解決するために必要な思考力・判断力・表現力等」が「思考・判断・表現」によって,「③学習意欲」が「関心・意欲・態度」によって評価されるという対応関係にあると考えられる。　　　　(森田英嗣)

▷6　前掲書,25頁。

▷7　中央教育審議会初等中等教育分科会教育課程部会(2010)「児童生徒の学習評価の在り方について(報告)」。http://www.mext.go.jp/b_menu/shingi/chukyo/chukyo3/004/gaiyou/1292163.htm

実践3

わたしの意見を提案しよう

1 考えを深めて効果的に書く力を

　小学校高学年の「書くこと」では，目的や意図，相手に応じて，文章の種類を選び，考えたことを反映させて，構成の効果を考えて書くことを指導する。これは記述の段階だけでなく，課題設定や取材の段階もふくめて行われるべきものである。一連の表現過程において，文章の種類や特質に応じ，書きたいことを見つけたり，考えの理由や根拠を明らかにしたりしながら自分の考えを深めていくことが，思考力・判断力・表現力を育てることにつながる。ここでは，次の4点に重点をおいて意見文を書いた言語活動を紹介する。

・社会の話題と自分とを結びつけて考え，書くことを選び出す。
・複数のことを比較したり，関係づけたりしながら，課題意識を明確にする。
・考えの理由や根拠，事例を吟味し，自分の考えをわかりやすく書く構成を工夫する。
・相互評価を位置づけ，表現を振り返る。

2 社会の出来事と向き合って考える

　日頃から気になっていることや自分の意見がある子ばかりではない。そんな子にとって新聞は有効である。新聞を読み進めると，問題意識をもつことができることが多い。それは，新聞には「今」の多様な出来事や問題がうつし出されているからである。また，様々な人々の考えや思いが紹介されている。新聞を広げて，こうした問題があったか，このように考える人もいるのだ，と改めて問題に気づくことができる。

　意見文や提案文は，解決や改善が望まれている問題をふくむ事柄や出来事への子どもなりの提言であってほしい。そのためにも，どんなテーマが考えられるか，どんなテーマが適切か，どんな考えがあるかを友だちや家族と交流させていくことも大切である。

　また，子どもたちが意見文や提案書を書くとき，考えが曖昧で根拠が明解でないことが見受けられる。これは，いろいろな事例を知識としてもっていないためである。新聞から事実を選び出し，根拠として利用することを手始めとして，その後，本や文章，パンフレットやリーフレット，音声や映像，雑誌や新聞，インタビューやアンケートなどの取材方法を適宜指導していくとよい。

　学習の展開は，次のようなものである。

【学年・教科】小学校5年　国語
【単元名】わたしの意見を伝えよう，提案しよう
①教材文や新聞のコラム，投稿を読む。
　・関心をもちやすいコラムや投稿を読み聞かせ，自分の考えを発信することに関心をもつ。
　・学習課題をもち，学習計画を立てる。
②くらしの中の問題を見つけ，書きたいことを考える。
　・コラムや投稿など，新聞の中から気になった記事を切り抜き，テーマを選び自分の考えをもつ。
　・家族や社会の中で話題となっていることを出し合い，くらしの中の問題を見つけ，意見を交換する。
③自分の意見の根拠を集め，文章構成を考える。
　・モデル文から意見文の文章構成，文末表現を知る。

《構成》自分の意見（立場），根拠となる事実，予想される反対意見とそれに対する考え，結論
  ・アンケートやインタビューを準備したり，本やインターネットから資料を集めたりして調査する。
④メモをもとに意見文や提案文を書く。
  ・構成表をつくり，段落構成を整理して意見文を書く。
  ・友だちの意見を参考に，構成と記述を推敲する。
⑤意見交流をする。
  ・発表会をしたり意見文集にまとめたりして，意見交流をして，相互評価を書く。
  ・投稿する場合は，規定の文字数にまとめる。
〈子どもたちの意見文のテーマ〉
  東日本大震災関連　車いす体験　世界遺産
  アフガニスタンの子ども　地球温暖化　いじめ問題
  絶滅危惧種　動物愛護　日中関係　ゴミ問題
  なでしこジャパン　食料自給率　高齢化社会

3　コラムや投稿欄を活用して

　新聞には，事実を発信する報道記事のほかに，事実をもとに主張を交えて発信する社説やコラムがある。これは，新聞社や記者の考えを発信する場である。限られた字数で，世の中の出来事について深く分析，追求，批評しており，簡潔かつ的確に自分の考えや思いを伝える文章を書く際に参考になる。

　また，読者個人の意見を発信する場として，投稿欄がある。こちらも限られた字数の中に市民としての考えや思いが書かれている。こうした他者の意見を読み重ねることで，問題と向き合って考え，多様な意見や対立する意見を読みとって判断し，自分の考えを表現していく力を養うことができる。ときには，投稿欄には投稿の往復が掲載されることもあり，「読む」学習だけでなく，「書く」学習の発信の場としても大いに活用したい。

〈子どもの作品例〉「脱原発への道を」5年女子

　3.11の東日本大震災。6か月たった今もその日のことを忘れられない。被災地の人達はどうしているか，私に何ができるのか，いつも考える。

　6時間目，総合の発表練習をしていたとき，とつ然，教室の電灯が消えゆれ始めた。ニュージーランドの地震を思い出し，おびえながら母を待った。ひなんした青少年会館で眠れずにむかえた朝。テレビには緊急地震速報がバンバン入って，つらかった。

　けれども，本当のつらさはそれからだった。津波におそわれた町や人々。そして，何よりも心配な福島第一原発の事故，放射能おせんがおきた。

　日本のエネルギーの5分の1をしめる原子力発電をなくすと，私達の生活は困ってしまう。確かに原子力発電はコストが少なくてすむが，こわれたら簡単にしゅう理できないし，放射能はいき物しょ理もしきれない。私達の命にかえても使い続けなければならないのだろうか。

　今，太陽光や風力などエネルギーの原料を見直そうという動きが活発になっている。8月16日付の日本経済新聞に筑波大学とアメリカの会社が藻類からバイオ燃料を生産する研究をしているとあった。トウモロコシの5万倍のエネルギー生産量なので，少し明るい気持ちになる。しかし，まだ実験段階だという。

　だから，今，私達のできることは節電や節水しかない。総合の時間に原子力について調べたとき，電力供給を原子力発電にたよって，よいところばかりを見てきたことに気がついた。それは，使いたいだけ使ってきた私の生活を見直すきっかけとなった。

　クラスでも家でもみんなで節電し，募金して，手紙を書いた。節電はこれからも続ける。できることに取り組んでいくことが，前向きに生きている被災地の人達を応援することになると思う。そして，脱原発への道を，みんなでさがしていきたい。

（臼井淑子）

B　新しい学習課題と新聞活用

4　学習意欲，主体的な学び

1　学力としての「学習意欲」

　NIE学習の意義の一つとして，座学ではない主体的な学びが展開し，学習意欲を高めることができるという報告がなされている。ここで取りあげられる「学習意欲」に関しては，2007（平成19）年に改正された学校教育法第30条第2項で次のように規定されたこともあり，その育成は学校教育における今日的な課題の一つとなっている。

　　「生涯にわたり学習する基盤が培われるよう，基礎的な知識及び技能を習得させるとともに，これらを活用して課題を解決するために必要な思考力，判断力，表現力その他の能力をはぐくみ，主体的に学習に取り組む態度を養うことに，特に意を用いなければならない。」

　この規定の中の，「主体的に学習に取り組む態度」が学習意欲の中身と考えられる。具体的には，指導要録における目標の観点の一つである「関心・意欲・態度」がこれにあたる。小学校社会科の場合を事例として紹介すると，「社会的事象への関心・意欲・態度」がこれにあたるが，その趣旨は，「社会的事象に関心をもち，それを意欲的に調べ，社会の一員として自覚をもってよりよい社会を考えようとする。」となっている。その内容は，社会的事象を意欲的に調べようとする社会科学習に関する方法的な「関心・意欲・態度」と，よりよい社会を考えようとする社会に関する内容的な「関心・意欲・態度」の両面が含まれている。[1]

　では，どうすれば学習意欲を高め，養うことができるのであろうか。ここでは，学習過程，学習形態，学習活動の側面から考えていきたい。

2　「学習意欲」を高める学習過程

　NIE学習において主体的な学びを成立させ，それを通して学習意欲を高めるためには，それを可能にする学習過程の組織を行うことが必要である。具体的には，表1のような学習過程が考えられる。

　学習問題の発見の過程である単元の導入部では，子どもたちが学習問題を自分自身の問題として発見していくことができるように，新聞教材との出会わせ方を工夫することが必要である。また，多様な言語活動を通して，どうしたら学習問題がとけるかという学習方法を話し合わせ，調べ問題を構成するととも

[1]　国立教育政策研究所教育課程研究センター(2011)『評価基準の作成，評価方法等の工夫改善のための参考資料【小学校社会】』教育出版。

表1　学習意欲を高める学習過程

導入部	展開部Ⅰ	展開部Ⅱ	終結部
学習問題の発見	情報読解の方法を学ぶ	実際に情報読解を行う	情報発信（表現）
①新聞教材との出会い ②問題の発見 ③調べ問題の構成と調べ方法の話し合い ④学習計画の立案	①情報受信の方法を学ぶ ②情報読解の方法を学ぶ	①情報の取り出し ②情報の整理・理解 ③知的な問題の探究（思考） ③実践的な問題の意思決定（判断）	①学習成果の総合的な表現 ②自己評価・相互評価 ③発展・応用（新たな問題の発見）

表2　情報読解のための3つの活動

メディアから情報を取り出す	情報の背景をクリティカルに考える	学んだ情報をクリエイティブに発信する
○新聞スクラップ ○複数紙の読み比べ ○その日の新聞の喜怒哀楽を見つける ○平和や共存共生といったキーワードをもって読む ○問い（5W1H、プラス1S）を見つけながら読む など	○「なぜ、どうして」と問い、情報の背景を読み解く ○新聞社の紙面づくりにおける価値判断を読み解く ○「どうしたらよいか、どの解決策がより望ましいのか」と問い、自己の意見や考えをもつ など	○取材体験活動 ○紙面や見出しづくり ○投稿活動 ○新聞感想文 ○社説にチャレンジ ○NIEスピーチ ○切り抜き新聞づくり ○新聞づくり など

に、学習計画の立案を行うことが必要である。

　学習問題を解決する展開部では、情報読解の方法を学ぶ展開部Ⅰと、実際に情報読解を行う展開部Ⅱが行われる。とくに展開部Ⅱでは、「どのように、どのような」という問いによる情報の取り出し、「なぜ、どうして」という問いによる背景の思考、「どうしたらよいか、どの解決策がより望ましいか」という問いによる判断が重要である。

　情報発信の過程である終結部では、学習のまとめとして、学んだ意見や考えを表現する活動が行われる。

3　「学習意欲」を高める情報読解の学習活動

　このよう学習過程の中で、学習意欲を高めるためには、子どもたち同士の協同（協働）的な学習活動を取り入れることが必要となる。具体的には、表2のような3つの情報読解の学習活動が、これまでのNIEの取組みの中では開発されてきている。

（小原友行）

▶2　日本NIE学会研究委員会（2010）「特集　日本型NIEの理論化に関する研究」『日本NIE学会誌』第5号、2010年3月。

実践 4

主体的な学びをひらく

1 情報と主体的に向き合う

　私たちは様々な情報の中で生活している。情報が氾濫する社会にあって，それらの情報に流されたり，翻弄されたりすることなく，情報と主体的に向き合い，情報を読み解き活用する力，さらに自らの情報を発信していく力は必要かつ不可欠である。情報が氾濫する社会にあって，情報の量そのものは膨大になっている中で，個人にとって価値ある情報，すなわち質的な情報量は決して多いとはいえないだろう。個人は情報機器からもたらされる個別のものとなった情報と向き合い，人と人との結びつきが希薄になっている。「様々な情報を自分に引きよせて読み解き，自らの生活に生かしていく力」の育成を目指すことは，主体的な学びへとつながっていくことになる。

　人は目の前の情報と現実社会との関わりを実感した時に，情報と向き合い，情報の中から自分にとって必要な情報を取捨選択しながら読むことが可能になる。主体的に情報と関わり，自分自身の考えや経験と情報が結びついた時に，情報は生きたものとなり，情報への理解はより深いものとなる。情報の送り手の側に立つことは，情報との関わりを主体的なものにする。

　情報の送り手の立場に立つことで，物事と主体的に向き合うことになる。今を生きている人の息づかい，生きざま，今を生きている人の姿を通して，自分自身が生きている今を感じ取り，「他者」を意識し，自分自身を見つめる目をもつことになる。

　情報の送り手の側に立ち，送り手の体験をすることの意義をいくつかあげることができる。

（1）新聞をはじめとしたメディアそのものの理解につながる。
（2）自らも情報の発信者，送り手としての自覚をもつことになる。
（3）情報創出のプロセスを体験することにより，情報は創り出されていることを知る。
（4）第一次情報に触れることで，多角的な視点をもつことの重要性を知る。

2 新聞により生まれる学びの場

　鈴木みどりは，メディア・リテラシーの学びのスタイルを構成する基本的な3つの要素として「能動的な参加」「グループで学ぶ」「対話による探求」をあげている。少人数のグループで学び合うことで，互いの洞察力に学び，より多面的なものの見方，考え方に触れ，多くの発見を経験すること，互いに学び合うことのできる対話の場へと転換する。教室に「新聞」というツールが入ることで，「能動的な参加」「グループで学ぶ」「対話による探求」という学びの場が設定できる。

　情報の送り手となる学習活動により，メディアを適切に活用して伝え合うことにより，「能動的な参加」を促し，「グループで」学び合い，「対話による探求」を深め，主体的な「学びの場」が生まれる。

3 情報の送り手となる学習活動

(1) 単元 「俳写」をつくろう

　取材体験の第一歩として，自分で見て，聞いて，自

分の感性でとらえた情報を表現する。記事を書くスキルとして短詩型である俳句と写真でのコラボレーションである「俳写」という表現形態をとる。

第1時：自分で見て，聞いて，自分で感じた情報を表現する方法としてどのようなものがあるか。

第2時：日常の生活の中で自分の心に残った心ひかれる風景を写真にとる。

第3時：グループでそれぞれ撮った写真をもとに共通する点，違う点について交流する。

第4時：自分が撮った写真の中で一番お気に入りの1枚を選ぶ。

第5時：なぜその写真が自分の中でベストであるのかその理由を考える。

第6時：撮った写真から思いうかべる言葉を書き出し，新聞の俳壇を参考にし，五・七・五で表現する。

第7時：画用紙に写真を貼り，俳句を筆ペンで書く。

第8時：俳写作品の句会を行う。

第9時：気にいった俳写に付箋にコメントを書き貼る。

(2) 単元 「ひと欄」を書こう

直接の経験に基づく第一次情報の確かさと情報社会の脆弱さを認識し，情報をクリティカルに読む構えと主体的に情報に接することの大切さを学ばせる。

第1時：取材の仕方を学び，「ひと欄」を集める。

第2時：新聞の「ひと欄」を読み，分析する。

第3時：取材するにあたって，取材項目を考える。

第4時：共同取材をし，対象者の情報を収集する。

第5時：収集した情報を取捨選択する。

第6時：取材メモをもとに相手意識をもって「ひと欄」の下書きを書く。

第7時：見出しを考え「ひと欄」を完成させる。

第8時：書いた記事を読み合い，感じたこと，思ったこと，考えたことを伝え合う。

第9時：「ひと欄」の取材メモ，下書き原稿，完成原稿を読み，自己評価する。

(3) 単元 「投書」をしよう

社会におけるメディアの重要性，社会へ参画することの意味を知り，社会に参加し，社会を変えるため，自身の考えを「投書」という形で社会に発信する。

第1時：社会生活の中の課題や問題点を見つける。

第2時：よりよい社会を創っていくために発信することの重要性を確認する。

第3時：投書欄を読み，社会の人々の様々な考えや意見を知る。

第4時：投書欄の中で印象に残った記事についてなぜ心に残ったのかを考える。

第5時：何について問題意識をもち，どのような考えを書いているかをつかむ。

第6時：印象に残った投書について自分の考えを書く。自分の立場を明らかにし，投書に対して投書を書く。

第7時：身の回りに目を向け，課題や問題点について投書を書く。

第8時：書いた投書を読み合い，相手を説得する文章になるよう推敲する。

第9時：学習を振り返り，自己評価する。

4　主体的な学びをひらく送り手体験

取材活動等の送り手体験は，実社会との関わりを実感し，社会の一員としての自己を自覚することにつながっている。情報と主体的に向き合おうとする自己を確立することが，主体的な学びの基盤となる。　（植田恭子）

▶1　伊藤武夫他（2004年）『メディア社会の歩き方
　　——その歴史と仕組み』世界思想社。

B　新しい学習課題と新聞活用

5　情報を読みとる

1　「読む」ことのはじまり

　文字の普及とともに浸透していった「読む」という行為は，最初から視覚によって情報を取り出し，その意味を理解するという，現在多くの者が考えるような行為ではなかったらしい。W・オングによれば，口承文化から書字文化への移行は緩やかであり，移行期にあって「知的な世界をもっぱら支配していたのは，書いたものが人の精神構造にいきわたってからずっと後までも，視覚でなく聴覚であった」。すなわち，文字（手書き）が使われ出してからも，「書かれた資料は耳で聞くことの補助」であり，メッセージは視覚というよりも聴覚によって受け取られていたという。このとき，文字による資料は，音楽の記録としての楽譜と同様に，口承（口で語ったこと）の記録として作成され，使われるときは音に変換されたのちに解釈された。すなわち，「読む」という行為は初期において，文字を音に変換する行為であった。

2　印刷術の発展と「読む」行為の変質

　手書き文字の時代に「読む」という行為は，上にみたように音声化という意味合いが大きかった。しかし，印刷術の発達により，それは変質していく。大量のテクストが一度に複製できる技術である印刷術は，書き手の口承を前提とせずに読み手にメッセージを伝えることができるように書く技術，すなわち「消費者指向」のテクストづくりの技術を発達させた。オングはそうした技術として空間を活用したテクストの視覚的編成をあげている。すなわち，目次，索引，リスト，頁，タイトル，見出しなど，言葉の空間的配置による情報の整理の技術は，口承文化優位の時代にはあり得なかった。

　また，印刷されたテクストは，紙に文字が固定化されているために口承文化の時代と異なり，語り手によってその場で編集することが難しい。そのため，「本は発話ではなくなり，モノに類するようになった」。すなわち，印刷されたテクストは，1つの自己完結性の高い物理的なモノであり，ある情報に，正確に立ち戻り，確かめることを可能にした。このことが論理的思考，批判的思考，科学的思考，文学的思考の発展に寄与すると同時に，正確な言葉遣い，辞書の作成等によって言葉の「正しさ」を規制する，あるいは「教科書」という形で「正しい」知を記述する，という願望を引き出した。

▷1　オング，W.（1991=1995）「印刷，スペース，閉ざされたテキスト」クローリー，D., ヘイヤー，P. 編／林進・大久保公雄訳『歴史の中のコミュニケーション――メディア革命の社会文化史』新曜社。

▷2　同上書，134頁。

▷3　▷2に同じ。

▷4　前掲書。

▷5　同上書，142頁。

さらに，印刷術は「書く」という作業を，著者，編集者，校正者，出版者等の共同的作業とし，著者以外の人たちの了解可能性が重視された。これによって，口承文化の時代におけるような語り手が目の前にいなくても読み手にメッセージを伝える技術が確立されていくことになる。

　こうして印刷術を契機にして，口承を前提としなくても伝達可能な形で生産されるようになったテクストからメッセージを受けとり，その意味を再構成することが新しい意味での「読む」という行為になっていく。「読みとる」とはそうした意味を込めた概念だと考えられ，次に示すPISA調査の「読解力」の定義は，近年になってデジタル化されたテクストが出現するようになったことも含めて，そうした行為としての読みを核とした概念であると考えられる。

　すなわち，PISA調査において「読解力」とは，「自らの目標を達成し，自らの知識と可能性を発達させ，効果的に社会に参加するために，書かれたテクストを理解し，利用し，熟考し，これに取り組む能力」であると定義され，具体的には以下の3つの側面からその能力が測定されている。

(1) 「情報へのアクセス・取り出し」：情報を見つけ出し，選び出し，集める。
(2) 「統合・解釈」：テクストの中の異なる部分の関係を理解し，推論によりテクストの意味を理解する。
(3) 「熟考・評価」：テクストと自らの知識や経験を関連づけたり，テクストの情報と外からの知識を関連づけたりしながら，テクストについて判断する。

3　「読みとる」から「読み解く」へ

　上にみた定義にもあるとおり，PISAにおいて「読解力」は「自らの目標を達成し，自らの知識と可能性を発達させ，効果的に社会に参加するため」の能力，すなわち「機能的リテラシー」の一つとしてイメージされている。しかし現在，民主社会を構成する市民には，テクストの構成者のメッセージを受けとること，すなわち「読みとる」ことだけでなく，時にメッセージそのものの出自を暴き，それが誰かによって構成されたモノであり，どのような立場を代表しているか，そしてそのメッセージを受け入れた場合それはどのような現実をつくっていくか，といったコミュニケーション現象そのものを「社会的文脈で読む」能力をもつことの必要も，メディア・リテラシー教育等を通して指摘され始めている。この場合「社会的文脈で読む」とは，テクストの構成者の社会的立場とそうしたテクストを作成する社会的・経済的・政治的・文化的動機を「読む」ことを含んだ，より高度でクリティカルな読みを意味し，そのような意味を込めるときはとくに「読みとる」ではなく「読み解く」と表現されることが多い。

(森田英嗣)

▶6　本書の「読解力（リーディング・リテラシー）」(10-11頁)を参照。

▶7　OECD／国立教育政策研究所監訳（2010）『PISA2009年調査　評価の枠組み──OECD生徒の学習到達度調査』明石書店。

実践5

情報を読み解く力を育てる

1　新聞情報を読む

「ニュースでも知識でもなく，その手前にあるものとして位置づけられるのが情報である。」と赤木昭夫は『反情報論』[注1]で述べている。情報という言葉のとらえ方は様々である。池上彰[注2]は「情報」には「インフォメーション」と「インテリジェンス」があり，たんなる情報である「インフォメーション」を「インテリジェンス」である，知恵に高めるためには情報を分析する能力が不可欠であるとしている。たんに知っているだけでなく，自分にとって役立つものにできてこそ情報としての価値が生まれるといえる。

　新聞は情報の宝庫，情報のデパートといわれるように，ニュース記事，コラム，社説をはじめ多様な文種の様々な情報を整理された形で得ることができる。新書に匹敵する情報量も有している。新聞の情報をテレビをはじめインターネットのポータルサイトのニュースなどでも読むことがあるが，もとの情報は新聞である場合が多い。

2　情報を読みとる学習活動

　情報と主体的に向き合い，情報を読み解き，活用する力を育てることをねらいとする。

第1時：新聞に触れる。

　各グループに複数の新聞を配布し，第一面からどのような情報が掲載されているかを確認する。新聞の基礎知識を知る。

　メディアに関する意識調査をする。新聞の構成について説明を加えながら読み進め，第一面から新聞情報を識別する。情報はポートフォリオで蓄積していく。

第2時：こどもの日の新聞を読む。

　こどもの日の新聞から子どもに関する情報をマークし，スクラップする。記事を読んで思ったこと，感じたことをコメントする。いろいろなスクラップの方法，情報源を明らかにすること，著作権について学ぶ。

第3時：新聞情報の交流をする。

　こどもの日の新聞の中で興味をもった記事について伝え合いをする。ワークシートに記事の見出し，5W1H，なぜ興味をもったか，記事を読んで思ったこと，感じたこと，考えたことをまとめる。「情報交流カード」で聞き取りメモをとる。

第4時：見出しについて考える。

　見出しとは何かを考える。面白いと思った見出し，心に残った見出しについて情報の交流をする。

　A4サイズのカード一枚に1つの情報を張り，なぜ面白いと思ったのか，心に残ったのかについてのコメントを書く。各グループで見出しを分類し，情報を評価する。情報の交流により，考えを深める。

第5時：見出しを比較する。

　大きな出来事，事象を報じる記事の見出しを比較して読む。記事の見出しだけを用いてニュース解説をする。各紙のニュース解説文を比較する。見出しはコーディネーターであり，ナビゲーターでもある。

　各紙の見出しから受けた印象や気づいたこと，思ったこと，感じたことを書く。見出しは文節で区切り，カードに記入し，黒板に張り出しておく。5W1Hを

36

意識してニュース解説をする。同じ出来事, 事象を扱った記事でも違いが出ることを認識させる。
第6時：新聞記事の比較読みをする。

大きな出来事, 事象を報じた記事を比較読みする。見出し, リード, 本文, 写真, その他の5項目を評価しランキングをする。どうしてその順位をつけたのかの根拠を示し伝え合う。

情報を創出する送り手の意図まで考えさせる。読み手に興味・関心をもたせ, わかりやすい記事かどうかを評論家の視点で分析する。同じ事象を扱った新聞記事でも違いがあることを知る。
第7時：新聞記事の表現について考える。

新聞の版の違いについて検証する。新聞記事の逆三角形（リード, 本文, 見出し）の構成, 頭括型（まずはじめに結論ありき）の構成について知る。

同じ日の新聞でも「早版」「遅版」があり, 内容に違いがある。トップ記事を中心に紙面内容の変化を確認する。情報創出のプロセスを知ることができる。新聞のニュース記事の逆三角形, 頭括型の構成は, 読者が何を知りたいのかということを主眼にした文章記述であることを知る。
第8時：事実と意見について考える。

新聞情報の中で, とくに印象に残った記事について, 事実を述べている文と意見を述べている文とに分類する。

新聞には「事実」と「意見」の両方がある。ニュースは客観的な出来事としてほとんどが「事実」であるが, 新聞には「事実」と「意見」の2つが盛り込まれている。意見を述べているのは「社説」や「コラム」「企画記事」「特集記事」などである。事実と意見の区別で注目すべきところ（キーワード, 問いかけ, 文末, 文頭）, 5W1Hを意識して読む。「意見」には書き手の考えや判断が含まれる。「意見」を支える事実を読みとる。「意見」を述べる前提となる根拠を読む。
第9時：情報について考える。

情報とは何かを考える。情報社会における「読む」ことの意味を考える。

「情報」という言葉の意味を複数の辞書で調べてみる。「○○を読む」の○○に言葉を入れてみる。〈本, 新聞, 漫画, 短歌, 心, 空気, 写真, 図, 表, データ, 時代, 票, 情報〉を読む。
第10時：メディアの特性を知る。

新聞というメディアの特性について, テレビ, ラジオ, 雑誌, インターネットとの違いはどこにあるのかを考える。

新聞の特性について検証する〈新聞の特性—速報性, 詳報性, 一覧性, 記録性, 確認性, 双方向性〉。メディアの特性について図表化して比較する。
第11時：情報を読むことの意味を考える。

様々なメディアについて, できることとできないこと, 伝えられることとそうでないことなどを整理する。

それぞれに考えたことを伝え合い, メディアとどのように向き合ったらよいかを考える。

たんなる知らせとしての情報ではなく, 情報を価値あるものとして, 自分の生活に生かしていける情報の読みとり方の学習を系統的に進める必要がある。

(植田恭子)

▶1　赤木昭夫（2006）『双書時代のカルテ　反情報論』岩波書店。
▶2　池上彰（2006）『池上彰の新聞勉強術』ダイヤモンド社。

第Ⅰ部　新しい学びと新聞活用

B　新しい学習課題と新聞活用

6　情報を伝える

1　教育の場で交換される多様な情報と媒体

　教育の場で交換される「情報」は，ICT活用などを思い浮かべると，デジタル情報などを想起しがちだが，実はもっと多様な情報が交換されている。

　まず交換される情報の内容はどのようなものだろうか。学習場面では，教師による発問や指示，子どもの応答，学習課題をめぐる子ども同士で交換される情報，グループ内，クラス内，学年・学校内，学校間で交流される学習成果など。生活場面では，挨拶や天気に関することなど人間関係維持のために交換される情報，友人や教師に関する情報，行事や部活などに関連する情報，進路や進学に関する情報など。教育の場で交換される情報は実に多様である。

　ではこれらはどんな媒体によって交換されるのであろうか。まず子どもや教師による音声がある。音声とともにその人の表情や仕草，行動なども情報として交換される。また教育の場では手書き文字や活字による情報が大きな位置を占める。さらにPISA以来，重要度の増している図表や映像なども大切である。そしてPISA2009における「デジタル読解力」，総務省の「フューチャースクール推進事業」や文部科学省の「学びのイノベーション事業」等に象徴されるデジタル情報の交換も教育の場では重要度を増している。このデジタル情報は複合的であることが多い。以上を，一次的な媒体としておく。

　この一次的な媒体は何かの器に載せて伝えられる。それを二次的な媒体と呼ぶことにする。音声，表情や仕草，行動などは生身の人間の身体が媒体となる。手書きの文字はノートや黒板，掲示物などを通すことが多い。活字や図表，映像（静止画）などは教科書や書籍，新聞等に掲載されている。動画はテレビやパソコンが用いられる。学習成果の発表ではポスターや演劇なども行われる。デジタル情報は主としてパソコンになるが，子どもの生活を考えると携帯電話やスマートホンなども重要な媒体といえる。

2　目的に応じて，必要な内容を，より適切な媒体に載せて伝える

　以上のように教育の場では，多様な内容や媒体（一次的，二次的）が種々の場面で使い分けられ，組み合わされて伝えられる。まとめると表1のようになる。

　このように，教育の場は，目的に応じて，必要な内容を，より適切な媒体（一次的，二次的）に載せて，相互に伝え合い，関係を維持していくことが求め

▷1　OECD（経済協力開発機構：Organization for Economic Co-operation and Development）のPISA（生徒の学習到達度調査：Programme for International Student Assessment）。
本書の「キー・コンピテンシーとPISA調査」（8-9頁）を参照。

▷2　「OECD生徒の学習到達度調査PISA2009年デジタル読解力調査〜国際結果の概要〜」。http://www.mext.go.jp/component/a_menu/education/detail/__icsFiles/afieldfile/2011/06/28/1307651_2.pdf（アクセス2012.8.12）

▷3　総務省「フューチャースクール推進事業」。文部科学省「学びのイノベーション事業」。http://www.mext.go.jp/b_menu/houdou/23/07/__icsFiles/afieldfile/2011/07/11/1308304_01_1.pdf（アクセス2012.8.12）

▷4　▷3に同じ。

表1 教育の場で交換される情報と媒体

目 的	学習（課題の提示，活動の指示，活動のプロセス，成果の交流・発表など）	生活（人間関係維持，特別活動・課外活動への参加，人生の展望など）
内 容	教師の発問や指示，子どもの応答，学習課題をめぐる児童生徒同士が交換する情報，グループ内，クラス内，学年・学校内，学校間で交流する学習成果など	挨拶や天気に関すること，友人や教師に関する情報，行事や部活などに関連する情報，進路や進学に関する情報など
一次的な媒体	音声，表情・仕草，行動，手書き文字，活字，図表，映像（静止画，動画），デジタル化された情報	
二次的な媒体	身体，ノート，黒板，掲示物，教科書，書籍，新聞，テレビ，パソコン，ポスター，演劇，携帯電話，スマートホン	

られる。そのためには，内容の選び方，媒体（一次的，二次的）の効果的な使い方などに関する知識や技能などを学びとっていかなくてはならない。

3 新聞という媒体を通して伝える

　以上をふまえて，新聞という媒体を使って「情報を伝える」ことの意味を考えてみる。そのためには，まず新聞という媒体の特性を確認する必要がある。多様な内容の記事を大きめの紙面で一望できることが新聞の最も大事な特性といえる（一覧性，総合性）。記事の重要度は紙面上の面積や文字の大きさ等で表されている（視認性）。また時間をかけて取材したことなどをもとに，図表や写真を用いながら解説したり，詳しく伝えたり，主張を述べたりすることも大事な働きといえる。必要なら連載もする（解説性，詳報性）。保存・蓄積しておけば記録としての価値もでる（記録性）。さらに張り出したり，持ち運んだり，必要に応じて切り抜いたりすることも容易である（軽便性）。

　教育の場で，新聞を通して情報を伝える際には，その目的や内容に照らし合わせながら，新聞の特性にふさわしい使い方を心掛けたい。子どもは学習成果や調べたことを伝えるために新聞を使うことが多い。記事にする過程で読み手を意識しながら情報を整理したり考えを深めたりすることに学習効果が期待できる。一方，教師の側は，学習の手引きとして用いたり，指導した内容を整理して伝えたりする場合に用いることがある。継続的に行われれば，記録としての価値も高まり，教師自身の反省材料にもなる。新聞は何でも記事風に盛り込むこともできるが，媒体を選択する力は情報を伝える基盤である。なぜ新聞なのかという問いをもちつつ実践していきたい。

（髙木まさき）

実践 6

記事を書いてみよう

1 記事を書くことの基本＝情報を伝える基本

　小学校，中学校では教科で学んだことや行事での取組みをまとめた学習新聞，学級の様子を伝える学級新聞をよく書く。"読者に知らせる必要がある情報をわかりやすく伝える"これが記事を書くことの基本である。記事を書くことの基本とは，情報を伝える基本でもある。記事にはいくつもの種類があるが，ここでは最も基本的な報道記事を取りあげることにする。

2 報道記事を書く

① 広報文に書かれていないことは？

　ある架空の事件について，記者になったつもりで警察発表の広報文を読む。広報文には事件の概要が書かれているが，その情報は記事を書く記者にとって十分であるとはいえない。そこで，広報文に書かれていないことについて情報を得るために，警察に対して質問を考えてみる。

　　　　　　　　広　報　文
　　窃盗，住居侵入容疑事件の被疑者逮捕について
　　　　　　　　　　　　　　　平成24年7月3日
　　　　　　　　　　　　　　　　　　○○警察署
1．逮捕年月日
　　平成24年7月3日
2．被疑者
　　住所　□□市▼▼
　　職業　会社員
　　氏名等　●●　●●（　　　　）45歳　男性
3．被害者
　　□□市☆☆
　　会社員　△△　△△（　　　　）さん　30歳　女性
4．逮捕事実
　　被疑者は平成24年7月1日午前9時頃から午後3時頃の間に，被害者方に忍び込み，現金15万円と宝石類4点（20万円相当）を盗んだもの

---

② 事件の「事実」を集める

　次に警察官役を決め，例のように記者役からの質問に答える。

質問（書かれていないこと）→警察官役の返答

【被疑者について】
・被疑者の前科は？→なし
・被疑者の評判は？→仕事熱心で真面目
・被害者との関係は？→なし
【犯行の人数】→単独
【犯行時刻】→被害者は午前9時に家を出て，午後3時に帰宅。その間の犯行。
【容疑】→窃盗と住居侵入
【犯行の動機】→遊ぶ金が欲しかった
【侵入経路】
・被疑者が忍び込んだ場所は？→ベランダ
・ベランダの窓のかぎは？→かかっていなかった
【被害の状況】
・被害者は？→留守であったため，けがなどなし
・盗んだ現金と宝石類はどうしたか→競馬の掛け金に使用
【警察の捜査】
・逮捕のきっかけは？→靴あとが残っていた
・警察の今後の対応は？→余罪を追及する

③ 報道記事を参考に記事を書く

②で集めた「事実」をもとに，既存の報道記事を参考にしながら，５Ｗ１Ｈの要素を入れて記事を書く。

>窃盗容疑で45歳逮捕
>
>　○○署は３日，□□市▼▼，会社員●●●●（45）を窃盗，住居侵入の疑いで逮捕した。発表によると，●●容疑者は７月１日午前９時頃から午後３時頃の間，同市☆☆の会社員女性（30）方にベランダから侵入。現金15万円と宝石類（20万円相当）を盗んだ疑い。●●容疑者は「遊ぶ金が欲しかった」として，盗んだ現金は競馬の掛け金に使ったと供述している。同署は，●●容疑者に余罪がないか調べている。

④ 伝えることのポイントをおさえる

③で示した記事はベタ記事という新聞の下段にある一段に収まるような小さい記事であるが，「いつ，どこで，だれが，何を，なぜ，どのように」の５Ｗ１Ｈが簡潔に入っている。このように伝えることのポイントをおさえて報道記事を書くことで，記事を書く基本，情報を伝える基本を学ぶことができる。

3　報道記事を読む

情報を伝えることについて学ぶには，記事を書くだけでなく，記事を読むことも大切である。ここでは報道記事を読むときに，一番先に見る「見出し」の読み解き方について紹介する。

次の見出しはいずれも2008年11月19日の各紙の朝刊一面のトップ記事のもので，元厚生次官宅で，その妻が宅配便を装った男に刺されたという事件である。

同じニュースを伝える４紙の見出しについて，使われている言葉や助詞に注意しながら，記事の書き手の意図を読み解いてみる。

	見出し
A	元厚生次官宅　　連続テロ
B	元厚生次官狙い　連続テロか
C	旧厚生幹部狙い　連続テロ？
D	元厚生次官宅　　連続襲撃

Aでは，「連続テロ」と体言止めが使われていることから，「連続テロ」と断定していることがわかる。Bでは，「連続テロか」と，「か」という疑問の終助詞があることから，連続テロの可能性を示している。Cでは，「連続テロ？」と，「？」があることから「連続テロ」の可能性があるが，「テロ」と断定しがたいという判断が読みとれる。Dでは「連続襲撃」とあり，政治との関連がうかがえる「テロ」ではなく，一連の「事件」として取りあげていることがわかる。

日本語は，書き手の判断を表す助詞や助動詞が文末にくる。例えば言いきることで断定したり，助詞では疑問の「か」があることで，その可能性を表したり，「へ」があることでこれからそうなっていくことを示す。また，同じ事柄を伝えるにも書き手が使用する言葉によって，書き手の考えや判断をとらえることができる。

報道記事は「事実」を書いた記事である。しかし記事の看板である見出しの表現や本文中のレトリックに，書き手の意図が含まれていることを見逃してはならない。

4　「書くこと」と「読むこと」の往還

記事を書き，また記事を書くために記事を読む。「書くこと」と「読むこと」の往還を通して，情報を伝えるスキルを高めていくことが大切である。

（神﨑友子）

B　新しい学習課題と新聞活用

7　多メディア時代を生きる

1　メディアとは

　私たちが五感で知覚できるのはほんの身の回りの出来事にすぎない。私たちは，地球の裏側で銃撃戦が行われていても，デモで声高にシュプレヒコールがあがっていても，生の音や映像を五感で直接知覚することはない。また，私たちはいま過去に起きたこと，例えば広島や長崎に原爆が投下されたときの光や音などを直接知覚することもできない。それは私たちの知覚が，空間的に時間的に閉じていることを意味している。

　それにもかかわらず私たちは，2011年に起きたチュニジアの民主化運動やエジプトの大規模デモのことを何らかの形で「知って」いる。また，広島や長崎に原爆が投下された直後の現地の様子を多少とも「知って」いる。それはその場にいて何らかのメッセージをもった人々，例えばイスラム世界に民主化の要求が浸透していっていることを伝える必要があると考えた人々，あるいは二度とこのような悲劇が起こってはいけないと考えた人々が，メディアを介してそれらを伝えたからである。

　このように，メディアとは，発信者が目の前にいなくても，そのメッセージを媒介し，物理的，時間的に離れた人々に届けることを可能にする仕組みである。そのため，発信者が地球の裏側にいたり，すでに人生を終えている場合であっても，そのメッセージは媒介され得る。

2　民主主義の基盤としてのメディア

　こうした特徴をもつメディアは，民主主義の社会において，起きている問題を社会的・経済的・政治的・文化的・歴史的文脈の中で理解したり，解決に向けて研究した成果や，おのおのの立場に基づいた意見を表明するうえで，欠くことのできないインフラであると考えることができる。それは，憲法の誓約する精神的自由，すなわち知る権利をもち，言論，思想，表現の自由を実現したり，それを活用しながら社会の民主主義的展開を実践していくための，必須の社会的基盤である。

　本書の対象とする新聞は，その意味で代表的なメディアである。社会的・経済的・政治的・文化的・歴史的側面から重要だと考えられるニュースを選択し，価値づけて私たちに伝えたり，あるいは多様な意見を紙面上で闘わせてみたり

することで，民主主義を活性化し，維持，発展させる役割も担っており，社会の公器といわれている。

3 多メディア時代における教育

　20世紀は，メディアの形が多様になった時代であった。16世紀以降の文字を主要な伝達手段として用いてきた本の時代は後退し，文字を使わずにメッセージを媒介することが可能なテレビやラジオが急速に普及した。これにより，文字に加えて映像や音声をも批判的に読み解く，メディア・リテラシー教育の必要性が強調され出した。

　また，21世紀に入るころからインターネットが急速に普及し，従来からの本の著者や出版社，あるいは新聞やテレビの記者や編集者，プロデューサ等の専門家による発信だけでなく，とくに専門的な教育・訓練を受けたわけではない一般の市民誰でもが文字，あるいは動画によっても手軽に発信することができる時代に突入した。これにより，情報倫理やプライバシー権等，人権教育と関連づけたメディア教育が強調されている。

　さらには，大量の情報が従来に比べて負担感なく入手できる状況が実現したことで，情報を自らの内に蓄えておくことよりも，それを意味ある目的の下で活用するための教育が意識されだした。PISAの問題や全国学力・学習状況調査におけるB問題は，まさにそれを意識した能力開発を指向している。

　こうしたメディアの発達の中で，これまでは，新しいメディアが生まれる度にそれに対応する教育が構想されてきた。例えば，本や図書館に対しては読書教育ないし図書館教育，テレビに対しては放送教育，コンピュータに対してはコンピュータ教育ないし情報教育というように。しかし，このような技術の発展への教育の後追いは，いかにも非効率的であり，これまでの経験から重要性の確認されてきた教育内容を，メディアに依存しない教育としてまとめ上げていく必要があるのではないかという主張が見られるようになった。例えば筆者は情報教育における「情報活用能力」，図書館教育における「情報リテラシー教育」，マス・メディア教育における「メディア・リテラシー教育」が，それぞれ互いを関連づけずに構想されている現状を「縦割りカリキュラムの乱立」と呼んで批判し，統合させる必要について言及している。また，UNESCO (2011) は基本的な内容は情報リテラシー教育とメディア・リテラシー教育のアプローチに還元できると考えたうえで，これら2つをさらに統合させた「メディア情報リテラシー (Media Information Literacy)」の概念を提起している。

　こうした動向に鑑みると，これからのメディアの教育は民主主義的基盤の強化を目指すカリキュラムが指向されていく方向で，統合していくことになるように思われる。そのとき，新聞に関わるNIEも，そうしたメディア教育のうちの一つとして位置づくことになるだろう。

（森田英嗣）

▶1　UNESCO (1982) GRUNWALD DECLARATION ON MEDIA EDUCATION. http://www.unesco.org/education/pdf/MEDIA_E.PDF

▶2　本書の「キー・コンピテンシーとPISA調査」（8-9頁）を参照。

▶3　本書の「全国学力・学習状況調査」（14-15頁）を参照。

▶4　森田英嗣 (2004)「情報社会における学校図書館教育のカリキュラムとパラダイム」塩見昇他『学習社会・情報社会における学校図書館』風間書房，81-145頁。

▶5　UNESCO (2011) Media and Information Literacy Curriculum for Teachers. http://unesdoc.unesco.org/images/0019/001929/192971e.pdf

実践 7

情報社会を主体的に生きる

1 小学校5年社会科学習「情報化社会とわたしたちのくらし」を事例に

情報化社会について、小学校社会科では、5年生で学習をする。ここでは、「情報の有用性や役割、情報の適切な収集・活用、発信や伝達の仕方、情報化のもたらす様々な影響などをもとに、情報化した社会において人々が主体的に生きていくためには情報を有効に活用することが大切であることについて考えるとともに、様々な情報に対して適切に判断し、望ましい行動をしようとする能力や態度を身に付ける」とされている。

学習の導入では、自分たちの中で、情報がどのように役立っているのかを考える。そこでまず、身近な情報の一つである天気予報を例に、自分たちの生活情報との関連を考える。

「天気予報を知りたいときは、どうしますか？」

こう問いかけると、「テレビ」「新聞」「インターネット」「携帯電話」など、様々な答えが返ってくる。同じ情報でもいろいろなメディアから情報を知ることができることがわかる。

そこで、「天気予法を知る方法をどのように使い分けているのかな？」と聞くと、「お母さんは洗濯物を乾かせるかすぐに知りたいから、新聞を見るよ。」「お父さんは車の中でよくラジオを聞いている。」「旅行に行く前は、インターネットでその場所の詳しい天気を調べるよ。」「携帯電話はいつでも調べられて便利だね。」など、時と場合によって、メディアを使い分けることが大切であることに子どもたちは気づく。

では天気予報を利用しているのはどんな人だろうか。

農業をしている人は雨が降るかどうかは重要な情報であり、漁業をしている人は波の高さが気になる。こうした事実から、多メディア社会では、わたしたちの生活に情報は欠かせないものとなっており、メディアをうまく組み合わせて利用することが重要であることを理解させる。

2 情報源としての新聞

では、子どもたちは、どこから情報を得ているのだろうか。読書世論調査（毎日新聞社、2009年）によると、「世の中の出来事を何から知るか」という質問では、一番多いのはテレビだが、次に多いメディアは新聞である。インターネットは中高生になると多くなるが、小学生ではまだ少ない。

情報を共有するという点では、テレビはみんなで見るということができ、情報を共有しやすい。一方イン

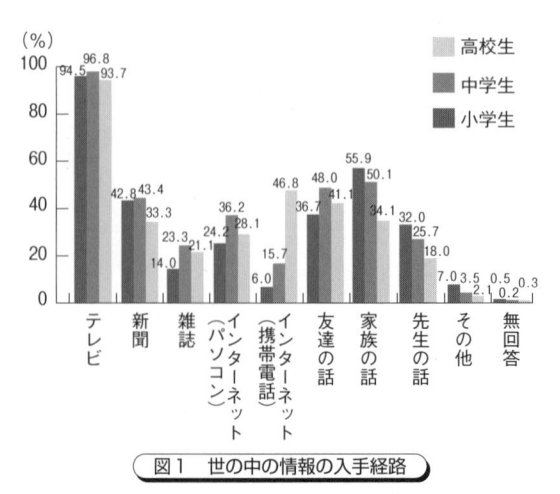

図1 世の中の情報の入手経路

出所：『読書世論調査2009年版』（2009）毎日新聞社より。

ターネットは，個人で楽しむメディアという性質が強く，インターネットで得た情報をあとで話題にすることはあっても，一緒に見るということはあまりない。

では，新聞はどうだろうか。新聞も個人で楽しむメディアという傾向は見られる。しかし，一覧性があり，広げてみんなで見るということもできる。持ち運びも簡単なので，情報を共有するときには，新聞を持っていくこともある。そうした点では，情報を共有しやすいメディアであるということができる。

新聞離れが進んでいるといわれるが，新聞閲読頻度を調べてみると，「毎日読む」と「ときどき読む」を合わせると，小学生の6割以上は新聞を読んでいる。しかし，テレビ欄やマンガだけという場合も多い。新聞からの情報を親子で話し合ったり学校で友だちと話し合ったりすると，情報が共有でき，社会に関心をもつことができる。新聞はそのようなメディアとして，活用されるべきである。

■毎日読む ■ときどき読む ■あまり読まない
□全然読まない □無回答

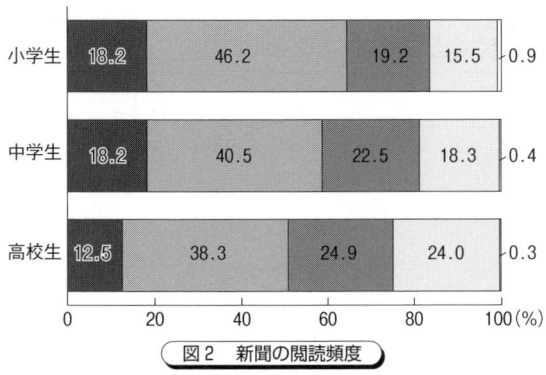

小学生	18.2	46.2	19.2	15.5	0.9
中学生	18.2	40.5	22.5	18.3	0.4
高校生	12.5	38.3	24.9	24.0	0.3

図2　新聞の閲読頻度

出所：『読書世論調査2009年版』(2009) 毎日新聞社より。

3　多メディア社会における新聞の活用

子どもたちに調べ学習の課題を出すと，インターネットで調べてくる子どもが多い。インターネットなら，検索すれば瞬時に大量の情報が手に入り，便利である。それに比べて新聞は読みにくいし，必要な情報がすぐには手に入らない。

では，新聞をどのように活用すればいいのか。新聞は必要のない情報まで目に入る。それこそが新聞の良さであり，様々な情報に触れることによって新しい興味関心に目覚め，子どもの世界が広がる。[2]

また，多様な情報が載っている新聞を読むということは，様々な情報の中から自分で読みたい箇所を選ぶことができるということである。新聞は自分で情報を得ようとして能動的に読むことにより，自分と社会の間につながりができる。自分と社会を結び付けて考えるとき，一番役立つのが新聞なのである。[3]

しかし，多メディア社会の中で，新聞さえ読めばいいというわけではない。では，他のメディアとどのように組み合わせればいいのか。

新聞の良さは一覧性である。まず新聞から社会の様々なことに関心をもつ。そこから，問題意識をもったり，さらに詳しく知りたいときは，そのことについてインターネットで調べたり，関連する本を読んだりする。また，新聞のもう1つの良さは詳報性である。テレビで知ったニュースについて，さらに詳しく知るために新聞の関連記事を読む。

このように，新聞とインターネット，テレビ，本などをうまく組み合わせて，それぞれの情報を補っていく。また，複数のメディアを通して，情報を確かめるのもメディア・リテラシーの観点から重要である。

（橋本祥夫）

[1]　文部科学省（2008）『小学校学習指導要領解説社会編』東洋館出版, 66-67頁。
[2]　池上彰（2009）『小学生から「新聞」を読む子は大きく伸びる！』すばる舎, 61-64頁。
[3]　樋口裕一（2011）『小学生の学力は「新聞」で伸びる！』大和書房, 143-148頁。

第Ⅰ部 新しい学びと新聞活用

B 新しい学習課題と新聞活用

8 社会と出会う

1 社会と出会うNIEの今日的意義

　NIEが教育の今日的課題に応える役割を果たしている意義の一つは、子どもたちと社会の現実や課題をつないでくれることであろう。

　近年の子どもたちや若者の変化からもわかるように、活字離れ、思考離れ、そして社会離れが急速に進んでいる。また、社会離れは、人間に対する関心をなくしていくという人間離れという現象を生みだすことも予想される。その意味では、社会の変化や課題に対して問題解決を行っている人間の姿を取りあげ、解釈や分析を行い、最新の情報を提供してくれる新聞は、学校教育の優れた学習材となりうるであろう。また、記者によって「思考・判断・表現」され、深く情報読解された記事は、それ自体が「思考力・判断力・表現力」を育成する学習材として有効である。

▷1　本書の「思考力・判断力・表現力」(26-27頁)を参照。

　もちろん、テレビのような映像メディアやインターネットなどのデジタルメディアの方が、速報性という点では新聞よりは優れている。また、情報検索という点でも、調べる学習においては用いることが容易である。しかし、活字メディアとして、社会的事象を解釈・分析している新聞紙面は、「思考力・判断力・表現力」の育成という点では、授業においてより活用性が高いと考えられる。また、情報の信頼性という点でも、他のメディアより信頼度は優っている。

2 社会との出会いで身に付く5つの力

　新聞を通して社会と出会う中で身に付いていく力として、次の5つのものを指摘することができる。

　(1)「問題発見力」
　(2)「情報受信力」
　(3)「探求力」
　(4)「意思決定力」
　(5)「情報発信力」

▷2　小原友行(2011)「デジタルメディア時代の新聞活用教育」日本教育方法学会編『デジタルメディア時代の教育方法』図書文化社。

　(1)は、学習材としての新聞から具体的な活動や体験を通して知的な問題（なぜ、どうして）や実践的な問題（どうしたらよいか、どの解決策がより望ましいか）を発見することができる力（「知的好奇心・探求心」、学習意欲）である。(2)は、「どのように、どのような」という問いで、発見した問題を解決するために必

要な情報を受信する力（情報収集力）である。(3)は，発見した知的な問題「なぜ，どうして」を解決していくことができる力（狭義の思考力）である。(4)は，発見した実践的な問題「どうしたらよいか，どの解決策がより望ましいか」を解決していく力（狭義の判断力）である。そして(5)は，解決した情報を発信していくことができる力（表現力）である。

なお，これらの力を「情報読解力」という視点でとらえなおすと，(2)は「メディアから情報を取り出す力」，(3)は「情報の背景をクリティカルに考える力」，(4)は「情報に対する意見や考えをもつ力」，(5)は「クリエイティブに創造した情報を発信する力」と考えることもできよう。

③ 社会と出会う新聞教材

NIE学習において，このような5つの「情報読解力」を育成するためには，子どもたちが現実の社会と出会い，それに興味・関心をもつような新聞教材に出会うことが必要である。子どもたちが切り抜きたくなる記事には，共通して次のようなものがあるといわれている。

(1) 子どもたちの知的好奇心を喚起する記事…「知りたいな，不思議だな」
(2) 時事的な話題や新発見の記事…「最近おこっている少し気になること」
(3) 急激な社会の変化に関する記事…「へえー，こんなことがおこっているのか」
(4) 社会的な問題や課題の記事…「これは問題だ，どうなっていくのだろう」
(5) 人間の問題解決の知恵に出会う記事…「人間ってすばらしいね，ちょっといい話だね」
(6) 社会的な論争点に関する主張や意見…「こんな意見や考え方があるのか」
(7) 記者による深い読解がなされている記事…「なるほど，このように考えることができるのか」

このような新聞教材に出会うと，子どもたちには「どのように，どのような」「なぜ，どうして」「どうしたらよいか，どの解決策がより望ましいか」といった多くの問いが生まれ，学習が展開していくことになる。

④ 社会に出会うための学習活動

社会の変化や課題，それを解決しようとしている人間に出会うためには，このような新聞教材に子どもたちが働きかける，次の3つの学習活動を用意することが必要であろう。

第一は，新聞から社会の変化や課題，それに関わる人間に関する情報を取り出す活動である。第二は，情報の背景や課題の解決策を子どもたち自身が話し合い，考える活動である。そして第三は，話し合った意見や考えを，積極的に表現する活動である。

(小原友行)

▷3 小原友行（2010）「情報読解力の向上とNIE──国民読書年に当たって」『新聞研究』No.713, 2010年12月。

実践 8

新聞を通して社会と出会う

1 小学校社会科における新聞活用

　新聞教材を活用した授業過程は、導入部としての「問題発見」、展開部としての「探究・意思決定」、終結部としての「総合的表現」の3つの段階がある。「問題発見」では、新聞をもとに社会事象と出会い、問題を発見したり、問題を解決するための学習方法を話し合い、学習計画を立てていく。「探求・意思決定」では、問題について、様々な方法で情報を収集し、調べたことに基づいてクラス全体で話し合い、問解解決（知的な問題の探求や実践的な問題の意思決定）をしていく。「総合的表現」では新聞づくりなどを通して、学習成果の総合的な表現活動を行い、自己評価・相互評価を実施する。ここでは、学習したことをさらに発展させたり、生活に応用したり、新たな問題の発見が行われる。

　2005年度版と2011年度版の教科書で、新聞が使われた場面を比較すると（図1）、2011年度版の方が、2005年度版より、全体として、新聞が取りあげられている。しかし、教科書会社によっては、あまり変わらないところや2011年度版では取りあげられていないが、2005年度版では取りあげられていた場所もあった。

　場面としては、問題発見の場面で取りあげられることが増えた。その理由としては、新聞に載っていることは大きな出来事や事件であるという、新聞のもつ社会的な価値に基づいて、問題意識をもたせることに適していること、また、新聞は社会や世相を反映するものとしてとらえられ、社会事象の出会いとして、新聞

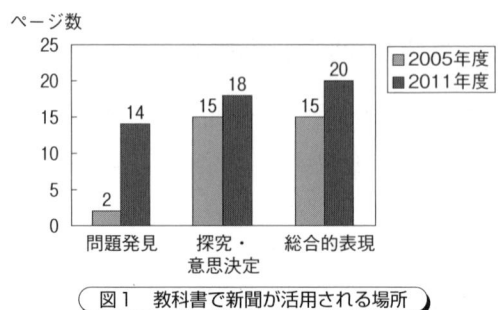

図1　教科書で新聞が活用される場所
出所：筆者作成。

を使うことが適していること、などが考えられる。

2 新聞を通して社会と出会う

　では、新聞からどのような問題を発見すればいいのだろうか。新聞から以下のような問題を発見することが望ましい。

(1) 子どもの疑問
(2) 時事的な話題や新発見
(3) 急激な社会の変化
(4) 社会的な問題や課題
(5) 人間の知恵
(6) 社会的な論争点

3 社会との出会いの学習事例

① 3・4年生　単元名「くらしを守る」

　新聞やテレビのニュース、自分の体験、学校で行った安全教室などを思い出しながら、火災、地震、交通事故などのくらしの安全について話し合う。

　新聞記事をもとに、被害の様子とともに、救助の様

子についても具体的に知ることができる。具体的な事例をもとに、関係機関がどのような対策や対処をしているのかを理解することができるのである。

本単元では、「災害」については、火災、風水害、地震などの中から選択して取りあげ、「事故の防止」については、交通事故などの事故防止や防犯を取りあげることになっている。そのような災害や事故は新聞に毎日掲載されており、大きな災害や事故の場合は取りあげ方も大きい。そうした記事をもとに、災害や事故の恐ろしさに気づかせ、関係機関と連携した対策が重要であることを考えさせていきたい。

　②　5年生　単元名「これからの食料生産とわたしたち」

スーパーマーケットの野菜売り場に並べてある野菜には様々な産地の野菜があり、値段も産地によって違いがあることに気づき、なぜこのようなことになっているのかを考えていく。そこで、新聞記事から食の問題についての記事を集めてみると、産地の偽装の問題や農薬の問題などの記事が多くみられることがわかる。

食の安全性の問題だけでなく、天候不順や災害による不作によって、野菜の値段が高騰する問題など、食料生産に関する記事はよく見られる。また、季節に応じて、サンマや松茸などの旬の食材が紹介されることもある。そうした記事をもとに、食料生産に関心をもたせることができる。

　③　5年生　単元名「さぐろう　日本の工業生産の特色」

東大阪市の中小工場が人工衛星「まいど1号」をつくり、その打ち上げに成功したという記事をもとに、これから学習する工業生産に関心をもたせる。

ここでは、中小工場が、人工衛星という高度な技術を開発していることから、日本の工業技術のすばらしさや、そこで働いている人々に関心をもたせようとするものである。日本の工業技術は日々進化しており、新しい商品も続々と生まれてきている。新聞記事から、そうした商品紹介や経済記事を紹介することで工業生産に関心をもたせることができる。

また、記事だけでなく、広告を利用することも考えられる。自動車広告などは、自動車の特徴やどんな自動車が消費者から求められているのかを知るには良い資料となる。

　④　5年生　単元名「環境を守るわたしたち」

過去の新聞記事から、今では市民の憩いの場であり親しまれている川が汚れている時期があることを知り、かつてどんなことが問題となっていたのかを読みとる。

ここでは、現在の様子を新聞記事から知るのではなく、過去の様子を新聞記事で知ることがポイントである。新聞は、今何が問題なのかを知ることもできるが、そのことから、過去の新聞を使えば、過去どのようなことが問題だったのかを知ることができる。過去の一時点だけでなく、1つの事象の経年変化をたどれば、移り変わりがよりリアルに映し出される。

公害問題や、それに関わる市民活動、地方公共団体の取組みなどは、新聞から変遷を見ることによって、より具体的に知ることができる。　　　　（橋本祥夫）

▷1　小原友行（2004）「新聞をもちいた授業構成の理論と方法」溝上泰編著『社会科教育実践学の構築』明治図書，195-196頁。
▷2　同上書。

B 新しい学習課題と新聞活用

9 新聞活用の効果

1 日本新聞協会による調査

　日本新聞協会では，これまでに NIE を受けた子どもや教師，保護者などを対象に，以下のような NIE に関する効果測定調査を行っている。
　　第 1 回（1997年 7 月），第 2 回（1999年10月），第 3 回（2003年 7 月），第 4 回（2006年 7 月），第 5 回（2010年 7 月）
　最新の調査である第 5 回の効果測定調査においては，結果の概要として，次の 3 点が指摘されている。[1]

(1)　NIE を受ける前と受けた後で子どもの新聞の閲読頻度（「毎日読む」と「ときどき読む」を合わせた数値）は，小学生（71.0％→80.1％），中学生（64.7％→66.9％），高校生（60.5％→64.0％）と，校種を問わず実践後に拡大している。同時に，閲読時間が「5 分未満」と答えた割合がすべての校種で減少しており，NIE を通じて新聞の閲読習慣が身に付くとともに，新聞への接し方が深まっているのではないか。

(2)　NIE 実践後の子どもの変化については，約75％の教師が「新聞を読むようになった」と答えており，子どもの閲読習慣の変化を教師も実感しているようだ。このほか「記事について友人や家族と話すようになった」「自分で調べる態度が身に付く」「読む，書くことが増えた」「生き生きと学習する」の項目で，6 割以上の教師が子どもの学習態度の変化を感じていた。

(3)　よく読む記事は，小学生，中学生では実践前後ともに上位 6 種類が同じ（まんが，ラジオ・テレビ欄，スポーツ，天気予報，事件・事故，芸能）であるが，実践後は社会，科学，地域など，社会生活に関連する記事を読む割合が高まっている。高校生もほぼ同様の傾向だが，実践後は上位 5 種類の中に社会が加わってくる。さらに，新聞を使った授業を受けて関心をもつようになったことの上位に事件・事故といった社会や政治・経済の分野が入り，環境問題への関心も高まっている。70％以上の小学生・高校生，65％以上の中学生が授業で時事問題やニュースを扱うことに対し評価しており，授業で時事問題やニュースを扱うことにより，社会的な諸問題への関心が高まることがうかがわれる。

[1] http://www.nie.jp/research/index.html

2 日本NIE学会と日本新聞協会との共同研究

　日本NIE学会と日本新聞協会（研究開始時は，日本新聞教育文化財団）との間で2008〜2010（平成20〜22）年度の3カ年計画で進めてきた共同研究「情報読解力を育成するNIEの教育的効果に関する実験・実証的研究」では，NIEは「情報読解力」の育成に教育的効果が大きいという仮説を実験・実証的に明らかにすることをねらいとして，国語部会，社会部会，総合部会に分かれて研究が行われた。この研究からは，次の3点が指摘されている。

(1) 国語部会：小学校の中学年段階でNIEの本格的な実践が可能であること，日本の子どもたちが弱いとされてきた文章を構造的に把握する力やメタ的に分析する能力，図表や写真の読解力，自分の意見を構築し表明する力などにNIEは効果があること。

(2) 社会部会：小学校段階では，第5学年の情報単元「新聞を開いてみると」の実践分析を通して，新聞の丸ごと使用が有効であることや，「選択力・思考力・判断力・表現力」の育成において効果がみられたこと。中学校では，公民的分野の単元「わたしたちの生活と経済〜広告と消費行動について〜」の実践分析に基づいて，新聞広告が学習材として有効であり，広告のメッセージを読み解く力が向上したこと。高等学校では，公民科現代社会の単元「地球温暖化と持続可能な社会」の実践分析に基づき，批判的読解力の育成や表現力の育成の点でNIEの有効性が実証されたこと。

(3) 総合部会：「地域新聞づくり」「新聞広告づくり」「スクラップ学習」の実践における，事前・事後の子どものパフォーマンスの変容をとらえるルーブリック評価により，質的にも量的にも大きな変容がみられたこと。

3 その他の調査

　米国新聞協会（NAA：Newspaper Association of America）財団が2004年9月に行った総合調査「生涯読者を育てる」では，「学校の授業で新聞を活用する学生・生徒は，新聞を活用しない生徒より読解力の標準テストの成績が10％高いこと」を指摘している。また，「中学校（学齢13歳から15歳）のマイノリティーの生徒で，年間を通じて少なくとも週1回，新聞を活用する生徒は，新聞を活用しない生徒に比べ，29％も標準テストの結果がいい」ことが指摘されている。

　経済協力開発機構（OECD）の「生徒の学習到達度調査（PISA）2009年」によれば，「新聞閲読頻度が高いほど総合読解力の得点が高いという傾向は，日本だけでなく他の国においても同様にみられる」ことを指摘している。

　その他に，調査結果ではないが，池上彰氏，樋口裕一氏，齋藤孝氏の著作でも，新聞を読む子どもの学力が高いことが指摘されている。

（小原友行）

▶2　日本NIE学会・日本新聞協会共同研究プロジェクト研究報告書(2011)『情報読解力を育成するNIEの教育的効果に関する実験・実証的研究』2011年8月。

▶3　http://nie.jp/research/naa/

▶4　http://nie.jp/about/本書の「PISAの分析から」(12-13頁)を参照。

▶5　池上彰(2009)『小学生から「新聞」を読む子は大きく伸びる！』すばる舎；樋口裕一(2011)『小学生の学力は「新聞」で伸びる！』大和書房；齋藤孝(2010)『新聞で学力を伸ばす』朝日新聞社。

第 II 部 教育と新聞

第Ⅱ部　新聞と教育

1　NIEとは？

1　NIEの定義と歩み

「NIE」とは，Newspaper in Education（「教育に新聞を」）の頭文字をとったもので，「エヌ・アイ・イー」と呼称する。

NIEを推進している日本新聞協会のHPでは，「学校などで新聞を教材として活用すること」と簡潔に定義されているが，一般的には，子どもたちに生涯学習の基盤となる力，とりわけその土台となる能力の一つである「情報活用能力」を育成するために，教育界と新聞界が協力して，新聞教材の開発と活用の研究・普及を目指して行っている教育と定義することができる。[1]

また，それは，「身近な情報源であり繰り返し読める」「保存し携帯できる」「情報が詳しい」「知りたい情報を選びながら読める」「昔のことを調べられる」「ニュースの背景を考えられる」「社説や投書などでいろいろな考えを知ることができる」といった新聞のもっている特性を生かしながら，情報化社会の進展への対応や子どもの活字離れといった教育課題に応えることを目指した取組みでもある。

NIEは1930年代にアメリカ合衆国で始まったといわれているが，日本では1985（昭和60）年の新聞大会で提唱され，日本新聞協会は1989年9月にパイロット計画として東京都内の小学校2校，中学校1校に新聞を提供する活動を始めている。その後，各都道府県にNIE推進協議会も設置され，実践校を中心にNIEの取組みの全国展開がなされてきている。[2] また，人材育成や研究・実践の向上を図るために，2005（平成17）年3月20日に日本NIE学会が発足し，NIEの発展に貢献をしている。[3]

2　NIEの特色

このようなNIEの特色，すなわち良さとしては，次の3点を指摘することができる。

第一の良さは，新聞を活用した多様な学習活動を通して学ぶことによって，学習を主体化させ，授業風景が変わることである。

これまでのNIEの取組みの中で開発された学習活動としては，「新聞に親しませるゲーム・クイズ」「テーマをもった新聞の切り抜きやスクラップづくり」[4]「複数の新聞記事の比較」[5]「新聞とテレビ等の他メディアとの比較」「社説や投

▷1　日本新聞協会のHP参照。http://nie.jp/

▷2　NIEを推進している組織に，日本新聞協会新聞教育文化部（前身は日本新聞教育文化財団）や日本NIE学会のほか，都道府県のNIE推進協議会，全国新聞教育研究協議会，全国高等学校新聞教育研究会，全国高等学校NIE研究会などがある。

▷3　日本NIE学会のHP参照。http://www.osaka-kyouiku.ac.jp/~care/NIE/

▷4　本書の「記事スクラップ，新聞スピーチ」（186-187頁），「新聞記事を選んでスピーチする」（190-191頁）を参照。

▷5　本書の「複数紙の比較読み」（192-193頁），「社説を比較読みする」（194-195頁）を参照。

書欄を活用したディベートや討論」「新聞記事から環境・平和・震災復興などの今日的課題を考える活動」「新聞を活用した研究発表」「新聞記事に対して自分の考え・意見を述べるNIEスピーチ」[16]「広告・漫画・スポーツ欄・株式市況などを活用した学習」「新聞づくり」[17]「新聞記者へのインタビュー」「新聞記者の取材体験談や講演」「新聞社への投稿」などがある。これらの活動を授業に取り入れることによって，学習の活性化を図ることが期待できる。

　第二の良さは，最新の学習材であると考えられる多様な新聞紙面を活用した学習の開発が可能なことである。

　学習材となる新聞紙面としては，「社説・投書欄・コラム欄」「ニュース記事・特集記事・連載記事」「株式欄」「広告欄」「漫画・イラスト・写真」「テレビ・ラジオ欄」「スポーツ欄」「天気予報欄」などがあるが，これらの紙面を活用した多様な学習ができることは，NIEの大きな特色である。

　そして第三の良さは，多様な能力を育成することが可能なことである。

　NIEによって育成することが可能な能力としては，「問題発見力」(知的好奇心・探求心)，「情報活用能力」(受信・発信)，「探求力」，「意思決定力」，「メディア・リテラシー」，「シティズンシップ」や，これらの前提となる「言葉の力」(読む，書く，聞く，話すことができる力)の育成などが考えられる。これらの力は，これからの時代に求められる力であるとともに，今の子どもたちに足りない力でもある。子どもたちがNIE学習の中で，問題発見，情報の受信・発信，知的な問題の探求，実践的問題の意思決定の活動を行うことによって，彼ら自身がこれらの力を獲得していくことが可能となる。

❸ NIEの課題

　NIEは，教育界と新聞界が協力して進める取組みであるが，このような特色をもつNIE学習を展開するためには，それぞれに次のような課題があると考えることができる。

　教育界においては，「問題発見力」「情報活用能力」「探求力」「意思決定力」や，その前提となる「言葉の力」の育成を目指したNIE学習の開発が必要となることである。具体的には，これらの力を育成することを可能にするための，「出会い，発見，感動」が生まれる多様な新聞教材を開発することが求められる。また，子どもたち自身が主体的に「新聞を学ぶ」「新聞で学ぶ」「新聞から学ぶ」ことができるような学習活動を開発していくことが必要である。

　新聞界においては，学習で活用されるような紙面づくりという視点からの創意工夫が求められる。例えば，子ども・教師・保護者・地域住民の学習材として活用される紙面づくりの工夫，新聞界と教育界とのネットワークづくりの推進，学習材となりうる質の高い紙面づくりなどである。換言すれば，「NIE（教育に新聞を）」とともに，「EIN（新聞に教育を）」が必要となる。　（小原友行）

▶6　本書の「記事スクラップ，新聞スピーチ」(186-187頁)，「新聞記事を選んでスピーチする」(190-191頁)を参照。

▶7　本書の「総合的な学習における新聞づくり」(178-179頁)を参照。

コラム3

現代の子どもと読書

1 読書よりもテレビ，ビデオ，DVD

　小・中学生の読書時間について，2012（平成24）年度全国学力・学習状況調査の結果から見てみることにする。「家や図書館での普段（月～金）1日あたりの読書時間（教科書や参考書，漫画や雑誌除く）」は，「1時間以上2時間より少ない」と「2時間以上」の合計は，小学生16.3％，中学生13.6％で，ともに10％台である。一方，「普段（月～金）1日あたりのテレビ，ビデオ，DVDを見る時間」は，「1時間以上2時間より少ない」と「2時間以上3時間より少ない」と「3時間以上4時間より少ない」と「4時間以上」の合計は，小学生87.0％，中学生84.2％と，いずれも8割以上に上る。

　これより小・中学生は読書をするよりもテレビ，ビデオ，DVDを見る時間の方が圧倒的に多いことがわかる。また，「学校図書館や地域の図書館に行く頻度」についても，「年に数回」と「ほとんど，または全く行かない」の合計は，小学校58.1％，中学校78.7％で，とくに中学校での「図書館離れ」が目立つ。

2 新聞の閲読率の減少

　次に，小・中・高校生の新聞の閲読率について，2009年実施の「第55回学校読書調査」から見てみることにする。「毎日読む」と「ときどき読む」の合計は，小学生64.4％，中学生58.7％，高校生50.8％で，5割から6割以上の子どもが毎日もしくはときどき新聞を読んでいることがわかる。しかし，校種が上がるにつれ閲読率が減少する傾向にある。また2004年の調査（小学生＝71.1％，中学生＝70.4％，高校生＝63.8％）と比較すると，小学生で6.7ポイント，中学生で11.7ポイント，高校生で13ポイント減少している。5年間での減少率は高校生が最も高く，全体的に閲読率が減少していることが見てとれる。

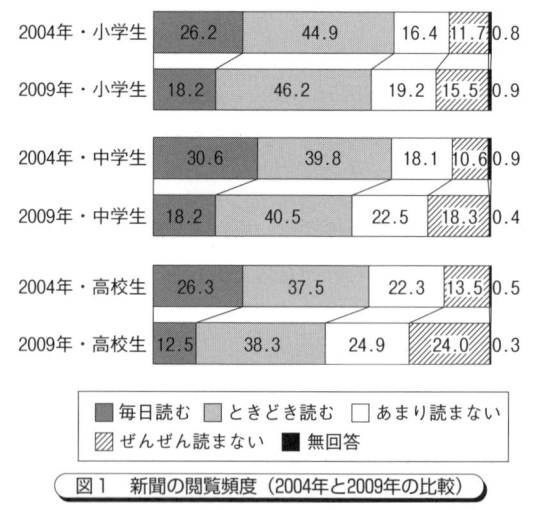

	毎日読む	ときどき読む	あまり読まない	ぜんぜん読まない	無回答
2004年・小学生	26.2	44.9	16.4	11.7	0.8
2009年・小学生	18.2	46.2	19.2	15.5	0.9
2004年・中学生	30.6	39.8	18.1	10.6	0.9
2009年・中学生	18.2	40.5	22.5	18.3	0.4
2004年・高校生	26.3	37.5	22.3	13.5	0.5
2009年・高校生	12.5	38.3	24.9	24.0	0.3

図1　新聞の閲覧頻度（2004年と2009年の比較）

出所：『読書世論調査　2010年版』（2010）毎日新聞社，83頁。

3 中・高校生で過去最少の雑誌の読書量

　1カ月間に読んだ雑誌の読書量について2011年実施の「第57回学校読書調査」によると，小学生4.9冊，中学生3.3冊，高校生2.4冊で，中・高校生は過去30年間で最少である。1977年に中学生10.8冊，高校生9.9冊という最高値があり，中学生はその3分の1，高校生は4分の1である。また，小学生も最高値の1986年の9.3冊から半減していることから，小・中・高校生ともに「雑誌離れ」の傾向が続いているといえる。

4 本の読書量の増加と課題

これまで見てきた読書時間、図書館に行く頻度、新聞の閲読率、雑誌の読書量から、いずれも子どもの「読書離れ」の傾向がうかがえる。

しかし、2011年実施の「第57回学校読書調査」の「1カ月間に読んだ本（教科書、参考書、マンガ、雑誌などを除く）の冊数」については、10年前の2001年の同調査で、小学生6.2冊、中学生2.1冊、高校生1.1冊に対し、2011年では小学生9.9冊、中学生3.7冊、高校生1.8冊と増加傾向にある。また、20年前の1991年では、小学生5.8冊、中学生1.9冊、高校生1.4冊であったことから、この20年で高校生の冊数の少なさは変わらないが、小・中学生で読書量が増え、中学生では過去3番目に多い冊数となった。とくに中学生の冊数減少の抑制について、全国学校図書館協議会研究調査部の山田万紀惠教諭は、部活動や受験勉強で忙しく、関心も広がる中で、学校での朝読書の取組みをその要因としてあげている。

しかし、全体的な読書量は増えたものの、高校生については、「1カ月に0冊」が50.8%と半数に上り、「2冊以下」が81.9%と8割を超えていることから、高校生への課題は依然として大きい。また、「読んだ本」については、小学校ではシリーズ物や伝記などの定番作品が多いのに対し、中・高校生では、ドラマやアニメ化された最近の話題作やケータイ小説が多いことから、読書の内容も気になるところである。

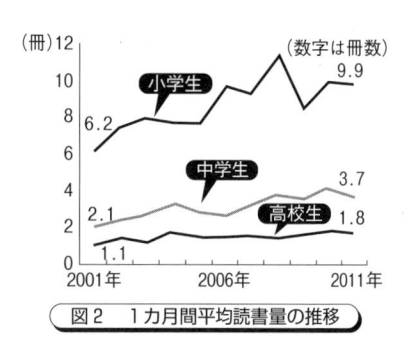

5 読書への価値観とのギャップ

本、雑誌、新聞を読む量は、いずれも校種が上がるにつれ減少する傾向にあり、その理由について考えてみたい。

小・中・高校生の読書への価値観について、「第55回学校読書調査」の「本を読むことは大切か」という問いで、「大切だ」と「どちらかといえば大切だ」の合計は、小学生90.0%、中学生88.1%、高校87.5%で、いずれも9割程度が読書に高い価値を置いていることがわかる。では、なぜ読書が大切であるとしながら、年齢の高い子どもの読書量が増えないのか。「第57回学校読書調査」の「放課後、主に何をして過ごすか」という問いで、「読書をする」は小学生3.4%、中学生1.8%、高校生1.8%で、読書をする子どもは極めて少ない。中・高校生では「部活動」や「携帯電話を使う」などの割合が高くなり、中学生より高校生の方がこれらの好きな活動に使う時間が増える傾向にある。

中・高校生は読書の価値を理解しつつも、読書よりも好きなことに時間を使い、高校生の方がその傾向が強く見られる。2009（平成21）年版学習指導要領の高校国語では、読書活動の充実や生涯にわたって読書に親しむ態度を育成することが重視されている。高校生の多読の推奨と、小・中学生への一層の読書指導の充実が求められる。

（神崎友子）

図2　1カ月間平均読書量の推移
出所：『読書世論調査　2012年版』（2012）毎日新聞社、68頁。

▶1　『読書世論調査　2012年版』（2012）毎日新聞社、69頁。

参考文献

『読書世論調査　1992年版』（1992）毎日新聞社。『読書世論調査　2010年版』（2010）毎日新聞社。『読書世論調査　2012年版』（2012）毎日新聞社。

第Ⅱ部　新聞と教育

2 世界のNIE

❶ 増え続け全大陸74カ国で実施

　世界新聞・ニュース発行者協会（WAN-IFRA：World Association of Newspapers and News publishers）の調査によると，NIEは2011年現在，世界74カ国（国名は表1参照）で実施されている。1997年35カ国，2001年52カ国，2006年64カ国であり，NIEが全大陸で着実に広がっていることがわかる。地域別の実践国数は，北米3，ヨーロッパ25，アジア12，オセアニア2，中南米16，中東4，アフリカ12。実践国にカウントされないが中華民国，香港などでもNIEに取り組んでいる。デジタルメディア全盛時代に，活字メディアの新聞が世界的に教育に取り入れられている理由と意義に着目する必要がある。

　教育における新聞の活用内容はその国の歴史や国情，社会・教育制度，新聞発行形態と関係があるが，その目的は大まかに，(1)民主主義を担う市民性の育成，(2)若者の社会への関心の醸成，(3)言語教育と読解力の育成，(4)共通言語によるテーマの共有，(5)教員と教育内容の質的向上，にあるといえる。

❷ アメリカに始まり世界に波及

　1930年代にアメリカ・ニューヨーク州の市立学校社会科教師たちが，『ニューヨーク・タイムズ』紙に授業に活用するために協力を求めたのがNIEの起源とされている。これをきっかけに新聞活用は各地に波及し，1995年にアメリカ教育協会の協力で活動の全国展開がスタートした。当初は学校教育での新聞活用だったためNIC（Newspaper In the Classroom）と呼称したが，大人の活用に広がったため1976年にNIEに名称変更された。多民族・多人種でなるアメリカ社会のアイデンティティの確保，識字率の低さ，読書・新聞離れへの危機感が背景にあった。その後NIEはカナダ，中南米に波及した。

　続いて教育改革に取り組んでいた北欧各国でNIEが導入された。1960年にスウェーデン教育庁がアメリカのNIEを視察してNIEを学習指導要領に明確に位置づけたうえでスタートした。教育行政の主導が北欧NIEの特徴といえる（日本では2008年の指導要領で正式に位置づけられた）。1950～70年代を始動期として，NIEはフランス，ドイツ，イタリア，オランダなどのヨーロッパ，日本，韓国，タイ，マレーシアなどのアジア，オセアニアの各国に広がった。アフリカでは南アフリカを皮切りに広がり，中東でも近年スタートした。

3 多岐にわたるNIE 先進諸国の展開

表1　NIEを実践している国	
アジア	インド，インドネシア，韓国，シンガポール，スリランカ，タイ，日本，ネパール，パキスタン，バングラディシュ，フィリピン，マレーシア
北米	アメリカ，カナダ，メキシコ
中南米	アルゼンチン，ウルグアイ，エクアドル，エルサルバドル，グアテマラ，コスタリカ，コロンビア，ジャマイカ，チリ，ドミニカ，トリニダード・トバコ，パナマ，パラグアイ，ブラジル，ベネズエラ，ペルー
オセアニア	オーストラリア，ニュージーランド
ヨーロッパ	アイスランド，アイルランド，イギリス，イタリア，ウクライナ，エストニア，オーストリア，オランダ，ギリシャ，スイス，スウェーデン，スペイン，セルビア，チェコ，デンマーク，ドイツ，ノルウェー，ハンガリー，フィンランド，フランス，ベルギー，マケドニア，リトアニア，ルクセンブルグ，ロシア
中東	イラク，クウェート，ヨルダン，レバノン
アフリカ	ウガンダ，ガーナ，ザンビア，スーダン，セネガル，ナイジェリア，ブルキナファソ，ベナン，マリ，南アフリカ，モロッコ，リベリア

出所：2011年のWAN-IFRA調べ。

アメリカでは全米新聞協会が全国規模の交流・研鑽の場としてNIE大会や実践セミナーを実施し，情報センターの役割を担っている。日常的な活動や学校への新聞配布などは個々の新聞社が独自に展開している。多くの場合，新聞社が教師OBをコーディネーターなど専門スタッフとして雇用し，記事を教材化して提供し，教師向けのセミナーやワークショップの講師などの役割を委ねている。新聞社主導の展開になっているため小・中学校を主な対称にするか，高校・大学を対象にするか，安価格か無料かを含めて新聞の提供方法も多様だ。WANの区分によると新聞界・新聞社がNIEを主導している国は30カ国で，NIE先発国に多く，日本もこの区分に入っている。NIE先発国の特徴は新聞の普及率が高く，民主主義を支えるシティズンシップ，世界的視野，読解力，情報リテラシーの育成など新聞活用が多岐にわたっている。新聞界主導のため，教師の理解や意欲，既存カリキュラムの中での時間の確保が共通の課題になっている。こうした国々ではデジタルメディアも浸透しており，デジタルと活字を織り交ぜたメディアミックスの実践も見られる。新聞社にとっては多様なサプリメントを作成，新聞の無料提供など，経費負担が大きく，取組みの温度差が見られる。

4 後発諸国では「国語」中心

一方，教育界主導でNIEを導入している国では新聞活用の目的も明確で，「なぜ新聞か」といったNIEの入り口論はない。各種の視察報告によると「国語」中心といえる。例えば，多民族・多言語社会のシンガポールやマレーシアではマレー語，中国語，英語，タミール語が公用語として使われている。シンガポールでは5歳から英語のほかに1言語を選択する徹底した2言語教育をしており，人材育成が国の命運を担うという教育観の中で，世に出たら「必ず使う」ものを「自由に使える」ように習得させる教育を行い，新聞が「必ず使う」ものに明確に位置づけられている。新聞活用の教育効果への確信がある一方，入試対策として中学段階で「若者が考えるべき現代の諸問題」をテーマにエッセーを書かせるといった論述重視の教育もNIEのバックボーンになっている。中華民国のNIEは小学生を対象にした国語（北京語）の識字教育であり，多言語社会では新聞が国のアイデンティティ形成にも活用されている。　　（赤池　幹）

参考文献

ヤン・ビンセンス・スティーン氏（元ノルウェーメディアビジネス協会NIEマネジャー）の講演（2005年）「世界のNIE事情」。

ベティー・サリバン氏（元アメリカ新聞協会財団NIE担当部長）の講演（2003年）「米国NIEの現状と課題」。

各種NIE海外視察報告書。

3 日本のNIE

1 全国展開を可能にする推進協議会制度

　47都道府県に設置されたNIE推進協議会が日本のNIE活動の基盤になっており，NIEの全国展開を可能にしている。推進協議会は教育委員会，教師，新聞社で構成され，NIEが教育界と新聞界との連携活動であることを象徴している。こうした全国的なNIE網は世界的に例を見ない。また，海外のNIEがほとんど個別の新聞社の活動であるのに対して，日本では「教育現場を販売促進の場としない」という公平・平等のルールの中で日本新聞協会を調整の場にして新聞界が協調して取り組んでいるのが特徴である。新聞界は激しい競争関係にあり，この原則なくして日本のNIEは成り立ちがたい。一方，教育界も個別の新聞社との協力関係に消極的であり，双方の条件が日本型NIEを形成する素地になっている。新聞界の協調によって複数の新聞が学校に配布される仕組みが，日本のNIEの大きな特徴である。

2 拡大続けたが教育界，新聞界に多くのカベ

　表1は日本のNIEのおおよその流れである。NIEが拡充を続けたことを物語るが，決して順調だったわけではない。「社会性豊かな青少年の育成，活字文化と民主主義社会の発展」を旗印に，新聞界はNIEに未来読者開拓の可能性を見出しているが，新聞社によってNIEの意味づけと取組みに温度差がある。推進協議会が全国に設置されるまで20年近くを要したのも新聞社間の競争と協調の整合性の判断が反映しており，NIEの地域間格差を生じることになった。また，推進協議会の事務局を担う地方紙の事務負担，全国の実践指定校に新聞を提供する全国紙の経費負担も，その費用対効果への判断が分かれて取組みの濃淡を生んでいる。

　教育界ではNIEの教育効果を確信して熱心に取り組んできた教師がいる一方で，NIEに距離を置く教師が多かった。教師の多忙に加えて管理色の強化，長年の教科書一辺倒の教育，新聞を読まない若手教師の増加などが背景にある。教育委員会や校長がNIEに理解を示すか否かによって，地域や学校での格差が生じた要因になってきた。しかし，双方のカベがある中で，NIEはジワジワ浸透し，記者の出前授業も増加して相互理解が広がってきた。

　こうしたNIEの背中を押したのがOECD（経済協力開発機構）によるPISA

　NIEの教師アンケート結果（2009年，日本新聞協会）＝新規実践指定校の教師142校437人対象（小学校55校146人，中学校54校171人，高校32校119人，特別支援学校1校1人）

・新聞を活用する教科
　小学校＝国語68.5％，社会61.6％，総合60.3％，道徳19.2％，理科13.7％
　中学校＝社会・地歴・公民31％，総合25.1％，道徳18.1％，国語17.5％，理科6.4％
　高校＝社会・地歴・公民21.8％，国語16.8％，専門12.6％，総合7.6％，保健体育7.6％

・新聞活用後の子どもの変化
　新聞を進んで読む＝顕著に見られる8.9％，見られる65.7％，ほとんど見られない18.5％
　調べる態度が身につく＝顕著に見られる8.2％，見られる60.2％，ほとんど見られない23.3％
　生き生きと学習する＝顕著に見られる8.5％，見られる51.7％，ほとんど見られない30.9％
　記事について友人・家族と話す＝顕著に見られる8.9％，見られる10.5％，ほとんど見られない20.8％

・新聞活用で期待すること（10項目中1～3位選択）
　社会への関心の高まり＝
　　1位48.5％，2位16.5％，

表1　日本のNIEの主な足跡

1985年	日本新聞協会主催の第38回新聞大会でNIEが提唱される
89年	東京の3校（小学校1校，中学校2校）でパイロット計画スタート，大阪（91年）・新潟（92年）に拡大
94年	新聞協会が全国でNIE推進協議会設立に着手
96年	パイロット計画に代わり，「新聞提供」と「研究・PR」を柱とするNIE推進事業計画スタート。全国の小中高校の約1％にあたる400校を上限にNIE実践指定校として新聞提供を決定。東京で第1回NIE全国大会開く（毎年開催場所を変えて開催，1012年の福井大会が17回目）
2000年	横浜にオープンした日本新聞博物館内にNIE全国センター開設
04年	地域のNIEのリーダー役を担う財団認定のNIEアドバイザー制度始まる（2012年現在，42都道府県132人）
05年	実践指定校500校に拡大。11月にNIE週間スタート。NIE先進校を対象に新聞を提供する奨励枠制度を設ける。日本NIE学会設立
08年	学習指導要領に新聞が教えるべき指導事項として盛り込まれる
10年	11月をNIE月間に。「いっしょに読もう！　新聞」コンクール始まる
12年	NIE実践指定校554校に（奨励枠51校含む）

調査結果であり，PISA対応を重視した学習指導要領の改訂である。知識偏重の教え込み教育から，考える教育への転換は大きな教育変革であり，とくに思考力・判断力・表現力の育成に密接に関連する言語活動に新聞活用の有効性が認識された意味は大きく，新学習指導要領による授業が始まって，NIEへの関心が急速に広まっている。

❸「読み比べ」など多様な実践の蓄積

日本のNIEでは，推進母体となる各都道府県の推進協議会を構成する新聞社が発行する新聞が実践指定校に一定期間配布（2年間）される。複数の新聞が配布されることで，考え方や主張，文章構成の違いが学べる新聞の「読み比べ」が可能になる。学校教育で重視されるようになったメディア・情報リテラシーの一歩であり，PISAが求める多様性の中で自分の意見を培い表現する訓練になる。正答が用意された日本の教科書教育が重視してこなかった分野である。生きる力はスピードと変化，多様な価値観の社会を生き抜く力であり，NIEはPISA型学力を先取りした活動といえる。

国語，社会，総合，道徳，生活・家庭，理科など多教科・領域にわたって新聞が多様に活用されてきたことも日本のNIEの特徴である。20余年の実績は推進協議会が作成する「実践報告書」に蓄積されており，学習指導要領によって多くの教科に盛り込まれた新聞活用のヒントになっている。

今後の課題を集約すると，(1)新聞は「生きた教材」であり教科書内の新聞教育ではなく，最新の新聞が活用できる環境づくり，(2)効果的な新聞の教材化を図る教師の研究組織の拡充，(3)教育界と新聞界の一層の連携強化，である。

（赤池　幹）

表2　NIE全国大会の開催地とスローガン（開催順）

1	東京都	報道・取材と教育の現場〜NIE運動の可能性を求めて
2	広島市	生きる力をはぐくむNIE
3	仙台市	NIEはいま　2002年の新教育課程に向けて
4	大阪市	期待膨らむNIE　総合的な学習で「生きる力」を
5	横浜市	NIEはどう学校を変えていくか
6	神戸市	二十一世紀をひらくNIE
7	札幌市	踏み出そう新世紀NIE
8	松江市	明日に生きる力はぐくむNIE
9	新潟市	活字文化を大切に　発展させようNIE
10	鹿児島市	広げよう　深めよう　NIE
11	水戸市	学校から家庭・地域へ広めようNIE
12	岡山市	学びあい　世界を広げるNIE
13	高知市	こどもが拓くNIE〜地域に根ざす学び求めて
14	長野市	わかる　ひろがる　つながるNIE
15	熊本市	学校から社会へ〜学びを深め，暮らしに生きるNIE
16	青森市	読み解く力　新聞で――学校・家庭・地域から NIE
17	福井市	「考える人」になる　いかそう新聞　伸ばそう生きる力

（1〜5回はパネルディスカッションのテーマ）

3位10.8%
多面的な見方・考え方が身につく＝1位14.4%，2位30.9%，3位16.5%
新聞に興味・関心をもつこと＝1位12.4%，2位10.1%，3位12.6%
読解力・表現力の向上＝1位8.7%，2位18.8%，3位19%

・新聞活用の難しさ（8項目中1〜3位選択）
教材研究の時間が足りない＝1位28.4%，2位23.3%，3位16.9%
新聞活用の時間の確保が難しい＝1位25.9%，2位26.3%，3位10.1%

コラム4

明治期以降の新聞利用・活用

1 教科書の中の「新聞」

　1887（明治10）年に発行された文部省編輯局編『尋常小学読本』に「新聞売」という話が出てくる。父を亡くして母と二人暮らしの貧しい少年が，新聞を売って生計を立てていたが，その理由を聞いた老人が新聞を全部買ってやったという話である。

　その後，1904年の文部省編『尋常小学読本』には「新聞紙」と題した歌詞が出てくる。

　　都会の事も，田舎の事も，千里のあちらの，他国の事も，一目で，わかる　新聞紙。あー。ちょーほーな　新聞紙。

　　「火事が多いぞ。ぬすとがあるぞ。こはい病気がはやって来た」と，気をつけさせる　新聞紙。あー。しんせつな　新聞紙。

　　人に知られん　善事もうつし，かげにかくれた悪事もうつす。鏡のよーな　新聞紙。あー。明かな新聞紙。

　尋常小学4年用の教科書に掲載されたこの歌詞は，新聞のもつ報道機能や役割を簡単に表現した啓発的教材ともいえるもので，そのイメージをわかりやすく児童に伝える工夫がなされている。

　大正期に使われた『高等小学読本』（1911年）には「新聞紙」という題材が出てくるが，そこでは短い文章ながら新聞報道の役割と機能について詳細に触れている。尋常小学6年生が使う『尋常小学国語読本　巻十二』（1923年）の項「新聞」では，「あまねく内外の事件を報ずると共に時事を論ずるもの起りて，こゝに始めて我等の生活に切実なる関係を有するものとはなりぬ」と新聞の歴史的発展について簡単に紹介し，「然らばかくの如き新聞は如何にして編輯せられ，印刷せられ，読者に配布せらるゝか」と編集部をはじめとする新聞社の組織について，また，新聞が配達されるまでの活動について，輪転機の図版付きで述べている。

　戦後1950年から51年に出版された国語教科書には，「新聞のできるまで」（学校図書・5年生下），「新聞の話」（二葉・6年上），「学級新聞をつくろう」（東京書籍・4年下）といった新聞（社）の機能や働きを説明するものとなっている。小学校の社会科も新聞の働きや新聞ができるまでの様子，新聞社の組織や業務，新聞社で働く人々など，新聞社の見学や学校新聞の作成などを通して新聞について理解を深めることを目指した。中学校の国語でも新聞の話が取り扱われていた。1950年代までの教科書では「新聞」の仕組みと働きについて教えていた。

2 戦前の新聞学習

　新聞が知識を広げる「生きた教科書」ととらえれば，新聞を使った授業や新聞づくりを行う教師が生まれるのは自然なことである。

　最も早くに新聞を使った授業で記録があるのは，三好学の「新聞縦覧授業」（1879年）である。三好は生徒たちに複数の新聞を読ませて，世の中の出来事を考えさせる授業を行った。大正期中頃になると羽仁吉一が自由学園で新聞を使った「時事解説」の授業を行っている。教師が新聞記事をスクラップしてその知識を

補うこともあった。

一方，1898年に保科百助（ひゃくすけ）がつくった「武石学校新聞」の試みは「学校新聞」という形においてユニークなものであった。当時，一般的には教師が黒板を使った書き込み掲示の黒板新聞であった。保科は当時としては新しい印刷物の「通信」として試みた。明治末年頃には謄写版刷の新聞を学校新聞として実践する教師も現れる。

昭和に入ると，新聞を活用した教育実践が試みられた。その実践記録が残されているのは，滑川道夫と岡山光雄である。滑川は「調べる綴方」としてグループ学習のなかで新聞を使った。岡山は新聞に対する自身の深い関心から，新聞を活用した教育方法を考案し，「新聞学習」としての実践的枠組みを提示した。ここで試みられた学習は，子どもたちに新聞記事や表現について考察させる取組みであった。それは，社会の鏡でもある新聞から様々な問題意識や知識を，彼ら自身の能動性を生かして獲得させようとする教育方法であった。彼らの実践は，基本的には現在行われているNIEやメディア・リテラシーの実践とほとんど変わらない。

3　学校新聞と自治

日本の敗戦後，GHQの占領政策によって新聞の自由が改善され，新聞が民主主義の世界と知識を普及するものであるという認識が一般に深まるにつれて，学校教育の場でも新聞の機能を生徒に教え，社会科の教材に新聞を使う教育が行われるようになった。とりわけ生徒の手で編集される学校新聞の発行は，1950年代までたいへんな勢いで全国的に普及していく。教育に学校新聞を製作し活用するという考え方は民主化方針とも合致したものだが，学校新聞を通して様々な知識を得ることができるといった付加価値も養うことができる。その活動を支えた背後にはGHQの教育政策と新聞政策があり，学校新聞の発行を各学校に通達するなど新聞教育を推進すべく働きかけた。また日本新聞協会も新聞教育活動推進に協力した。学校新聞活動を通じて新聞の役割と使命を認識し，将来の生活において新聞とともに歩む人々を生みだすことを期待した。

新聞は日々の記録（ジャーナル）活動を通じて公的な問題について論じること（言論性）によって，思想を表現するジャーナリズムとなる。新聞は社会の出来事，政治の動きを知らせるものであり，他者と情報や知識を共有することの意味を認識することができる。同時代に自身が関わるという意識，参加する思想が根底にはある。たとえそれが生徒会活動などを中心にした学級新聞や学校新聞でも，学校内で積極的に輿論（よろん）を喚起し，民主的な学校運営へ参画する手段として学校新聞を位置づけることができれば，現実の社会と主体的に関わる力を養うことになるであろう。

インターネットのブログやツイッターなど表現力や倫理が求められるようになってきている今，NIEの大部分で推進されている一般紙の「読み解き（解釈）」だけでなく，「書き・伝達（表現）」という観点も改めてとらえ直してみる必要があるかもしれない。

新聞活用とは自分たちがつくった新聞をどう活かすか，ということも民主主義社会の大事な視点であるといえよう。

（柳澤伸司）

参考文献

柳澤伸司（2009）『新聞教育の原点――幕末・明治から占領期日本のジャーナリズムと教育』世界思想社。
石川實・越田清四郎（2010）『新聞教育の文化誌へ――NIEはこうして始まった』白順社。
越田清四郎・石川實編（2012）『新聞教育ルネサンスへ――NIEで子どもが変わる，学校が変わる』白順社。

4 ファミリー・フォーカス

1 「ファミリー・フォーカス」とは

「ファミリー・フォーカス」については、1989年に米国新聞協会（NAA）財団（当時＝米国新聞発行社財団）が全米の各新聞社に配布したパンフレットに詳しい。「お父さん、お母さんへ　役立つ利用法のヒント、どうすれば子どもと一緒になって知識を得ることのできる安価で、豊かな情報源」と新聞を位置づけ、どうすれば新聞を利用できるのかを紹介している。米国ではこの版下をもとに各新聞社がパンフレットを作成し、普及に役立てている。日本新聞協会は、1992年1月にパンフレットを翻訳し「ファミリー・フォーカス――新聞を家族で一緒に読み、学ぼう」を作成した。それによると「子供と特別の時間を楽しむ」「子供の興味対象についてもっと理解を深める」「子供が読書を通じてものごとを学ぶように力づける」「学校教育の補強として」とあり、「家庭でのNIE」を積極的に推し進めようとしていることが読みとれる。

「ファミリー・フォーカス」という用語は、「ファミリー・フォーカス」のテーマで2001年10月27日に第4回読売NIEセミナーを開催した『読売新聞』が同年11月2日付朝刊で報じた記事には、「ファミリー・フォーカス＝教室や家庭で新聞記事を話題に取り上げ、家族のコミュニケーションを深めること。教室から課題を投げかけ、子どもが情報の運び手（シェルパ）となり、家庭で父親、母親の意見を聞いたりする。今回は、そのモデル実践の一つ。学校教育と家庭教育を結ぶ役割が期待されている。米国で約10年前から本格的に始まり、欧州や韓国でも行われている。」と記載されている[41]。

世界各国においてもNIEを実施している国は「ファミリー・フォーカス」という用語を使っており、米国だけでなく、北欧、韓国などでも継続した取組みがなされている。学校や図書館に保護者が集まり、新聞の読み方を学び、学んだことを子どもたちに家庭で教えることなども実施されている。

ファミリー・フォーカスが盛んな韓国は、NIEとファミリー・フォーカスは不可分の関係でシナジー（相乗）効果があり、学校教育を補完するのがファミリーNIE（韓国では「ファミリー・フォーカス」は「ファミリーNIE」といわれている）であると考えられており、インターネットで資料を共有できるようにネットワークをつくったりもしている[42]。

▷1　2001年10月27日「第4回読売NIEセミナー」東京大手町読売新聞社にて。

▷2　日本新聞協会webページ「ファミリーフォーカスとは」。http://nie.jp/about/focus/index.html

② 日本における「ファミリー・フォーカス」

　日本新聞協会初代コーディネーターであった妹尾彰は1991年9月に米国新聞協会財団主催の「NIE実践セミナー」に参加し、「Family Focus」という言葉に出会っている。以後「ファミリー・フォーカス」の普及に向けて、NIE講演会やセミナーを開いている。妹尾は「まず親が新聞に対してしっかりとした姿勢をもち、新聞に関する基本的な知識や社会に対する関心をもつこと」の重要性を説いている。

　日本では学校におけるNIEが中心であり、いわゆる「家庭でのNIE」である「ファミリー・フォーカス」の取組みは多くはない。

　そのような中にあって、聖心女子学院初等科の岸尾祐二は、『朝日新聞』のWebページで「家族で学びあうファミリー・フォーカス」としてファミリー・フォーカスのメニューと実践を紹介している。ホップ・探す、ステップ・つくる、ジャンプ・体験する・調べるという3段階になっており、体験する・調べるのジャンプの段階では「嗅いで」「触れて」「味わいで」「音で」「見て」といういわゆる五感を駆使して、記事を探し、体験したり、調べたりしているのは特筆すべきところであろう。

　岸尾は世界各国のファミリー・フォーカスにも詳しく、「スウェーデンのストックホルムのある家族では、土曜や日曜の朝食後、家族で新聞を読み福祉や人権などについて話し合っています。韓国では図書館で親子が新聞を使った作品を作り展示をしています。もちろん、家族で新聞を読む姿も見られます。」と語っている。岸尾自身も家庭でファミリー・フォーカスに取り組み、親子のコミュニケーションを図っている。

　家庭をターゲットにした意図を明確にしたファミリー・フォーカスの取組みとしては、田中義人と阪根健二の実践がある。田中と阪根は、学校・家庭・地域の三者を結び付ける仕掛けとしての「連携新聞づくり」を通して、保護者の新聞に対する関心を高め、親子のコミュニケーションを促進する実践に取り組んだ。NIEを基盤とした保護者と地域の連携について、ファミリー・フォーカスは、「正しい価値観に沿って親子のコミュニケーションを促進し、子どもたちの健全な成長を後押しすることになる」とその効果を検証している。

　現在の子どもたちを取り巻く言語環境、情報機器のありようを考えた時、紙媒体のもつ質感と確かな実感、そこから生まれる「対話」について再認識するとともに、電子媒体にファミリー・フォーカスについても研究を進めていく必要があろう。

（植田恭子）

▷3　妹尾彰（2004）『NIEの20年 "教育に新聞を"——その歩みと可能性を探る』晩成書房（妹尾は「家庭で親と子が新聞を媒介にして楽しく読み合うこと」定義している）。

▷4　http://www.asahi.com/edu/nie/ff『朝日新聞』のWebページ。NIE教育に新聞を「特集：家族で学びあうファミリー・フォーカス」。

▷5　尾岸祐二（2008）「生涯学習におけるNIE(1)ファミリー・フォーカス」日本NIE学会編『情報読解力を育てるNIEハンドブック』明治図書；影山清四郎編（2006）『学びを開くNIE——新聞を使ってどう教えるか』春風社。

▷6　田中義人・阪根健二（2011）「NIEを基盤とした保護者・地域との連携——ファミリーフォーカスの視点から」『日本NIE学会誌』第6号。

実践 9

家族で新聞を読もう

1 ファミリー・フォーカスの効果

　言葉の玉手箱、情報の宝庫といわれる新聞は「家庭で読む教科書」ともいえる。何よりも身近にあり、多様な情報を有する新聞は、「なぜ・どうして」という知的好奇心を喚起し、学習意欲や社会への関心を高めるという効果がある。

　新聞を家族で読むことで会話が生まれ、そこに「茶の間の復権」がある。かつては当たり前の風景であった卓袱台を囲む家族の姿がある。卓袱台に変わって「新聞」が茶の間の中心にあり、自然と会話が生みだされる。「新聞」を家の中心において、家族で読むという「ファミリー・フォーカス」の効果は大である。

　ファミリー・フォーカスの方法は様々あるが、とくに「子ども」に関する情報を読むことで、会話も弾む。

○ 世界の子どもたちの写真を探し、写真の子どもたちはどのような思いをもっているのかを話し合う。

○ 新聞記事から子どもに関係した情報を収集し、親子で話し合って、シートに貼る。

○ とくに心に残った記事について、記事の中の人物にどんなプレゼントを贈ると喜ばれるかを親子それぞれに考える。どうしてそのプレゼントを贈ろうと考えたのかを話し合う。

2 自由自在なファミリー・フォーカス

(1) コラージュで遊ぶ

　フランス語である「コラージュ」は、新聞の切り抜き、布、写真などを貼りつけて作った絵である。カラービジュアル化された新聞には、写真だけでなく広告など多様な情報が満載であるため、コラージュの材料としても最適である。読むことの前に「新聞に親しませる」ことから始めたい。「面白いものはないかな」という宝探し、興味・関心を尊重して、紙メディアの新聞の質感なども味わわせながら、親子で新聞をめくる感覚もあわせて体感させるとよいだろう。

　はさみと糊、画用紙、ペンなどを用意し、自由に切り取らせ、その記事をもとに「コラージュ」させる。写真などは、写されていない部分を自然に想像することになる。広告だとそこを起点とし、想像の世界を描くことになる。大事なのは強要しないこと。無理強いをしないことだろう。

　完成したコラージュについて、よくできていることを評価したうえで、何を描いたのかについて尋ねることで、親子の対話が生まれてくる。

(2) 一枚の写真から考えよう

　新聞に掲載された一枚の写真をもとに話し合うのも楽しい。話し合う内容として、写真からどんなことがわかるか。写真に写っているものをすべてあげてみる。いつ頃撮られたのか。写っている場所はどこかなどを考え、写真にキャプション、絵解きといわれる写真説明の言葉をつける。

　カメラマンは何を伝えようとしたのか。どんな位置から写真を撮ったのか。どんな思いでシャッターを切ったのかなどを考えていくと、一枚の写真からどんどん広がっていく。

(3) すてきなひとを探そう

情報の主体は「ひと」である。新聞記事には様々なひとのドラマがある。印象に残った素敵なひとについて，頑張っているひとについて，さらに調べてみるのもよい。素敵なひとへのメッセージを家族で話し合って書くことで，さらに広がりをもつ。

(4) 情報の発信者になろう

情報の発信者になること。インプットするだけでなく，アウトプットすることにより，自分のものになる。投書欄には，同世代の子どもの意見も取りあげられることが多くなってきた。投書欄を家族で読んで，投書欄に取りあげられた投書へ「投書」を書いてみるのもよいだろう。「投書」はリレー方式で意見を重ねていくことで深まっていく。また，家族の意見も参考にしながら，自分の考えをまとめていくのもよいだろう。

(5) 言葉の達人を目指そう

新聞は言葉の宝庫である。漢字だけでなく，四字熟語，ことわざ，現代用語，科学用語，季節の言葉などを集める。家族みんなで用語解説などを集めて「世界に一つしかないわが家の辞典」を作ることも効果的だろう。家族でいっしょに情報を蓄積していく行為は，1つのことに向かって力を合わせることであり，きずなも強くなる。

(6) 「お誕生日の新聞」を読もう

「誕生日の新聞」はかけがえのない情報である。誕生日の天気や最高・最低気温などからも家族の会話は弾む。今の新聞と比べての違いはどこにあるのか。保護者，祖父母の生まれた日の新聞と比べてみると新聞の変遷をつかむことができる。生まれた年にどのようなことがあったのかを調べてみてもよい。

(7) 「家族新聞」づくりに挑戦しよう

「新聞」は学校新聞や学級新聞だけではない。家族で新聞づくりに挑戦してみるのも楽しい。家族での旅行や，運動会など共有した思い出を新聞にまとめてみると，おもいがけない旅の思い出になる。写真などをレイアウトし，ビッグニュース，インタビュー記事などを分担して書くとよい。

3 学校と家庭との双方向の学び

学びは生涯にわたるものであり，学校教育がその礎となることが望ましいことはいうまでもない。授業で新聞を活用した場合に，家庭との双方向を意識したワークシートや課題を作成することで，学校教育への保護者の理解も得られ，学校〜家庭〜学校という良い循環も生まれる。

例えば，「新聞から春を見つけよう」という学習活動のワークシートに見つけた記事についての保護者からのコメント欄をあらかじめ作っておく，参観日に保護者にもいっしょにNIEの授業を受けていただく，新聞記者の出前授業に参加していただく，などである。

とくに「ファミリー・フォーカス」は，強制するのではなく，新聞のある風景が日常的なものにあるよう，読むことの日常化を図り，継続していくことが何より重要である。わからない言葉や用語や語句など，子どもといっしょに調べ，子どもに寄り添うことで，子どもとの信頼関係も深まるだろう。大人が新聞を読む姿を見せることで「ファミリー・フォーカス」もより実りあるものとなるのは間違いない。　　　（植田恭子）

▷1　植田恭子編著（2005）『国語学力を測る「到達度」チェックカード　中学校1年』明治図書。

参考文献
池上彰（2010）『池上彰の親子で新聞を読む！』毎日新聞社。

5 大学とNIE

1 大学におけるNIEカリキュラムの全体的な傾向

　小・中学校及び高等学校におけるNIEの実践数は，報告されているだけでも相当数に登るが，大学におけるNIEの実践も近年増えてきている。そこで筆者はどのような実践がなされてきているのかを調査した[41]。調査対象は，国立，私立の12大学における2010年度開講科目及び2011年度開講予定科目（科目数は15）で，その結果は図1に示した通りである。

　全体的な傾向を整理すると，まず「大学生を対象にNIEを実践している科目」と「大学生を対象にNIEの考え方や方法を学ばせる科目」に大別することができる。前者は，一般学部に多く，後者は教員養成学部・課程等（大学院を含む）に多い。

　「大学生を対象にNIEを実践している科目」については，「情報読解教育カリキュラム」「基礎演習」など「授業の一部で新聞を扱う」場合と，「証券市場論」「楽しく新聞を読んで社会を知る」など「授業そのものが新聞活用を中心」に行われている場合がある。一方，「大学生を対象にNIEの考え方や方法を学ばせる科目」には，「国語科教育学講義」「社会科教育法」など「授業の一部でNIEを扱う」場合と，「NIE入門講座」「新聞と教育」など「授業そのものがNIEに特化」したものとがある。

　なお「大学生を対象にNIEを実践している科目」のうち「新聞活用を中心」にしたもの及び「大学生を対象にNIEの考え方や方法を学ばせる科目」のうち「NIEに特化したもの」については，テーマ等を絞る場合とテーマを広くとった場合とが確認できる。

2 大学におけるNIEカリキュラムの事例

　ここでは，対照的な2つの事例を簡単に紹介する[42]。

　まず「大学生を対象にNIEを実践している科目」で「授業そのものが新聞活用を中心」に行われ「テーマを絞る」授業（図(b)）の例として武庫川女子大学（科目名）「楽しく新聞を読んで社会を知る」（授業者・福田徹）では，「新聞はこんなに面白くて，ためになる／新聞の特性とメディア比較／言論機関と報道機関／見出しは「凝縮の文学」／記事や社説の比較読み／報道のプロの技を盗む①取材の達人になる／小論文の書き方／知っておかなければならない時事問

▶1　科学研究費補助金基盤研究（C）（2008〜2010年度）「『言語力』及び『社会力』を育成する教員養成課程におけるNIEカリキュラムの開発」（研究代表者　髙木まさき）。

▶2　同上書。

⑤ 大学とNIE

```
                    ┌ 授業の一部で ……… ⓐ 秋田大学「必勝塾」
                    │ 新聞を扱う              愛媛大学「情報読解教育カリキュラム」
                    │                         平成国際大学「基礎演習」
    大学生対象にNIE │
                    │ 授業そのものが  ┌ テーマを絞る ………
                    │ 新聞活用を中心に│     ⓑ 大阪経済大学「新聞を読む」「証券市場論」等
                    │                 │        鳴門教育大学「学校の危機管理」
                    │                 │        武庫川女子大学「楽しく新聞を読んで社会を知る」
                    │                 │        横浜国立大学「マスコミュニケーション論A・B」
                    │                 │
                    │                 └ テーマを広く ………
                    │                      ⓒ 大阪経済大学「新聞を読む会」

                    ┌ 授業の一部で ……… ⓓ 秋田大学「国語科教育学講義」
                    │ NIEを扱う              香川大学「社会科教育法」
    大学生にNIEの   │
    考え方や方法を  │ 授業そのものが  ┌ 教科・テーマ等を絞る ……… ⓔ 広島大学「総合演習」
    学ばせる        │ NIEに特化       │      同  大学院「社会認識教育学特講Ⅲ」
                    │                 │      京都教育大学「NIE入門講座」
                    │                 │      信州大学「道徳教育の理論と実践」
                    │                 │
                    │                 └ 教科・テーマ等を広く ……… ⓕ 横浜国立大学「新聞と教育」
```

図1　大学におけるNIEの型（2010年調査）

題」（半期15コマから抜粋）などが主な内容となっている。

　一方，「大学生を対象にNIEの考え方や方法を学ばせる科目」で「授業そのものがNIEに特化」して「教科・テーマ等を広く」とる授業（図(f)）の例として横浜国立大学（科目名）「新聞と教育」（授業者・赤池幹，臼井淑子，有馬進一，髙木まさきら）では，「NIE入門／新聞の読み方／報道と著作権／NIEの実際／社会力育成とNIE／言語力育成とNIE／新聞から生活を読み解く／新聞から世界を読み解く／書字力・書字力育成とNIE／日本新聞博物館・神奈川新聞社等見学」（半期15コマから抜粋）などが主な内容となっている。

3　大学におけるNIEの受講生の変容

　このように，大学におけるNIEはそれぞれの教育目的に沿って多様な形で実施されている。以下，その効果について，横浜国立大学における授業の事前・事後アンケート調査（2008年度）から紹介する。

　まず事前には，まったく新聞を読んでいない学生もいたが，事後には全員が新聞をほぼ毎日読むようになり，「新聞のない生活は考えられない」と答える学生も現れた。また事前には，「社会」「地域」「教育」「スポーツ」などの記事がよく読まれていたが，事後には「経済」記事なども読まれるようになり，偏りが減少した。さらに，事前には「一覧性」「信頼性」が新聞の魅力と答える学生が多かったが，事後には「主張・論説」も魅力の一つと考えるようになった。

　一事例ではあるが，NIEは，大学生にも一定の効果のあることが確認できる。

　　　　　　　　　　　　　　　　　　　　　　　　　　　　　（髙木まさき）

実践 10

大学でのNIE実践例

1 福祉職養成とNIE

　大学NIEの先陣を切っていた近畿医療福祉大学は、2008（平成20）年度に日本新聞協会（当時、日本新聞教育財団）から大学初のNIE実践校に指定された。

　筆者は当時、本大学で福祉職（社会福祉士・精神保健福祉士）養成の老年医学・精神医学・精神保健学・医学概論などの講義を担当していた。福祉職には高齢者や障がい者の問題点やニーズを的確に把握し、その声を代弁し、適切な社会資源を組み合わせて利用し、権利を守ってゆく能力が求められる。さらに、異世代とのコミュニケーション能力も欠かせない。

　これらの能力を身に付けるために新聞を用いた教育が有用と考え、以下に実践のいくつかを紹介したい。

2 高齢者のこころの理解

　福祉職として活躍するうえで、実習段階から高齢者とのコミュニケーションをとることが求められる。新聞には、社会面や経済面などで高齢者を取り巻く事象が記されているほか、投書欄には高齢者の声が溢れている。これらを教材に高齢者のこころの理解をテーマに実践を試みた。

　まず、全員に新聞1～2紙を配布して高齢者の視点を意識した新聞の読み方を講義した。現在の新聞読者は中高年が多く、これらの世代を意識した記事づくりがなされていることを指摘しながら表1に示すポイントを中心に説明した。

　次に、各自で選択した記事をスクラップ、それに対する意見や提言を書かせるというレポート課題を課した。レポートの内容には高齢者を取り巻く状況に新たな理解を示すものや、投書欄に高齢者からのやや"上から目線"の意見を見つけて理性的な反論をするものなど、いずれも高齢者の視点を真剣に考えていることがうかがえるものが多かった。レポートは新聞投書欄にあわせた字数に設定しておき、NIE事務局を通じて投書欄担当セクションに送った。実際に複数回採用されたこともあり、学生のモチベーション向上にも役立った。

3 留学生教育とNIE：「ご近所のニホン人フォーカス」など

　2010（平成22）年度よりサテライトキャンパスに中国人留学生を中心とする留学生クラスが新設された。将来、母国で高齢者施設等の管理運営を目指す人材を養成するもので、筆者はここで1年生に対し「医学概論」を担当した。将来の施設運営に携わる人材に対し、たんなる医学知識にとどまらず、例えば老化の及ぼす社会的事象まで関連した理解を目指した。その一つとして、高齢社会の最先端を走る日本社会で発生する様々な社会問題についての理解を深めることは、将来の高齢化が予想される中国においても役立つものと思われ、その一つとして「高齢者虐待」を取りあげた。

　NIEの技法の一つに、新聞記事からテーマを選び、家庭に持ち帰り家族と話し合い意見を形成する「ファミリー・フォーカス」法がある。これを応用して、日常接触する範囲の日本人に意見を聞き、理解を深める「ご近所のニホン人フォーカス」法を試みた。

　まず、高齢者虐待を取りあげた新聞記事を配布し解

表1　解説したポイント

	主な記事	読みとれること・背景
広告欄	白髪染め・鬘	老いへの嫌悪
	健康食品	健康への不安
	結婚相談所	息子・娘への懸念
	団体旅行・模型	所在なき時間のすごし方
投書欄	高齢者の投書	高齢者が何に怒っているのか・何を求めているのか
社会面／経済面	高齢者関連	高齢者を取り巻く環境
家庭面	疾患・読書	高齢者の関心・趣味など

説を加えながら読みこんだ。次に(1)なぜこのような問題が発生するのか，(2)自分が高齢者の立場で虐待を受けたらどう思うか，(3)対策としてどのようなことが考えられるかを考察しプリントに記入させた。その後1週間の期限を定め，(4)誰か日本人とこの問題について話し合い意見を聞くこと，(5)(1)～(4)をふまえ，400字以内でレポートにまとめるという課題を課した。実際に意見を聞いた日本人は「バイト先の人」「近所の人」が多く，「私の彼氏は日本人です。彼が言うには」と微笑ましい書きだしのものもあった。

最終的にまとめられたレポートには「教育の必要性を指摘するもの」「倫理面を強調するもの」「政策の提言」「公的機関・専門家に相談する必要性」「介護疲れ」が目立った。とくに，青少年に対する教育の必要性についての言及が見られたことは頼もしく，彼らが母国に帰国して指導的立場に立ったとき，高齢者虐待が少しでも減少する社会づくりに取り組むことを期待したい。倫理面への言及も多く，中には「高齢化がすすむ日本で，経済ばかりを重視するじゃなく，国民の生活負担も考えするほうがいいと思います」とわたしたち日本人にとり耳の痛い意見も見られた。日本の思わしくない面も含めて学習がすすむことは有意義と考えている。

4　その他の実践

学内の学生の動線上にNIE掲示板を設け，医療福祉の話題——新制度や法改正，トピックなど——の記事を拡大して掲示した。これは，制度改正や社会問題について国家試験で出題されることが多く，その受験対策の意味合いも含むものであり効果をあげている。

また，記者派遣講義で外部の目から見た医療福祉を語っていただき大いに啓発された。

図書館にはNIEコーナーとして新聞を平積みにした。さらに付箋紙をコーナーに設置し，学生に読ませたい記事のところに貼れるようにしたところ，各教員や学生が三々五々利用し，満艦飾のようになった。

5　大学教師の「教える技術」：スキルアップのために

推進協議会を通して新聞関係者から様々な支援をうけ大学NIEを展開してゆく中で，得られた収穫がもう一つあった。いろいろな教育ノウハウにふれることができたことである。多くの大学教師は人生の多くを「研究者」や「実務家（専門職）」として送ってきており，「教える技術」はまだまだ未熟である。講習会，実践発表会，大会や学会等に顔をだすうち，「教える技術」のプロフェッショナルである小中高の先生方に出会い，教える技を吸収する機会に恵まれたことは，職業的能力の獲得や向上に大いに寄与した。

6　点のNIEから面のNIEへ

まだ揺籃期にある大学NIE，その成長発達に尽力してゆきたい。NIEに熱心な大学でも，特定の先生による実践にとどまり，なかなか他の先生にまで広がっていないのが現状ではないだろうか。"点のNIE"から"面のNIE"へ，多くの大学教師を引き込んでゆくノウハウを開発していくことが強く望まれる。

（勝田吉彰）

6 地域とNIE

1 新聞は社会の公器

　本書は、「学校教育」という場面での新聞活用を中心に取りあげている。
　しかし新聞活用が有効でありうるのは、学校教育という枠組みにかぎられるわけではない。
　「新聞は社会の公器」といういい方があるが、この意味からすれば、むしろ新聞は家庭や地域、社会において人々を結び付ける「媒介（メディア）」として機能するのがもっともふさわしいのかもしれない。例えば17世紀後半から18世紀の英国ロンドンで花ひらいていた「コーヒー・ハウス」の文化において、人々はコーヒーを飲み、店におかれた新聞や雑誌を読みながら、社会や政治、文化など時々の話題についてさかんに議論をかわしていたように。▷1

2 学校の外でのNIE

　これまでの日本のNIE活動は、「学校」を中心に展開されてきた。親子で新聞をかこむ「ファミリー・フォーカス」にしても、あくまで教員の主導のもとに、家で新聞記事について話し合ってくる宿題として行われることが多い。▷2
　しかし例えば韓国では、文字通り「家庭」を舞台としたファミリー・フォーカスも熱心に行われている。親子の相互理解や意見交流、また子どもの学習意欲や社会への関心を動機づけることを目的として、それぞれの家庭が主体的に、記事をめぐる対話や新聞スクラップなどに取り組んでいる。そして学校ではなく、地域の図書館がファミリー・フォーカスを推進する舞台となっており、図書館主催の母親向けNIE講座には多くの母親がつめかけているという。▷3
　日本でも、例えば元中学校教員の渡辺裕子氏は、仙台で「地域NIE」に取り組んでいる。かつて教員として教室でのコミュニケーションづくりのために新聞活用をもちいた経験をいかし、今度は場所を地域社会にうつして、近所のおじさん、おばさん、お年寄り、子どもたちの「近所づきあい」という地域のコミュニケーションの再生を図ろうというNIEの実践である。▷4
　またそれ以外にも、地域の市民講座などで新聞を活用した講座やワークショップなど、地域でのNIEの様々な取組みもすでに広く行われはじめている。なお、日本新聞協会が主催して毎年、全国のNIE実践者・関係者を集め「NIE全国大会」が開催されているが、2011年度の大会では「地域NIE」を

▷1 「コーヒー・ハウス」は、いまの喫茶店とは大分イメージがことなり、いわば人々が情報や意見を交換するためにつどうサロンとして機能していた。なお当時、ロンドンには2000軒以上のコーヒー・ハウスがあったといわれている。小林彰夫（1984）『コーヒー・ハウス』駸々堂、参照。

▷2 本書の「ファミリー・フォーカス」（64-65頁）を参照。

▷3 妹尾彰・福田徹（2006）『新聞を知る・新聞で学ぶ』晩成書房、123頁以下参照。

▷4 渡辺裕子（2008）「地域NIE巡回講座　NIEで向こう三軒両隣」（2008年4月）。http://www.nie.jp/about/report/society.html 参照。なお渡辺氏は、東日本大震災を経て、現在は震災を語る地域NIEに取り組まれている。

テーマとした特別分科会がはじめて設けられた。▷5

3 「地域づくり」のためのNIE

　近年，地域コミュニティーの再生が求められている。その背景にあるのは，地域にくらす住民同士のコミュニケーションが失われ，人間関係が希薄化することで，地域社会がたんに「たまたま隣り合っただけの見知らぬ人々の集合体」にすぎなくなっていること，またそれによって地域コミュニティーは，地域の様々な課題に主体的に取り組む力を失い，ただ行政に対処をゆだねるだけの受動的な存在となってしまいがちなことである。

　したがって，こうした地域コミュニティーの潜在力をよびおこすためには，2つの視点からの「学び」が重要である。▷6

　一つは年齢や経歴，生活や関心もことなる地域社会の様々な人々のコミュニケーションをつくり，それを通じて地域の人間関係を構築するための学び。もう一つは，地域の課題に住民自身が取り組み，解決を目指そうとする課題解決と社会参画のための学びである。

　すでに学校教育での経験の蓄積から明らかなように，新聞の活用はこうした学びにおいて効果を発揮する。

　新聞を囲んで様々な話題について語り合う学びは，自分が感じたこと，考えたことを人に伝え，また人の意見に耳を傾けるという「伝えあい」の力を育て，伝えあう関係を生みだす。しかも地域では，学校の場合よりも，はるかに世代も経験もことなる多様なメンバーによる交流となる。

　また社会や地域の出来事や話題，そして自分たちの生活の中から，地域の課題をみつけだし，その課題を探究し，解決の道をさぐること，そしてさらに課題の解決をはかったり社会に発信したりするような社会参画の活動，これも総合的学習などで行われてきたNIE学習のスタイルである。

　とくに地域社会には，有用な経歴や専門知識をもつ多様な人材が豊富である。なかでも高齢者の経験と知恵を生かしていくことは，高齢者の社会的孤立を防ぐ意味からも重要になるだろう。▷7

4 今後の課題

　このように考えると，これまでの学校教育でのNIE実践の蓄積を，さらに地域社会におけるNIEへと展開していける見込みは十分にある。また地域には，その場所となりうる図書館や公民館，学校なども存在している。

　今後に向けては，地域でのNIEをどのように組織的に支えていくか，そして地域NIEを運営するファシリテータをどのように養成していくかの2点が課題であろう。

　　　　　　　　　　　　　　　　　　　　　　　　　　　（平石隆敏）

▷5　提案者は，渡辺裕子氏をはじめ，日本NIE学会前会長の影山清四郎氏，熊本大学客員教授の越地真一郎氏の3人。

▷6　中央教育審議会「新しい時代を切り拓く生涯学習の振興方策について」（中間報告）（2007年1月）参照。

▷7　超高齢社会における生涯学習の在り方に関する検討会「長寿社会における生涯学習の在り方について」（2012年3月）参照。

第Ⅲ部 新聞を知る

A 「新聞」とは何か

1 マス・メディアとしての新聞

1 コミュニケーションのなかだち

　わたしたち人間にとって自分の考えや思いを伝えるためには，身振りや音声を含めて言葉（文字）という表現形態を使わなければ伝わらない。他者に何かを伝えようとするためには，それをなかだちする手段が必要になる。人間が社会的に意味のある情報をやりとりするための表現（物）を媒介するものがメディア（media：medium の複数形）である。

　そして人類は文字の発明によってコミュニケーションに大きな変革をもたらした。その文字を石や紙に書き記すことで時間と空間を超えることを可能にした。さらに印刷術の発明は書籍や新聞など多量の複製物を可能とし，機械動力の発達に伴って，新聞，雑誌，ラジオ，テレビなどマス・コミュニケーションが可能となった。日本語で「マスコミ」と短縮されるマス・コミュニケーションは，マス・メディアを通じて不特定多数の受け手を対象に大量に情報を伝達するコミュニケーション過程のことをいう。その特徴は，マス・メディアを動かすために送り手は大規模な設備と複雑な機構と，それを操作運営する組織された集団を構成し，情報を大量に複製するための機械的・技術的手段が必要で，そこで生産された情報を分散した不特定多数の受け手に伝達する。メディアの特性上，送り手と受け手の関係は間接化され，両者の間の活発な交流は制限される。受け手から送り手へのフィードバックは難しく，情報の流れは送り手から受け手に向かう一方的なコミュニケーションとなる。

2 日本の新聞特性

　新聞を紙媒体の商品としてみた場合，他の商品にはない特殊な商品であることがわかる。第一に商品の腐敗が早い。一旦生産工程に入った新聞は製造途中で止めることはできず，原則としてその日のうちに完成品として流通過程に乗せなければならない。朝刊は夕刊が出るとその生命を失い，夕刊は翌日の朝刊が出ると「旧聞」となる。在庫品や仕掛品がきかず，売れ残った商品は「紙屑」となる。第二に，記事，情報という商品の性格上，その品質が一定しておらず，日によってムラがある。スクープ記事が毎日載るなどということはない。ほとんどの読者は新聞の品質を比べて（特定の記事や情報を読みたいと思って）購入していることは少ない。たいていはＡ新聞，Ｂ新聞と銘柄を指定して買って

いる。第三に、輸出入がきかない商品である。言葉の関係から海外市場で売れる商品にはなりえず、日本国内だけで販売しなければならない。こうした商品特性は、必然的に国内市場のシェア争いを激化させることになる。さらに、朝夕刊ワンセット制と呼ばれる紙面編集がとられており、ワンセットで新聞を購読する形がとられている。この朝・夕刊制は、朝刊・夕刊紙両方を購読してはじめてニュースの流れがわかる。欧米では朝刊・夕刊紙をセットとした形態はなく、朝刊紙か夕刊紙に分かれ単独で発行されている。

　日本の新聞は明治期以来、戸別配達（宅配）に支えられて発展してきた。日刊紙全体の94.97％が宅配で、駅やスタンドの即売は4.52％である（2011年）。宅配による新聞販売は、定価販売による１カ月単位の予約購読を基本とした注文生産である。これにより一定部数が確保できるため新聞社としては計画的な生産が可能になり、経営基盤の安定化を図ることができる。現在１万8000店強の新聞販売店のうちおよそ８割が特定の新聞社と同系列社が発行する新聞だけを取り扱う専売店、残りがすべての新聞社と取引を行う合売店である。同じ銘柄の新聞は全国どこでも同じ価格で購読できるというのが再販売価格維持制度（再販制度）で、発行本社が決めた定価で販売しなければならない。値引き競争をしてはならず、新聞販売をめぐる「販売正常化問題」が解消されない悩みがある。とはいえ、デジタル化の流れは、物流・販売を含めた新聞の商品特性の変化と、その展開次第によって新聞形態が変わっていく可能性もある。

③ 新聞の公共的使命

　民主的な社会にあっては、その構成員である人々が環境の変化に適切な判断や対応をするために必要な情報を正確に知らなければならない。人々が新聞に求めるのは、そうした情報を少しでも早く伝えることである。社会の中で起こる断片的な出来事や現象の事実を収集・選択・解説し、多様な視点や論評が提示されることである。それゆえ、民主主義に必要な市民的自由の伸張と国家や大企業などの権力を監視し市民・住民の利益をまもるための警報装置としての役割を新聞に委ねてきた。とはいえそれは市民の言論表現の自由、知る権利を一部代行するものであり、そのために報道の自由を行使するマス・メディアには各種の保護・特権が与えられてきたのである。したがってその仕事は社会やコミュニティ全体に影響を与える公共性が強いものとなる。

　読者である国民の知らなければならないこと、知らせなければならないことがニュース・ヴァリューの重要な基準であり、それを知らせることは新聞としての第一級の責任であり使命となる。それを報道しないでおく自由は報道機関である新聞にはないし、そのようなことが行われれば、それは自由の放棄、自由からの逃走であり、それは自由ではなくて恣意ということになる。

（柳澤伸司）

▷１　本書の「新聞販売店と宅配制」（104-105頁）を参照。

▷２　日本新聞協会調査データ（新聞の戸別配達率）。http://www.pressnet.or.jp/data/circulation/circulation03.php

▷３　藤竹暁（2012）『図説　日本のメディア』NHKブックス。

▷４　本書の「報道の自由・取材の自由」（112-113頁）を参照。

第Ⅲ部　新聞を知る

A　「新聞」とは何か

2 新聞の登場

① 手書新聞と印刷新聞

　中世ヨーロッパでは，商業貿易が盛んな都市に世界各地の情報が集まるようになり，貿易のための情報を求めるニュースの需要が高まった。そこに集まった情報を手書きし，同一の内容のものを複製して販売する業者が生まれた。こうしたニュースを手書きで複製し予約読者に販売したものを手書新聞といい，手紙の形で送ったものを書簡新聞（ニュース・レター）などと呼んだ。地中海貿易の中心地だったイタリア・ローマで発行された手書新聞はガゼットと呼ばれ，やがて新聞の別名となる。

　15世紀半ばにブドウしぼり機にヒントを得て，現在の活版印刷機の最初の発明者として評価されるグーテンベルクのプレス式印刷技術は，ドイツ国内に広まり，主にニュルンベルクがその中心となった。ドイツについで活字印刷が盛んとなったのはイタリアで，やがてヨーロッパ全土に広まった。16世紀にはこの印刷技術を生かしてドイツの印刷業者たちが，戦争や殺人事件，天変地異など単独のニュースを1枚刷にしたビラやパンフレット形式の不定期印刷物を生みだした。それらはフルークブラットと呼ばれ，街頭で売られた。

　印刷技術の広がりはヨーロッパの知識水準を高め，宗教改革や科学革命を促すなど近世への開幕に大きく貢献した。また，印刷機に加圧機構が最も重要なものとなり，印刷作業，印刷所，出版社，新聞社まで印刷機を意味するプレスという語で表すようになった。

② 自由の獲得

　17世紀になるとイギリスでは近代新聞の祖である週刊の印刷新聞が誕生する。ヨーロッパの封建社会が近代社会に転化する絶対主義の時代に成立した新聞に対しても，他の印刷出版物と同様に専制的な統制下に置かれ，特許制度と厳重な検閲が行われた。やがて政治的・経済的な自由を要求しはじめる商人層を中心とした新しい市民階級が台頭し，信仰の自由を求める宗教改革の動きと連動した近代市民革命へと進んでいく。

　言論と出版の自由を求める声が強まると，その主張を簡単な印刷物にして支持をひろげようとしたイギリスの詩人ミルトンが出版したパンフレット，『アレオパジティカ』（1644年）も，検閲制度をはげしく攻撃し，言論の自由を提唱

▷1　John Milton（1608-1674）。1667年に叙事詩『失楽園』を著す。

▷2　ミルトン／原田純訳（1644=2008）『言論・出版の自由——アレオパジティカ』岩波文庫。

し，公開の場で論敵を倒そうとしたものだった。この小冊子は近代開幕期における言論自由論の先駆的著作となった。その後，1695年，制度が有効に機能していないということから絶対王政型の特許検閲法が失効したことで，多くの新聞が創刊され，有力な雑誌・新聞の主筆たちが育っていった。

18世紀にはホイッグ党，トーリー党の二大政党の対立を背景に，デフォーが時事問題，宗教，商業など政治的議論を論じた『レビュー』(1704-13年) を発行した。また，スウィフトが半年間論説を執筆した『エグザミナー』(1710-12年) やアディソンの『スペクテーター』(1711-12年) など，ニュースや政治的論説のほか，社会のモラルやマナーを改良しようという道徳的な規範をエッセー主体で示そうとした評論新聞が創刊された。こうした時論家たちによる新聞の成功は，読みもの，話題提供を歓迎する読者層を形成していった。とはいえ，言論に対する権利は議会が握り，議会についての報道も禁じていた。新聞や雑誌は議会報道の自由をめぐって議会権力に抵抗すると，1770年代には議会報道の自由は実質的に獲得された。しかし，新聞用紙や広告に課税して新聞の経済的統制を意図した捺印法 (1712年) が大衆的な普及を妨げていたが，それも1855年に廃止され，本格的な新聞の大衆化への道を開くこととなった。

また，イギリスの植民地であったアメリカ東部では，ペインのパンフレット，『コモン・センス』(1776年) がフィラデルフィアで刊行され，アメリカ独立運動の理論的な根拠として人々の心に多大な影響を与えるものとなり，アメリカを独立に踏み切らせるのに大きな役割を果たした。こうしたパンフレットの作者はパンフレッティアと称され，革命時の扇動家でもあった。

③ 工業化・産業化する新聞

19世紀になると，ノースクリッフによって，やさしく短い文体によって新しい読者層をとらえた『デーリー・メール』が創刊され (1896年)，イギリスの大衆紙として成長していった。部数を公表して広告収入を増やし，株式会社にして資金を集めるなど，新聞企業として20世紀大衆新聞の経営上の原型を確立した。19世紀後半にはイギリス，アメリカでペニー・ペーパーと呼ばれる廉価大衆新聞が続出したが，定価の引下げを広告収入の増加で穴埋めを図るなど，広告主へ気がねして社の主張よりも報道を重視するようになった。

新聞企業はマス・プロ，マス・セールの現代産業として激烈な部数拡大競争へと進んだ。そのためセンセーショナリズムを助長し，あらゆるものをニュース化するとともに，広告費で支えられる巨大な新聞産業となっていった。初期の新聞を特徴づけたのは，定期的な発行，一般向けの販売を可能にした商業的基盤の確立，政治や外交，ビジネスなど公的領域の出来事を報じる公共的性格，その他娯楽や広告など多様な目的をもつようになったところにあった。

(柳澤伸司)

▷3　Daniel Defoe (1660-1731)。イギリスのジャーナリスト，小説家。孤島漂流記『ロビンソン・クルーソー』(1719) で，小説という新しい活動分野を見出した。

▷4　Jonathan Swift (1667-1745)。イギリスの風刺作家，詩人。『ガリバー旅行記』(1726) はスウィフトの代表的風刺物語。

▷5　Thomas Paine (1737-1809)。アメリカ独立革命を促進した啓蒙的文筆家。

▷6　ペイン，トーマス／小松春雄訳 (1776=2005)『コモン・センス』岩波文庫。

▷7　Alfred Charles William Harmsworth, 1st Viscount Northcliffe (1865-1922)。のちに授爵されてノースクリフ卿として知られる。

▷8　本書の「新聞発行の産業化」(86-87頁) を参照。

A 「新聞」とは何か

3 近代社会の形成と新聞

1 近代的な新聞の登場

　インターネットやケータイ，ツイッターやフェイスブックにかぎらず，およそどんなメディアも，世の中に迎えいれられるためには2つの条件が必要である。
　一つはいうまでもなく，そのメディアを現実のものにする技術が生みだされること，そしてもう一つは，そのメディアを求める社会的なニーズが存在することである。
　近代的な新聞が，様々な話題や出来事に関する時事的なニュースや言論を伝えるための，定期的に刊行される紙媒体のメディアだとすれば，まず技術的にそれを可能にしたのは15世紀のグーテンベルクの印刷術が開いた大量印刷技術である。
　しかし新聞が社会に商品として流通するためには，さらに近代社会への移行をまたねばならない。なぜなら近代的な社会・経済システムが登場し，それに伴いヒトやモノの移動や流通が行われることによって，はじめて国内外の様々な出来事や事柄に関する情報への社会的な関心と欲求，つまり「ニュースへのニーズ」ももたらされるからである。
　近代的な新聞は，その意味では，近代社会の登場とともに生まれた。

2 近代の政治と新聞

　さらに新聞の登場は，近代の政治のあり方にとっても重要な意味をもつ。
　この点に関して，ドイツの哲学者ハバーマスは『公共性の構造転換』の中で，英国で17世紀後半から18世紀にいたる変化をつぎのように描いている。[1]
　資本主義的な経済システムの登場は，政治社会と区別された意味での「市民社会」を生みだした。そこで「市民」とは，私的な利害関心に基づいて自由な活動を行う「私人」である。これに対して公的な政治のプロセスは，それにふさわしい政治家たちの決定にゆだねられるべき領域であり，両者は交わるものではなかった。当時，国会での議論について新聞記者たちがメモをとることが禁じられていたように，いわば議会で決定された法律を民衆に周知させることはあっても，どのような論議がなされたかは人々に知らせるべきものではなかったのである。
　しかし新聞が議会での論戦を様々な形で新聞紙上に取りあげるようになり，

▷1　ハバーマス，ユルゲン／細谷貞雄・山田正行訳（1962→1990（新版）=1973→1994）『公共性の構造転換』未來社，とくに第3章を参照。

また議会の野党が新聞紙面を利用して与党批判を展開したりするなかで，やがて政治は民衆の関心事となっていく。ここに新聞を読んで政治を語りあう「議論する民衆」，つまり私人でありながら同時に「公共的関心をもつ市民」という（奇妙な）あり方が登場したのである。

そしてこのことは，逆に政治そのものの姿にも変化をもたらす。議会での政治家の発言や論戦が報道され，人々の関心の対象になるにつれて，今度は政治家自身が民衆の反応を意識し，「民衆の支持」を気にかけるようになる。議会の中で政治家が「国民の声」という言葉を用いはじめ，ついには競って民衆に呼びかけるようになり，「国民の意見」を政治的決定の正当性のよりどころとする「公論による政治」が登場したのである。

▷2 ただしハバーマスによれば，新聞を舞台にした「公共的関心をもつ市民」というあり方は長続きせず，その後変質していく。その経緯については本書の「新聞発行の産業化」(86-87頁)，またハバーマス，同上書，第6章を参照。

3 「国民」と新聞

また，新聞は「国民国家」の成立とも深い関連をもつ。
「一定の領土において国民が形づくるのが国家である」というのは当然のように思われるかもしれない。しかし，わたしたちがある国の「国民」であるとはどういうことだろう。

米国の政治学者ベネディクト・アンダーソン（Benedict Anderson, 1936- ）は，「国民」とは何か実体として存在するのではなく，「想像されたもの」なのだという。つまり，「自分たちは同じ国に属する国民だ」という意識を共有することによって，わたしたちは「国民」なのである。

新聞は，居ながらにして世界中の出来事を伝えてくれる。しかし新聞は，本質的には「国民」を単位とするメディアである。

ためしに，ある日の日本の新聞と海外の新聞とを比べてみよう。日本の各紙がこぞって取りあげるニュースが，海外の新聞ではまったく報じられていないことがあるのに気づくはずだ。その意味では，「ニュース」は国ごとに存在しているのである。

毎朝，たがいに顔も知らぬ日本全国の数千万の人々が同じように新聞を消費する。そして北海道から沖縄まで国内各地の様々なニュースを目にするたびに，わたしたちは人々が暮らす「日本」という共通の空間の存在を確認する。

また「日本の直面する課題」を論じる記事を読むたびに，わたしたちは（たとえ意見はちがっても）日本の「いま」を共有し，さらに「いまが向かう将来」や「いまにいたる過去」をともにする。つまりわたしたちは新聞を通じて，「国民の歴史」を共有するのである。

アンダーソンによれば，新聞とは「途方もない規模で販売され」ながら，翌日には商品価値がなくなる「一日だけのベストセラー」という奇妙な出版物である。しかし，この日々繰り返される新聞の消費という光景は，国民という「想像の共同体」をもっとも象徴的に表しているのである。
　　　　　　　　　　　　　　　　　　　　　　　　　　　　　　　（平石隆敏）

▷3 アンダーソン，ベネディクト／白石さや・白石隆訳 (1983→1991 (改訂版) = 1997)『増補 想像の共同体』NTT出版。

▷4 アンダーソンによれば，国民国家の成立をもたらしたのは，中世のヨーロッパ全体を結び付けていた「ローマカトリック教会」「ラテン語という統一言語」「王家の血のつながり」という3つのきずなの解体である。

おすすめ文献

佐藤卓己 (1998)『現代メディア史』岩波書店。
花田達朗 (1996)『公共圏という名の社会空間』木鐸社。

第Ⅲ部　新聞を知る

A 「新聞」とは何か

4 近代日本における新聞の展開

1 政論新聞と言論

　日本では1867年，江戸幕府の大政奉還による混乱期に佐幕的な立場からの報道，主張を掲げた数種の新聞が創刊された。福地桜痴（源一郎）▷1は『江湖新聞』で明治新政府の怒りを買う記事を書いたことで逮捕された。最初の筆禍事件であったが，木戸孝允の取りなしで放免された。新聞の創始期には報道と論説は未分化であり，新聞は報道とともに主張を広めることもその主要な任務とした。

　明治政府の樹立とともに新聞の創刊が相次いだ。日本で最初の日刊新聞とされるのが，1871年横浜で創刊された『横浜毎日新聞』である。それまでの冊子（薄い雑誌）型を西洋紙1枚の両面刷りにし，最初は木製活字印刷で，まもなく鉛活字印刷を取り入れて発行した。

　翌1872年には東京で『東京日日新聞』（現在の『毎日新聞』），『郵便報知新聞』，『日新真事誌』など，旧幕臣を中心とした士族出身の記者による大判の日刊新聞が登場し，大新聞と呼ばれ，政治論議を中心とした社説，コラム，投書を重視した。新聞はいろいろな所で起きた事件を一般の人に早く伝えたいという欲求とそれに自分の意見を加えて伝えるという欲求からつくられていった。民撰議院設立論▷2や自由民権運動▷3を背景に政治的主張を第一義として展開したため政論新聞と呼ばれた。それゆえ言論の自由が守られなければ，主張をのべること以上に，新聞そのものを発行することもできなかった。政治を論ずる大新聞は反権力の姿勢も強かっただけに政府の弾圧も強かった。一方，戯作者を中心とした庶民出身の記者によってつくられた新聞は，論説よりも市中の事件や雑報に力を入れて特色を発揮し，傍訓，挿画をふんだんに使って文章も読みやすい庶民向けとし，小型のため小新聞と呼ばれた。

　やがて政府の徹底的な弾圧と自由民権運動の衰退とともに，政治色の強い大新聞から報道重視，平易な文章といった小新聞色を取り入れた報道中心の新聞へと変容した。一方，小新聞はそれ以前から平易な論説や政治報道など大新聞色を取り入れながら成長し，小新聞の代表格であった『読売新聞』（東京）と『朝日新聞』（大阪）は大新聞の発行部数を上回るほどになり，大新聞，小新聞が接近した新聞へと変容していった▷4。

▷1　福地桜痴（1841-1906）。1874年，東京日日新聞社入社。主筆，社長として啓蒙的な論説記事を執筆した。

▷2　1874年，前年の征韓論争に敗れて下野した板垣退助ら前参議が中心となって民選の議会開設を要望した。藩閥政府の専制政治を批判し国会の開設を要求した。

▷3　薩長出身者による藩閥政治に対する批判と福沢諭吉が紹介した西洋の自由思想が広まり，民撰議院設立建白書の提出をきっかけに，不平士族だけでなく，商工業者や知識人らが参加する運動へと展開した。

▷4　山本武利（1994）『新聞と民衆――日本型新聞の形成過程』紀伊國屋書店。

2 投書と輿論形成

　明治初期には，言論の自由は厳しく制限されていたため，政治論は自社の主張としてではなく，匿名の読者からの投書という形で展開した。とくに『日新真事誌』は，遠慮しない論調と整った紙面構成で，当時の大新聞の模範とされたのみならず，投書欄を論評として活用した。当時，投書欄を常設している新聞はほとんどなかったが，そこには常時，知識人論客たちが熱文を寄せ，それらは争って読まれた。論評活動は投書の掲載という形から始まったといえる。その後1873年，『東京日日新聞』に投書欄が常設されると新聞への投書が本格的に始まる。人々は投書を媒介にして輿論に訴えることができる唯一の場として新聞に関わった。投書家が論説記者と共同して論陣を組み，政治論戦に参加した。投書家の中には記者としてスカウトされる者もいた。板垣退助らの民撰議院設立建白，自由民権運動に呼応して，新聞・雑誌は政治や社会批判を含んだ民権拡張の声を伝えた。日本におけるジャーナリズムの芽生えはこの時期からみられる。大新聞の投書が政治論を占め，輿論形成に重要な役割を果たしたのに対し，小新聞は勧善懲悪的な戯作調の教訓的・娯楽的な投書が多かった。やがて有力な投書家から記者，政治家，文学者などが生まれた。

　しかし明治中期以降，新聞の企業化とともに報道重視の新聞になると記事や広告のスペースが増え，投書欄は縮小される。日露講和問題，米騒動などの時期に一時的な盛り上がりはみせたが，投書の占める重要性は低下していき，ファシズムの台頭した1930年代，40年代には，多くの新聞から投書欄は消えた。

3 「不偏不党」の編集方針

　1881年政府によって10年後に国会を開設するという詔勅が出されると相次いで政党が結成され政党新聞が生まれた。そうした中，福沢諭吉は不偏不党を掲げ，経済と社会記事を中心とした官民調和などを標榜した報道本位の『時事新報』を創刊した。『時事新報』は中立派の政論紙として高い評価を得，実業家層を中心に部数を伸ばした。

　1875年に明治政府は讒謗律と新聞紙条例を制定していたが，政府批判の言論が急激に高まりを見せはじめると，それらの言論を抑え，自由民権運動を解体させるため，1883年改正新聞紙条例を定めて言論取締まりを強化し，政党新聞を弾圧した。輿論の高まりを恐れた明治政府は言論への圧力を強めた。

　政府が弾圧的な法を制定したことは，結果として日本の新聞に「不偏不党」という編集方針を採用させることになった。不偏不党の採用は，言論機能の衰退を加速させることになった。報道新聞時代となって不偏不党を掲げる新聞が現れるようになってから，社説の位置は低下し，また読まれなくなっていった。

（柳澤伸司）

▶5　板垣退助（1837-1919）。自由民権運動の先頭に立つ。1882年，岐阜で遊説中に暴漢に襲われ負傷した。

▶6　中島善範（1998）『新聞投書論――草創期の新聞と読者』晩聲社。

A 「新聞」とは何か

5 新聞記者の誕生

1 御用新聞と言論への圧力

　明治維新期の新聞は文明開化を推進する政府の御用新聞が多く、政府、権力者などに保護されていた。それらの新聞は政府の政策や方針の擁護、宣伝目的をもって上意下達のコミュニケーション・システムの一翼を担った。『郵便報知新聞』の駅逓寮御用、『日新真事誌』の左院御用、『東京日日新聞』の太政官記事御用達といったように御用新聞であることが、官尊民卑の風潮の中で民衆からの信用と尊敬を得た。例えば1874年『東京日日新聞』に入社し社説欄を創設した福地桜痴は、政府御用新聞としての立場を鮮明に打ち出して自由民権派の政論新聞に対抗して健筆をふるった。初期の記者たちは自らを権力内の人間としてとらえ、その最終的な目的は大衆の啓蒙を通して日本の近代化を推進することにあった。この頃の記者と藩閥政治家は同じエリート集団に属しており、密接な関係にあった彼らは同じ方向に向いていた。[1]

　しかし、政論新聞である『朝野新聞』の成島柳北や末広鉄腸らのように藩閥政府を風刺、痛罵して政府の言論弾圧に果敢に抵抗する反骨の姿勢を貫く記者もいた。自由民権運動が高まると政府批判と御用新聞批判が連動し、各紙とも御用新聞イメージを払拭しようと不偏不党や中立を標榜するようになるが、隠れて政府の保護を受けるなど、結果的に政府擁護を行う新聞は存続した。明治政府は1875年讒謗律、新聞紙条例を制定して自由民権の言論を弾圧し、成島、末広、植木枝盛らの筆禍をはじめ、5年間で200余名の言論人に実刑を科した。

2 探訪と記者

　明治の初め、当時の雑報（社会記事）を取材する者を探訪者あるいは出省方と呼び、記者とは区別された。[2]その頃探訪者は読み書きのできないものが大部分で、よほどの難事件でないかぎり記者自身は取材せず、探訪者があちらこちらから聞いてきた報告を内勤の記者が聞きながら記事にした。記者は主に投書の取捨選択、論説の執筆などにあたり、社会の木鐸、無冠の帝王としての気概[3]をもって地方、中央の各紙を転々と変えて腕前を磨くものが多かった。やがて取材だけでなく執筆もできる高等探訪者が求められるようになり、記者も取材をするようになるなど、次第に探訪と記者の区別はなくなった。東京、大阪の大新聞社では大正の半ば頃まで探訪者は残っていた。

▷1 山本武利（1990）『新聞記者の誕生——日本のメディアをつくった人びと』新曜社。

▷2 河崎吉紀（2006）『制度化される新聞記者——その学歴・採用・資格』柏書房。

▷3 「かね」の内側につるした棒（舌ぜつ）が金でできていたのが金鐸、木で作られていたのが木鐸である。鐸には「通報」「伝達」の意味がある。木鐸は古代中国で、官吏が法律や政令、風教、農業などの文事を教えるさい人民に告げ歩くとき鳴らした。金鐸は戦争など一大事の場合に鳴らされたという。ここから木鐸は、世人を覚醒させ、教え導く人、といった意味合いを帯びるようになった。「新聞は社会の木鐸」というのは今では死語だが、どういうわけか期待あるいは批判の際に時々現れることがある。

明治末には，それまで天下国家を論じ，政局を語り，政論を動かすような木鐸意識の強い政論記者の個性を全面に押し出したパーソナル・ジャーナリズムの時代は過去のものになった。日清・日露戦争での報道合戦を契機に言論活動よりも報道活動を重視し，組織で編集していく報道新聞の時代となった。記者も一つの新聞に一生勤め上げる者が増えてきた。やがて大正時代に新聞各社が入社試験で記者採用し終身雇用制を始めると，社への帰属意識と結び付くようになった。官僚や政治家と同じエリート意識をもつ大学出身者の採用は現在まで続いている。自由民権期に耳目，木鐸などと記者を称賛して新聞を支持した読者も，党派色の濃い政論新聞よりも速報性を売り物にした報道新聞を歓迎するようになった。

3 新聞人

当局から風俗壊乱，官吏侮辱罪，新聞紙条例違反などでたびたび告訴され，筆禍入獄の難に遭いながらも権力の腐敗を告発し続けた反骨のジャーナリストに宮武外骨がいる。宮武は1889年『頓智協会雑誌』で大日本帝国憲法発布式を風刺した戯画を掲載し不敬罪に問われ収監された。その後1901年大阪で『滑稽新聞』を刊行し，役人や政治家，権力に媚びる新聞記者（「ユスリ記者」と呼び激しく批判した）や堕落した世相などを風刺し，読者の支持を得たが，08年「自殺号」と銘打った最終号を発行して廃刊した。一方，1892年『萬朝報』を創刊し，第三面で犯罪や有名人のスキャンダルを暴露する社会記事を掲載して「三面記事」を定着させ大衆の人気を集めて発行部数を拡大したのは黒岩涙香である。『萬朝報』には，幸徳秋水や内村鑑三らが論説で社会改良に尽力した。

男性ばかりの新聞記者の中にあって，新聞界に挑戦した女性記者は，夫の竹越与三郎とともに創刊まもない『国民新聞』に迎えられた竹越竹代がその第1号で，通説とされてきた松岡（羽仁）もと子（『報知新聞』）のほか，大沢豊子（『時事新報』），磯村春子（『報知新聞』），服部桂子（『萬朝報』），竹中繁（『東京朝日新聞』）などがいた。

地方紙の中には秀逸な人材を主筆として招いて紙面の拡充を図るところもあった。1901年『長野新聞』に主筆として招かれた茅原華山は，地方紙の役割を地域の共同体の中に位置づけようとし，県人の自立をうながす論調を掲げるなど，新聞と読者との連帯感，一体感を強調した。当時，長野県には『信濃毎日新聞』の山路愛山と『長野日日新聞』の久津見蕨村がおり，そこへ『長野新聞』の華山が加わることによって長野県の言論界は活気を呈した。地方紙はオピニオン・ペーパーとしての役割が期待された。

しかし，やがて商業新聞が膨大な部数を誇る大新聞に発展する過程で社会の木鐸を自負した新聞記者は不偏不党を唱える「一介のサラリーマン」になっていった。

（柳澤伸司）

▷4 幸徳秋水（1871-1911）。社会主義者。日露戦争時，非戦論を展開。大逆事件で処刑された。

▷5 内村鑑三（1861-1930）。キリスト教思想家，文学者。日露非戦論を主張して朝報社を退社した。

▷6 江刺昭子（1997）『女のくせに──草分けの女性新聞記者たち』インパクト出版会。

▷7 茅原健（1985）『茅原華山と同時代人』不二出版。

▷8 佐藤卓己（2008）『輿論と世論──日本的民意の系譜学』新潮選書，175頁。

A 「新聞」とは何か

6 新聞発行の産業化

1 新聞発行という事業

　現代の新聞、とくにいわゆる「一般紙」の発行という事業は、一定規模の資本によって、になわれている。

　また日本の新聞産業の特徴は、世界でも有数の発行部数をほこる巨大な全国紙が存在しており、そして新聞社とテレビ局を中核とした情報産業グループが形成されている点にある。▷1

　しかし近代において新聞が世の中に生まれた当初、新聞発行はそれほど大きな資本を要する事業ではなかった。

　例えば明治期を代表する新聞の一つである『東京日日新聞』にしても、西田伝介、条野伝平、落合芳幾による1872（明治5）年の創刊時には、社屋は条野の自宅で「6畳一間の2階が、編集局であり、応接間であり、会計や庶務などの事務室も兼ねて」いて、編集スタッフも3人のほか「雇い人2人」がいるだけだった。また3人が250円ずつ出し合い、他の出資者からの出資金と合わせて合計1000円を創業資金としたが、「この1000円はすぐ消えてしまい、3人は衣類や家財道具などを質入れして工面する始末だった」という。▷2

　小規模の新聞であれば、記事を書く人がいて、後は自前の印刷機か印刷を頼める印刷所さえあれば、新聞発行はそれほどハードルの高い事業ではない（もちろん経営として成り立つかどうかは別だが）。いわば、「文字が読める活動的な市民と出版に携われるだけの資金を用立てられる者とはほとんど重なって」おり、▷3社会に対して発言したいと思う人は、比較的容易に新聞などを通じて発言することが可能だったのである。

　しかし新聞発行という事業は、その後、大きな資本を伴う事業となっていく。

　新聞社間の激しい販売競争を勝ちぬくためには、広い販売網をつくりあげ、高性能の高速印刷機の導入など設備投資をはかって、販売部数を伸ばさねばならない。そして販売部数を増やせば、それだけ広告を集めて、広告収入による安定的な経営基盤を確保しやすくなるし、さらに組織や設備の拡充に投資することもできるようになる。そして厳しい競争の結果、小規模経営の新聞は淘汰されていき、ますます拡大する新聞だけが生き残っていったのである。

　さらに新聞の産業化は、新聞のスタイルにも変化をもたらした。

　党派的な立場から言論を積極的に展開する新聞は、すべての人にとって重要

▷1　本書の「新聞と放送」（106-107頁）を参照。

▷2　毎日新聞130年史刊行委員会（2002）『『毎日』の3世紀』（上巻）毎日新聞社、31頁。

▷3　米国プレスの自由調査委員会／渡辺武達訳（1947＝2008）『自由で責任あるメディア』論創社、15頁以下参照。

な情報を，中立的で客観的な立場から提供するというニュース・サービスの機関となる。また同時に，かつてはいかがわしい目で見られた「新聞記者」という職業は，様々な情報を収集し，また的確に解釈し分析して「ニュース」をつくりだすという高度な能力と訓練を要する専門職へと変わっていくのである。

② 新聞の産業化

ハバーマスは『公共性の構造転換』において，私的利害に足場をおきながら「新聞を読んで政治を語る民衆」が近代社会の形成期に登場したというが，彼はさらにその後のもう1つの大きな変化についても指摘している。それは新聞の商業化，産業化である。

新聞発行という事業には，もともと「言論・公論形成」という側面と「ビジネス」という側面とがある。当初は，前者の言論機能こそが新聞の使命だとされ，新聞発行は「およそ利潤の原則にそむく」事業であった。しかし19世紀に入り新聞発行の事業規模が拡大するにつれて，新聞は「道楽仕事」であることをやめる。「主義主張の新聞」は「商業新聞」となり，編集の論理と経営の論理との分裂，そして両者の緊張関係の中におかれるようになる。

ハバーマスによれば，これによって新聞の「公論機関としての基盤」も逆転する。かつては政府の直接的な支配下ではなく民間セクターに属するという新聞の位置どりこそが，公共性への回路を開く独自の機能を可能にしていた。しかし，いまや民間セクターに属することそのものが新聞を採算を重視するビジネスの領域につなぎとめる足かせとなる。そして「公衆の議論」も，産業としてのマス・メディアの内部にしか存在できなくなるのだという。

③ 「新聞は生き残れるか」

新聞をはじめとするマス・メディアのあり方に対して，様々な問題点の指摘や批判がなされるのは，いまに始まったことではない。

しかしインターネットの普及と発展は，問題のおかれた状況を大きく変えている。新聞の産業化によって生じた「文字が読める活動的な市民と出版に携われるだけの資金を用立てられる者」との分裂は，解消されつつある。つまり多くの人々に向けた情報発信は，もはやメディア産業の独占物ではなく，ネット上では誰にも可能である。

だからこそ，いまほど「新聞の存在意義」が現実的な問題として問われ，「はたして10年後も新聞は生き残れるか」が真剣に語られる時代はない。

新聞に対する批判の多くが，新聞の「公共的な機能」と「商品としての側面」との緊張関係から生じるものだとすれば，「新聞の存在意義」もまたこの場所において問われねばならないだろう。

（平石隆敏）

▶4　本書の「近代社会の形成と新聞」(80-81頁)を参照

▶5　ハバーマス，ユルゲン／細谷貞雄・山田正行訳 (1962 → 1990（新版）= 1973→1994)『公共性の構造転換』未來社，第6章を参照。

▶6　本書の「インターネットと新聞」(108-109頁)を参照。

▶7　中馬清福 (2003)『新聞は生き残れるか』岩波新書；歌川令三 (2005)『新聞がなくなる日』草思社；河内孝 (2007)『新聞社　破綻したビジネスモデル』新潮新書；佐々木俊尚 (2009)『2011年　新聞・テレビ消滅』文春新書。

おすすめ文献

湯浅正敏他編 (2006)『メディア産業論』有斐閣。
藤竹暁 (2005)『図説　日本のマスメディア　第二版』NHKブックス。

コラム5

新聞とメディア・イベント

1　疑似イベントの氾濫

かつてブーアスティンは『幻影(イメジ)の時代——マスコミが製造する事実(イベント)』の中で、合成的な新奇な出来事を「疑似イベント」と呼び、その特長を次のように提示した。

疑似イベントは、(1)自然発生的でなく、誰かがそれを計画し、たくらみ、あるいは扇動したために起こるものであり、(2)いつでもそうとは限らないが、本来、報道され、再現されるという直接の目的のために仕組まれたものである。(3)その現実に対する関係はあいまいで、しかも疑似イベントに対する興味というものは、主としてこのあいまいさに由来しており、(4)自己実現の予言として企てられるのがつねである。

出来事を報道し、複製する新しいメディア技術が発達した結果、「新聞記者は出来事の起こる以前に、起こりそうなイメジを描き、報道を準備していくという誘惑に落ち入った。……読者や観客は、報道の自然さよりも、物語の迫真性や写真の〈本当らしさ〉を好むようになった」。やがて、新聞記者は休む暇がなくなり、記事で埋めなければならない紙面が増え、ニュースの取材はニュースの製造へと変化していく。現代社会はメディア・イベントの氾濫で満ちている。

2　新聞社のイベント

メディア・イベントとは新聞社や放送局などによって企画・演出されるイベントをいい、日本にあってはその歴史は長く、新聞の創生期から読者の関心を集めるものとして認識されてきた。

吉見俊哉はメディア・イベントを自ら主催するもの、大規模に中継・報道して広がるもの、事件を報道することでイベントのようになるものの3種類に分類している。

新聞社が主催したイベントとしては、本山彦一の大阪毎日新聞社が大正期に開催した博覧会、大阪毎日新聞社と大阪朝日新聞社が主催した高校(中学)野球大会、正力松太郎の読売新聞社が開催した博覧会、棋聖・王将戦、プロ野球などがある。

東京・大阪の有力紙だけでなく地方紙も競って人気投票や懸賞募集を行い、読者獲得のための重要な手段とした。講演会や博覧会、競技大会など各種イベントを行っては多くの人々を集めて話題づくりをした。

中でもメディアとイベントの産業的結合を進めた読売新聞社主の正力松太郎は突出していた。「興行」として始めたプロ野球は、それ自身によってブームがつくられ、新聞を宣伝するためにプロ野球を使う。プロ野球は新聞販売の手段とされた。正力には新聞をジャーナリズム(木鐸)のメディアとしてとらえていたというよりも、イベントの消費者としての「読者」を創り出そうとした。戦後、正力は原子力イベントにも関わるが、井川光雄は読売新聞社と原子力の結び付きについて論じている。

1955年、読売新聞社とアメリカ大使館の主催で「原子力平和利用博覧会」というメディア・イベントが開催された。全国をめぐるイベントで国内約260万人余の観客を動員した。正力はのちに、日本の原子力開発を推進したことから「原子力の父」と賞賛されるが、正力にしてみれば原子力も、それまで手がけてきたプ

ロ野球やテレビなどと同じく，大衆の欲望をとらえる1つの道具であった。この博覧会はアメリカの対外プロパガンダ戦略の一環として原子力の「平和利用」を広げるために「『読売新聞』をはじめとする日本の新聞社は，それに組み込まれ，キャンペーンに動員された」のである。新聞社が主催するイベントは，そのテーマによって日本の文化や政治に深く関わっていることがわかる。

3　野球と新聞社の密接な関係

新聞社がスポーツチームを所有し，スポーツイベントを主催している。読売と巨人軍，朝日・毎日新聞社と高校野球が不可分の関係にあることはよく知られている。有山輝雄は，甲子園（高校）野球について，日本に輸入された野球が戦前の軍国主義的な色彩の強い「武士道野球」から戦後の「正しく模範的」な野球としての舞台をつくり出し，「道徳劇」として演じられていく過程をとらえた。朝日新聞社や毎日新聞社の宣伝イベントとしてだけでなく，「人間育成の道場」「汗と涙の青春のドラマ」として甲子園が演出される。高校野球からプロ野球まで野球人はマスコミと共存共栄の関係にある。野球が衰退すればメディアも痛手を負う関係を築いてしまった。意図的であろうがなかろうが，好意的なバイアスが生じることはあり得ることだ。試合数が多い野球は紙面を埋めやすく，記事も書きやすい。はたしてそれでスポーツ・ジャーナリズムがなり立つのか，ほとんど問われることはない。

また，プロ野球選手を批判できないスポーツ報道について小田光康は，競技そのものの描写よりも選手の談話が重視されている「談話優先ジャーナリズム」をあげ，談話をもらうために自ずと選手に対して無批判になってしまうと指摘した。取材対象から独立を維持することができず，的外れな取材態度が選手との信頼関係を損ねてしまうことになる。また，メディアの経営的な問題はもちろんのこと，「東京運動記者クラブ」に所属していないとプロ野球や大きなスポーツイベントの取材が制約される構造的な問題があるという。
『読売新聞』の編集委員などを経て，読売巨人軍の専務取締役球団代表兼GMの職にあった清武英利は2011年11月，読売新聞グループ本社代表取締役会長の渡邉恒雄主筆を記者会見で告発し解任された。そのやりとりは読売巨人軍の騒動で終わるはずが，2012年3月15日，『朝日新聞』が一面トップで巨人軍の過去の契約金をめぐる内幕を報道すると，『読売新聞』は4月28日付の紙面で，「朝日契約金報道は『誤報』」と全面を使って反論した。スポーツをめぐる報道といえどもジャーナリズムの存在しないところに健全な発展はない。

（柳澤伸司）

▷1　ブーアスティン，D. J.／星野郁美・後藤和彦訳（1962=1964）『幻影（イメージ）の時代——マスコミが製造する事実』東京創元社，19-22頁。
▷2　吉見俊哉（1994）「メディア・イベント概念の諸相」津金澤聰廣編『近代日本のメディア・イベント』同文舘。
▷3　井川光雄（2002）「原子力平和利用博覧会と新聞社」津金澤聰廣編著『戦後日本のメディア・イベント〔1945-1960年〕』世界思想社。
▷4　有山輝雄（2002）「戦後甲子園野球大会の『復活』」津金澤聰廣編著『戦後日本のメディア・イベント』世界思想社；有山輝雄（1997）『甲子園野球と日本人——メディアのつくったイベント』吉川弘文館。
▷5　小田光康（2005）『「スポーツジャーナリスト」という仕事』出版文化社。
▷6　読売社会部清武班（2012）『会長はなぜ自殺したか——金融腐敗＝呪縛の検証』七つ森書館。本書は前年から「復刊本」として準備されていたが，読売新聞社が出版差し止め訴訟を起こし，販売禁止の仮処分命令が出された。言論に携わる巨大な新聞社が小さな出版社の出版差し止め訴訟をするという事態になった。

A 「新聞」とは何か

7 戦争と新聞

1 従軍記者

　1874年の台湾出兵にあたり戦地から戦況を報道する記者も生まれた。従軍記者の最初は『東京日日新聞』の岸田吟香だが，記者としての従軍は許されなかったので，軍御用として従軍した。その戦記は読者に歓迎され，錦絵にもなった。1877年の西南戦争では福地源一郎や『郵便報知新聞』の犬養毅らが従軍した。福地は軍の記録係として従軍した。有力紙は戦場に特派員を送ったが，軍が正式に従軍記者を認めたのは日清戦争からであった。しかし政府は厳しい事前検閲を実施したため，戦地からの記事は読物的な記事にするしかなかった。軍の統制下に置かれた従軍記者は自由な取材活動や報道は許されず，まして自国が参戦している状況では，自国にとって不利な報道は禁じられた。そのため公正な報道はできず，やがて読者の戦意高揚の役割を担うようになる。

　日露開戦が目前に迫ると新聞界では開戦論と非戦論に分れて激しい論争が起こった。日露戦争直前には『朝日新聞』は主戦論を展開，1905年の日露講和に強く反対した。対露強硬論が新聞紙面を賑わせ始める中『東京日日新聞』『萬朝報』などは非戦論を展開した。中でも『萬朝報』は内村鑑三のキリスト教的絶対平和主義に立って，戦争罪悪論を強く訴えるなど非戦論を主張していた。しかし，対露強硬論が高まると，『萬朝報』は開戦論に転向し，非戦論を主張する内村，幸徳秋水，堺利彦らは退社した。日清・日露の両戦争を経て，新聞社は通信設備の拡充をはじめ輪転印刷機の普及や写真製版など技術の進歩を生かして発行部数を大幅に伸ばし，資本主義企業として競争を展開していった。写真印刷は揺籃期にあったが，『東京日日新聞』『東京朝日新聞』は戦場写真をいち早く掲載した。膨大な資本を生かすことのできた有力な新聞社による新聞企業の集中化と企業間の格差が生まれ，報道第一主義が確定的となった。

2 戦時体制への流れ

　新聞記者の政府批判を封じることを目的として，明治期から第二次世界大戦終了時まで，近代日本の最も中核的な言論統制法規となったのが，讒謗律や新聞紙条例（1875年）で，新聞記者たちはこれに強く反対していたが，以後数次の改正ののち新聞紙法（1909年）に引き継がれていった。これらは言論・出版の自由に対する深刻な脅威となり，発禁（発売禁止，発行禁止）処分は心理的・

経済的圧力を発行人等に与えた。

　1910年代になると大正デモクラシーの風潮の下で，新聞は憲政擁護運動など民本主義のための種々のキャンペーンを展開した。中でも1918年のシベリア出兵，米騒動に関連して悪徳業者を批判するとともに，寺内正毅内閣の施政を激しく攻撃した『大阪朝日新聞』は白虹事件の筆禍に遭い，社告「本社の本領宣明」を掲げて陳謝の意を表した。社長の村山龍平は引責辞任，編集幹部は退社した。この事件が起きた際，他紙は傍観するだけで，当該の『大阪朝日新聞』は，政府の言論弾圧について一切報道せず，言論弾圧に抗議する内容の社説や論説などは一切掲げることはなかった。白虹事件の当事者自らが，事件について沈黙してしまった。言論への司法的弾圧，政治的圧迫，暴力的圧迫に対して新聞が連帯することはなかったし，できなくなっていた。

　1931年中国にいた日本の関東軍が満州事変を起こし，中国東北部に「満州国」を建国すると全国132の新聞社は満州国独立支持の共同宣言を発表した（1932年12月19日）。満州事変までは軍部を批判していた新聞も軍国主義政策支持にまわり，言論統制が進むとともに軍部に対する抵抗もほとんどなくなり，軍国主義国家日本の宣伝メディアへと変貌していった。

3　軍部批判と戦争協力

　1932年5月15日海軍青年将校らは首相官邸や警視庁を襲撃，犬養毅首相を射殺し，政党内閣は崩壊した。事件後新聞が議会政治の危機を訴えると，軍部や右翼は激しく脅迫し批判を封じた。新聞は社説を空白欄にして軍部や右翼の圧力を無言で示した。全国紙はすでにファシズムに同調する論調に転じていたなか，『福岡日日新聞』（現在の『西日本新聞』の前身）の菊竹六皷がその第一報と同時に，青年将校を批判する社説を掲げ，五・一五事件を批判すると，久留米師団や在郷軍人などが『福岡日日新聞』を威嚇し攻撃したが，全社をあげて菊竹を支援した。また，桐生悠々は1933年8月11日の『信濃毎日新聞』社説「関東防空大演習を嗤う」で軍事演習を批判したため軍の怒りをかい，主筆を追われた。1937年日中戦争開始から45年の敗戦まで，新聞は政府・軍部の統制下に置かれ，国策の宣伝機関になった。戦場では新聞記者，作家，画家などが軍の報道班員として従軍し日本の新聞へ通信を送ったが，記事はつねに軍部によって統制され検閲で不許になる記事も多かった。日本の敗色が濃くなると，大本営は撃墜した飛行機や敵の戦死者の数を水増ししたり，「退却」を「転進」と言い換えるなどして，国民の戦意の衰えを防ごうとしたが，無駄だった。

　戦後，1945年8月23日の『朝日新聞』社説「自らを罪するの弁」は戦争責任を自発的に明確にしたものとして一般的に評価されてきたが，新聞の戦争責任の自己検証は極めて不十分で，言論機関の責任について不明瞭なままで数も少なかった。

（柳澤伸司）

▷1　新聞紙法制定にあたっては，新聞経営者としての企業活動の自由の要求のみが論じられ，言論の自由を要求した新聞人はいなくなっていた。内川芳美（1989）『マス・メディア法政策史研究』有斐閣。

▷2　内閣を弾劾する新聞記者大会の様子を報じた記事中に「白虹日を貫けり」という表現があり，これが新聞紙法違反にあたるとされた。

▷3　「新聞界全体に課せられる取締りには，諸新聞社の共通利害として連合して運動を起こすが，個々の新聞社への弾圧に普遍的言論の自由の問題を読みとり，連帯するという発想は乏しかった」。有山輝雄（1995）『近代日本ジャーナリズムの構造――大阪朝日新聞白虹事件前後』東京出版，294頁。

▷4　今西光男（2007）『新聞 資本と経営の昭和史 朝日新聞筆政・緒方竹虎の苦悩』朝日新聞社。

▷5　前坂俊之（2007）『太平洋戦争と新聞』講談社学術文庫。

▷6　むのたけじ（2008）『戦争絶滅へ，人間復活へ――九三歳・ジャーナリストの発言』岩波新書；朝日新聞（2011）「新聞と戦争」取材班『新聞と戦争（上・下）』朝日文庫；読売新聞戦争責任検証委員会（2009）『検証 戦争責任（上・下）』中公文庫。

コラム6

新聞と検閲・言論統制

1 明治維新後の日本の言論統制

　明治政府はその成立と同時に，発禁（発売頒布禁止処分）を中心とする言論・報道の官僚的弾圧を開始した。権力批判，安寧秩序紊乱風俗壊乱を主な柱として官憲の処罰の対象となる各種取締法を制定した。1869（明治2）年に新聞紙印行条例，讒謗律（ざんぼうりつ）・新聞紙条例（1875年），集会条例（1882年），出版条例（1887年），保安条例（1887年），出版法（1893年），新聞紙法（1909年）と時を追って体系化された。それらは体刑，罰金，発売禁止などの処分を伴うものであった。1889年に帝国憲法が発布され「法律ノ範囲内ニ於テ」（第29条）言論表現の自由は認められたが，言論統制法規が存在していたため，なきに等しかった。

　違反の認定は裁判にはよらず内務大臣が広範な行政処分権限をもっていたため，発禁と決まれば他に手立てはなかった。そのため出版者は，発禁処分を受けないように，明白な表現を避けて，その部分を文字の代りに空白や○や×で表現し，違反とみなされそうな言葉をあらかじめ伏字にするなどして発禁にならないよう切り抜けようとした。

　明治20年代以降，民権運動が大幅に後退し内務省の検閲体制が強化されると，処罰の対象となる筆禍事例は増加した。また，社会主義的言論や運動が起こるとそれに対して治安警察法（1900年）というように，権力を維持強化するため弾圧を可能にする法律を制定した。1925年に制定された治安維持法は天皇制を批判する思想言論を徹底的に抑圧する言論統制法で，社会主義者を対象としていたものが，やがて自由主義思想を抱く者に対しても弾圧の対象となった。

2 大本営発表と国策機関としての新聞

　日中戦争の拡大，その後の太平洋戦争に伴い，1937年大本営が設置され，軍令，作戦に関する報道発表を担当する大本営陸・海軍報道部が設置され戦況報道にあたった。国民に対して不利な情報を隠蔽し，情報を意図的につくりかえて戦意高揚をはかろうとしたところから，「大本営発表」は戦後に欺瞞とでたらめの代名詞となった。また，1940年12月，メディアを国策遂行に協力させるため情報収集，報道及び啓発宣伝を実施する内閣情報局（内閣情報委員会，情報部からの昇格）が設置され，新聞，出版物，放送の検閲にあたった。戦時統制経済の強化を背景に新聞用紙割当制限によって多くの地域新聞が消えていった。また，取締りの容易化を目的として新聞社の統廃合を進め，それまで各県に複数紙が競いあっていた地方紙は各県一紙に統廃合していった。

　当時新聞界に関わる統制法規として加わったのは，国家総動員法（1938年），新聞紙等掲載制限令・国防保安法・言論出版集会結社臨時取締法（1941年）などで，「戦時下にあって人心を動揺せしめ社会不安を誘発し，或いはことさらに国策に反対し，戦争遂行上に障碍を及す」と見られるものは厳重に監視と検閲，あいつぐ記事差止めの状況に追い込まれ，言論表現は閉塞していった。国家総動員法によって報道機関は国策上に関わる官庁機密の報道や掲載は禁止され，新聞そ

の他の出版物に対して掲載の制限，禁止，発売・頒布の禁止，原版差押えなどの報道統制が進められた。

戦時体制の確立に伴い，国家総動員法と新聞事業令に基づく言論統制団体日本新聞会が設立されると（1942年），その統制規程（記者規程）によって，記者は「国体を明確に把持すること」に合格したものだけに限定され，かつ登録制となった。権力批判のできない新聞は自らの生き残りを国策遂行に合わせ，完全に政府・軍部と一体化し，国策の宣伝機関になった。

現在のブロック紙，地方紙（県紙）の基礎となった新聞統合（1県1紙体制）は，国家権力による地域情報チャンネルの一元化，すなわち言論統制であった。同時に地方紙にしてみれば経営基盤の強化をはじめ，企業的にも競争のない協調体制がつくられた。新聞の整理統合は，地方紙の利害と政府の意図が融合した結果，とみることができよう。これによって地方紙は不偏不党の編集方針を掲げ，政治色を出すことなく広く県民に受け入れられる紙面づくりが特色となった。全国紙は早くから大衆的編集方針を取り入れ，報道中心主義によって政治色を避ける政策をとっていたが，地方紙（県紙）も全国紙と同じような報道スタイルがつくられていった。戦後の新聞がかつての政論新聞や意見新聞としての姿はみられず，報道本位の新聞として統一されていくのは，この新聞統合にその根があるといえる。国民の目から情報が隠され，真実を知らされないまま敗戦へと突き進むこととなる。

3　戦後占領下の新聞政策

1945年8月，日本が太平洋戦争に無条件降伏すると，GHQ（連合国最高司令官総司令部）が統治を開始した。GHQは徹底的な民主化を進めるため，それまでの新聞統制を日本政府に廃止させた。とはいえGHQにおける言論の自由は，占領政策に適合する範囲で進められ，日本政府に代わってGHQが検閲を行い，GHQに都合の悪い米兵の犯罪や原爆被害などの報道は制限された。

日本国憲法が制定されると第21条でいっさいの表現の自由を保障し，検閲の禁止を規定したが，占領期間中はGHQのプレス・コードによる厳しい統制が行われ，1948年7月まで事前検閲が新聞，放送，出版，映画，郵便物に対して行われ，1949年10月まで事後検閲が続いた。それは痕跡をとどめない巧妙なものだった。

戦後の日本では言論の自由化に伴って法律による表現規制に代わる自主規制という方法が採用されている。言論表現の自由にとって検閲は情報の自由な流れを阻害するものであり，民主的な社会を実現する弊害はこれまでみてきたとおりである。民主社会においては公権力の情報といえども国民のものであり，そうした重要な情報を官公庁が不当に公開を拒否・制限することは本来あってはならない。また，報道機関が不必要な自主規制を行うことも検閲と同じような弊害を生むことになる。しかし，安易な自主規制は往々にして政府規制のたんなる代理規制ともなり，言論統制の先棒をかつぐことになりかねない。

(柳澤伸司)

参考文献

里見脩（2011）『新聞統合──戦時期におけるメディアと国家』勁草書房。
中園裕（2006）『新聞検閲制度運用論』清文堂出版。
佐藤卓己（2004）『言論統制──情報官・鈴木庫三と教育の国防国家』中公新書。
有山輝雄（1996）『占領期メディア史研究──自由と統制・1945年』柏書房。
江藤淳（1994）『閉された言語空間──占領軍の検閲と戦後日本』文春文庫。

B 新聞の現在

1 新聞（倫理）綱領

1 新聞倫理綱領と日本新聞協会

　明治憲法下の日本では，マス・メディアは国家の直接統制に置かれるか，あるいは厳重な法的・行政的管理のもとに置かれていた。その当時のメディアの自主規制は，政府の処罰や干渉を避けるのが目的であって，しばしばそれは社内検閲と呼ばれた。その流れは占領時代にも続いたが，同時にGHQ（連合国軍最高司令官総司令部）は，民主化政策の一環として，新聞が倫理綱領を制定して，自主的に社会的責任を果たすよう指導した。1946年7月23日，東京紙，地方紙の代表が集まって新聞倫理綱領が採択された。

　この綱領維持を目的とする自主組織として社団法人日本新聞協会が発足したが，新聞協会の定款では会員資格の第一として「新聞倫理綱領を守ることを約束する新聞」をあげている。つまり日本新聞協会とは倫理綱領維持を目的とする団体である。新聞倫理綱領のほか，1954年に新聞販売綱領（2001年改定），58年に新聞広告倫理綱領（76年改定）を制定し，販売・広告業務においても自主規制措置が定められた。その後，2000年「自由と責任」「正確と公正」「独立と寛容」「人権の尊重」「品格と節度」を柱とした新しい新聞倫理綱領が定められた。前文の冒頭に「国民の知る権利」を新たに明記したほか，「読者との信頼関係をゆるぎないものにする」などの表現を新しく盛り込んだ。また，「人権の尊重」の項目を設け，「報道を誤ったときはすみやかに訂正し，正当な理由もなく相手の名誉を傷つけたと判断したときは，反論の機会を提供するなど，適切な措置を講じる。」とした。新聞各社においても綱領や信条，社としての規範，記者の行動基準・規範など職業倫理を確認・明示している。

▷1　日本新聞協会（新聞倫理綱領）。http://www.pressnet.or.jp/outline/

2 明示されない規制

　1946年から1947年にかけて新聞労働者による社内民主化運動が展開され，従業員が新聞製作のイニシアティブをにぎろうとする状況が生じた。GHQが民主化抑制の方針転換をとると，新聞編集の実権を取り戻そうとする経営者とのあいだで紙面編集の権限をめぐる紛争が生じた。その一つが1946年の第二次読売新聞争議（読売争議）であった。日本新聞協会は1948年3月16日，新聞編集権の確保に関する声明を発表して，編集権の概念やその権限の帰属関係について明文化した。この編集権声明には「編集権とは……新聞編集に必要な一切の

管理を行う権能」であり「編集権を行使するものは経営管理者およびその委託を受けた編集管理者に限られる」「定められた編集方針に従わぬものは何人といえども編集権を侵害したものとしてこれを排除する。編集内容を理由として印刷・配布を妨害する行為は編集権の侵害である」とし，編集権が経営者側にあることを明記した。新聞社が自主規制を行うとき，この編集権を持ち出して，現場の記者に強いることがある「政治的概念」である。これらは新聞倫理綱領など明示された自主規制よりも，新聞社内の事前規制となる明示されない自主規制のほうがはるかに日常的であり，問題も大きく，多い。この明示されない自主規制は外部からの権力・財力・暴力など，何らかの「力」に屈したことによって起きるが，読者にはほとんどその実態はわからない。

3 読者批判と新聞社の対応

　新聞報道に対する批判には，報道に関わった当事者からの倫理的批判と報道された記事に対する読者からのジャーナリズム批判がある。

　報道に関わった当事者からの倫理的批判は，その当事者・関係者（事件・事故の被疑者・被害者及びその家族，地域住民）に関わる記事内容についての事実の誤り，一方的な表現に対して起こるものであり，倫理が問われる。とくに一般人，私人間に起こる事件・事故報道に顕著に現れる。その多くは過剰な取材競争，その結果としてのセンセーショナリズム報道によって引き起こされる被害，プライバシーの侵害に対するもので，日本弁護士連合会などは人権と報道のあり方として被疑者に対する匿名報道を主張した。新聞界は事件・事故報道に対して「容疑者」呼称をつける，あるいは全体的に微罪事件は掲載しないなど対応してきているが原則実名報道の立場にある。プレス・オンブズマン，報道評議会など人権救済・苦情処理制度の対応を求める声は根強いものの，いまだ成立をみていない。これらの制度は，報道されたことによって起こる被害に対応するためのものであり，目に見える形で報道被害者を救済する仕組みである。これまでも法的措置をとるという手段があるにはあるが，時間がかかることと被害に対する賠償金の低さなど，現実的には一般人が新聞社を相手に訴訟手段をとるのは容易ではない。組織として対応する新聞社は，個人として対応せざるをえない一般人に対して巨大な権力として立ちはだかるものとなっている。[2]

　また，読者からのジャーナリズム批判は，新聞社内部の記者たちを首肯させ，刺激を与えることが極めて少ない。なぜなら新聞社内の記者たちの表現活動が集団的であり，組織や様々な力関係や時間的制約の中で行われているからである。したがって，外部の有識者らによる紙面批評も必要だが，それ以上に現場を知り尽くした記者自身の自由なメディア批評が求められる。

（柳澤伸司）

▶2　ミドルトン，ジョン（2010）『報道被害者の法的・倫理的救済論——誤報・虚報へのイギリス・オーストラリアの対応を中心として』有斐閣。

B 新聞の現在

2 日本の新聞

1 新聞は最もよく読まれている活字

日本の新聞の発行部数は1997年の5377万部がピークで，その後は微減し続けている。2000年は約5371万部が発行され，1世帯当たりは1.13部であったが，2008年以降は同1部を割り込んだ。2011年3月の東日本大震災の影響で，新聞購読者はさらに減り，同年10月現在の部数は約4835万部，1世帯当たり0.90部になった（日本新聞協会調べ，朝夕刊セットは1部として計算）。

国別では，日本の発行部数は中国，インドに次いで世界3位，成人人口1000人当たりの部数は第9位（世界新聞・ニュース発行者協会『World Press Trend』2010年版）である。

発行部数と1世帯当たりの部数が減り続けている主な理由は，以下のことが考えられる。(1)人口が減り続ける一方で，核家族化で世帯数は増えている。(2)インターネットや携帯電話などの急激な普及で，ニュースを見るスタイルが変わりつつある。(3)若い世代を中心に活字離れが進んでいる。

同協会が2011年11月にまとめた「全国メディア接触・評価調査」によると，朝刊は平均で2.7人が回し読みしている。4835万部をもとに計算すると，朝刊は毎日，1億3000万人以上もの人が読んでいる。新聞の読めない幼児らを除くと，相当数の人が複数の新聞を読んでいることになる。新聞離れは進んでいるが，それでも新聞は日本で最もよく読まれている活字であることには変わりはない。新聞の普及度は，国民が活字に親しむバロメーターともいえるだろう。

2 新聞の種類：全国紙，ブロック紙，地方紙

国内外の幅広い分野の情報を扱う一般紙には，全国の読者を対象にして発行される全国紙，複数の府県の読者を対象とするブロック紙と特定の地方の読者を対象とする地方紙（県紙）とがある。

全国紙：『読売新聞』『朝日新聞』『毎日新聞』『日本経済新聞』『産経新聞』（発行部数順）の5紙をいう。5紙の販売部数は1日2723万部（日本ABC協会調査の2011年7〜12月平均）で，日本の一般紙の約6割を占めている。

世界の主要都市に特派員を派遣，国内各地で支局や通信部を開設するなどして国内外に取材網を敷き，政治，経済，事件，事故などを幅広く取材し，記事にする。世界的，全国的なニュースを報じる一方で，地域ごとに地域版を編集

▷1 全国の新聞社・通信社・放送局が1946年，倫理の向上を目指す自主的な組織として創立した。2012年12月現在，新聞社105社，放送局23社，通信社4社の計132社が加盟。

▷2 2009年の部数は約5044万部，成人人口1000人当たりの部数は459.1部。

▷3 新聞，雑誌などの部数を公査・認証して公表する機構。新聞・雑誌社，広告主，広告会社の三者で構成されている。

し，地域に特化したニュースを載せている。各紙ともHPを開設し，ネットでも様々な情報を発信している。

ブロック紙：『北海道新聞』『中日新聞』『西日本新聞』の3紙。『北海道新聞』は，1つの自治体である北海道を販売エリアにしているが，広域であるうえ，発行部数も多いことからブロック紙とみなされている。この他，『河北新報』と『中国新聞』中日新聞東京本社が発行する『東京新聞』もブロック紙に加えることがある。

地方紙：発行エリアが1府県の新聞は地方紙（県紙）と呼ばれる。地方に密着し，地方の視点で取材するというのが，共通した取材姿勢である。一面，政治面，経済面，社会面などの紙面構成は基本的には全国紙と同じであるが，概して地域版のスペースは全国紙より大きく，数多くの地域ニュースを載せている。全国紙のように日本各地に取材網を敷いていないので，地元以外のニュースは通信社から配信を受けることが多い。

日刊紙は1938年には約700紙もあったが，十五年戦争の間，1県1紙の原則のもとに統合・削減され，1942年には55紙になった。その流れを，多くの地方紙は引き継いでいる。

地方紙を中心とした52紙と共同通信はポータルサイト「47NEWS」を運営し，ネット上でもニュースを提供している。

通信社：共同通信社と時事通信社の2社。新聞社と同じように記者が取材するが，自ら報道するメディアはもたず，ニュースを報道機関や民間企業などに配信する。欧米の主要紙は，配信を受けた記事の冒頭に通信社のクレジットを記すことが一般的であるが，日本の地方紙はクレジットをつけないことが多い。このため，記事に問題があった場合の責任の所在があいまいになることもある。

3 新聞の言論の自由を守る法律

新聞を発行している新聞社は株式会社であるが，「日刊新聞紙の発行を目的とする株式会社の株式の譲渡の制限等に関する法律」で「株式の譲受人を，その株式会社の事業に関係のある者に限ることができる」などと定められており，一般企業のように株式は公開しなくてもよいことになっている。欧米では，新聞社がM&Aで買収されることは珍しくないが，日本の新聞は国内外の投資家から買収されることはない。

この法律は「市場原理に逆らう」と批判されることもある。この法律の条文によって，他の企業のように多額の増資をすることは困難になっている一面もあるが，その一方で，新聞社の「言論の自由」を守ることにもつながっている。

（福田　徹）

▷4　満州事変（1931年）から日中戦争・太平洋戦争の敗戦（1945年）までの日本の戦争。

▷5　里見脩（2011）『新聞統合――戦時期におけるメディアと国家』勁草書房。

▷6　東京女子医科大学病院で2001年に心臓手術を受けた女児が死亡した事故で，業務上過失致死罪に問われ，無罪となった医師が，共同通信社の配信記事で名誉を傷付けられたとして同社と配信記事を掲載した地方紙3紙に対して損害賠償を求めた。東京地裁は2007年，地方紙は共同通信社のクレジットを付けずに記事を掲載したことなどを重視し，3紙に賠償支払いを命じた。
控訴審で地方紙が逆転勝訴。2011年，最高裁は「通信社に賠償責任がなければ，記事を掲載した地方紙も賠償責任を負わない」とし，地方紙の勝訴が確定した。

第Ⅲ部　新聞を知る

B　新聞の現在

3　世界の新聞

❶　日刊紙は先進国では漸減，新興国では漸増

　世界の日刊新聞の総数は，総務省統計局の2004年のデータによると1万紙を超える。最も多いのはインドの1874紙，2位以下はアメリカ1486紙，中国963紙，インドネシア863紙などと続き，日本は16位で108紙。発行部数で最多は中国の9670万部で，インド7924万部，日本7045万部，アメリカ5735万部などと続く。日本は新聞社の数の割には発行部数が極めて多い。『読売新聞』『朝日新聞』などのように，1紙で何百万部もの発行部数をもつ新聞社があるからだが，このような新聞社は世界では珍しい。

　このデータの7年後の2011年に，ユネスコが28カ国を対象に行った日刊新聞のパイロット調査によると，アメリカは1389紙（04年より97紙減），スイスは36紙（同60紙減），スウェーデンは82紙（同60紙減）で，欧米では日刊紙の減る国が多い。逆に増えているのは，ブラジルの682紙（同150紙増），ウクライナの134紙（同77紙増），南アフリカの43紙（同25紙増）など。先進国では漸減し，新興国や発展途上国では漸増する傾向が見てとれる。

　その背景には，先進国では景気低迷やインターネットの急激な普及によって新聞広告が減少し，経営難に陥る新聞社が多いということがある。新興国では経済発展で豊かになるにつれ，より多くの人が情報を求めて新聞を購読するようになったと考えられる。

❷　アメリカの新聞は激減し，「取材空白区」が出現

　アメリカは"新聞大国"といわれ，NIE発祥の地でもある。1970年代のウォーターゲート事件では，新聞が大統領のスキャンダルを暴いて，辞任に追い込むなどし，新聞は「民主主義社会に欠かせないメディア」という評価が定着している。そのアメリカで，新聞が上で記したように急激に減りつつある。

　全米のニュース需給事情を調べた元米誌記者スティーブン・ワルドマン氏は2011年10月，『朝日新聞』の取材に対して，「新聞広告収入はこの5年間で半減しました。その間にページ数を減らし，記者の賃金を下げ，記者の数を減らしました。（中略）20年前，全米で6万人いた新聞記者が，今では4万人しかいません」と話している。

　同氏によると，ローカル紙が相次いで休刊し，残った新聞でも記者が減らさ

▷1　井川充雄（2005）「日本の新聞，世界の新聞」山本武利責任編集『新聞・雑誌・出版』（叢書　現代のメディアとジャーナリズム⑤）ミネルヴァ書房．

▷2　1972年から74年にかけて発生。野党だった民主党の本部があるウォーターゲート・ビルに盗聴器が仕掛けられた。『ワシントン・ポスト』などの取材で，時の政権が関与したことがわかり，ニクソン大統領は辞任に追い込まれた。

▷3　『朝日新聞』（2011年11月29日付朝刊）オピニオン面「記者が消えた街　元米誌記者，スティーブン・ワルドマンさん」．

れ，記者が来ないで報道もされない「取材空白区」があちこちで出現。その結果，カリフォルニア州の小都市の行政官が自分の給与を段階的に12倍に引き上げるといった不祥事が相次いでいるという。同氏は「教師や議員，警察官や消防士がどの街にも必要なように，記者も欠かせないと確信する」ようになったと話している。

　アメリカの新聞は収入の約8割を広告に依存しているが，日本の新聞広告の割合は3割程度で，残りの約7割は販売収入で賄っている。日本の新聞も厳しい経営状況に直面しているが，この収益構造の違いなどから，アメリカほど危機的な状況には追い込まれてはいない。

③ 勢いを増すフリーペーパー

　欧米では，日刊新聞が低迷する一方で，日刊のフリーペーパーが勢いを増している。収入源は広告料だけにし，大都市の駅構内などで無料配布する。通信社から配信された記事を中心に掲載し，取材費用をできるだけ抑える。

　代表的なフリーペーパーとしては，1995年2月にスウェーデンで創刊された『メトロ』があげられる。毎朝，駅や電車，バスの中，コンビニ前などに置かれ，誰でも自由に手に取って読むことができる。2011年3月11日付の『ル・モンド』紙によると，フランスでも，『ヴァン・ミニュート』紙が77万部を，『ディレクト・マタン』紙が67万部をそれぞれ発行するなど，複数の無料日刊紙がしのぎを削っている。

　創刊以来，急成長を遂げているフリーペーパーが多い。読者が増えるにつれて広告が増え，広告が増えると内容が充実してまた読者が増える——という循環が働いている。既存の日刊紙にとっても無視できない状況となり，地域情報に限定したフリーペーパーを発行する国内外の新聞社が増えた。

④ 国民統治を目的とした共産圏の新聞

　共産圏の新聞事情は，欧米とは大きく異なる。多くは国や政党が発行する機関紙で，政策を内外に周知し，国民を統治することを目的としている。

　中国の『人民日報』は，一時は1000万部以上の発行を誇った。しかし，1978年に改革開放路線が敷かれ，市場原理が導入されてからは，宣伝色の強い同紙は敬遠されて激減，その一方で情報紙やローカル紙が増えている。

　北朝鮮の『労働新聞』の発行部数は，公称100万部以上。6面構成で，最終面は国際面になっているが，日米両国などの動向を批判的に記すことが多い。

　旧ソ連では，1980年代後半からペレストロイカ（改革）政策の一環としてグラスノチス（情報公開）が進み，政府批判も認められ，新聞の部数は増加。しかし，ロシアでは近年はプーチン大統領によるメディア規制が強まっている。

（福田　徹）

▷4 『新聞研究』724号（2011年11月，日本新聞協会発行）で，朝日新聞社の山中季広・ニューヨーク支局長はワルドマン氏の「テレビは，新聞の掘った原石を加工して周知させるのは巧みだが，自前ではあまり掘らない。ネットは，新聞やテレビが報じたニュースを高速ですくって世界へ広める力は抜群だが，坑内にもぐることはしない。新聞記者がコツコツと採掘する作業を止めたら，ニュースは埋もれたままです。」という話を紹介している。

▷5 鈴木伸元（2010）『新聞消滅大国アメリカ』幻冬舎。日本の新聞社は，アメリカと収益構造が異なるうえ，個別宅配率が高く，弱小新聞社の淘汰が進んだ結果として1県1紙体制が構築されている。

▷6 Webサイト「Le Journal ALAE」。

▷7 山本賢二（1995）『中国の新聞の読み方』大学書林。山本氏は「中国の新聞は，基本的には中国共産党の多数派の意見を代弁するものであり，その多数派の世論をつくり出すための道具なのである。」と記している。

B 新聞の現在

4 一般紙とスポーツ紙／業界紙

1 新聞の分類

　新聞は紙面内容と読者対象によって「一般紙」と「専門紙」にわけられる。一般紙が分野を越えて幅広い出来事や話題一般を対象にしているのに対して，専門紙は一定の分野に特化した新聞といえる。スポーツ新聞はスポーツを中心にする専門紙ともいえるが，社会事象を取りあげて大衆総合紙化している。いずれにしても，出来事や話題を情報として文章，写真，図表を紙に印刷して配布するメディアが新聞である。ここでは，一般紙，スポーツ紙，専門紙について，その特徴と違いなどについて取りあげる。

2 全般を網羅か一定分野に特化か

　日刊新聞を発行する一般紙105社（2012年3月現在）を中心に構成されている社団法人日本新聞協会には，スポーツ6紙も加盟している。専門紙は別に公益社団法人日本専門紙協会を組織している。両協会とも加盟社の会費で運営されている。

　一般紙，スポーツ紙，専門紙の特徴はそれぞれの編集部門の組織を比較すればわかりやすい。例えば，一般紙の全国紙東京本社編集局の取材部門には政治部，経済部，社会部，外信部，生活家庭部，科学環境部，学芸部，運動部，地方部，夕刊編集部，写真部，編集委員室，都道府県ごとに置かれている総（支）局と通信部がある。各部には取材対象ごとに担当記者が配置されている。そのほか，原稿をチェックし価値判断をして紙面を編集する編集編成総センター，情報調査部，世論調査部，航空部，紙面審査室，読者室，デザイン室がある。社説を担当する論説室は編集局とは独立している。新聞社によって部の呼称は違い，重視する部門を独立部にする例もあり，新聞社の個性ともなっている。部を一覧すれば，取材範囲が社会全般を網羅していることがわかる。

　スポーツ紙の東京本社編集局の場合，スポーツ部，レース部，文化社会部，記録部，デザイン室，写真部，紙面編集をする整理部で構成されている。紙面の比重の高いプロ野球担当を独立部にしている新聞社もある。芸能・娯楽・風俗情報，政治や事件記事などに大きく紙面を割いているのがスポーツ紙の特徴で，しばしば政治家や芸能人のスキャンダル，大事件・事故が一面トップを飾るようになった。スポーツ紙が社会面を設けたのは1970年代後半からで，その

ころから各紙とも大衆総合紙を志向するようになった。ただ，一般紙のように社会全般の中から価値判断をして情報提供するわけではない。

スポーツ紙は第二次世界大戦後の1946年以降に相次いで創刊され，多くが一般新聞社系列にある。プロ野球の球団をもつ新聞社もあり，プロ野球人気の地域性の強さもあって，新聞社や地域によって紙面扱いが違うのが特徴といえる。新聞にシンボル・カラーがあることもスポーツ紙ならではで，販売部数の20～30％を占める駅やコンビニエンスストアなどスタンド売りの比重が高いため，一目で銘柄が識別できる販売上の工夫である。同じ理由で一面の見出しも大きくて派手，センセーショナル，断定的なのも特徴といえる。

専門紙は千差万別だ。業界があれば必ず「業界紙」があるといわれ，全国で2000～2500紙にのぼると見られている。日刊，週刊，旬刊，月間，季刊と発行形態も様々で，実態不明の新聞社もある。日本専門紙協会（1946年設立）は必ずしもイメージがよくない業界紙ではなく専門紙と呼称し，公益法人化して倫理綱領を策定し，加盟審査をしている。2011年現在，業界を代表する18業種92紙が加盟している。

専門紙の紙面内容は特定分野（業界）の情報に特化し，取材部門も業界組織や主管官庁，新聞社の規模によって違う。建設業界で日刊紙を発行する大手全国紙東京本社の場合，編集局編集部が行政グループ（国土交通省担当），企業グループ（建設・設計・コンサルタント会社など担当），発注グループ（建設プロジェクト，再開発，入札情報など担当）に分かれている。教育産業を対象に週間紙を発行する新聞社では，編集局が行財政グループ（文部科学省，教育委員会など担当），実践グループ（学校など担当）の２グループ制で取材に当たっている。

3　読者が不特定多数か業界人か

読者層も一般紙，スポーツ紙，専門紙を特徴づけている。一般紙は不特定多数の老若男女，スポーツは主にスポーツ好きの男性，専門紙は業界人に限られている。いずれも読者のニーズに応える新聞を発行することが必要だが，一般紙はさらに歴史性や社会性・未来性を加味した価値観，スポーツ紙は時代の風潮・ブームなどの把握とスポーツへの独自の視点，各業界のプロが読者である専門紙は業界内の人事，組織改編，新商品，設備投資，決算など競合他社のきめ細かな動向，主管官庁の考え方や業界に関連する法律改正などの迅速な情報提供が不可欠になる。編集内容・読者層から，一般紙＝広範・教養性，スポーツ紙＝趣味・娯楽性，専門紙＝細部・実務性——と特徴づけられよう。

なお，発行部数は日本新聞協会加盟の一般紙は4409万1300部，スポーツ紙は425万3000部（2011年現在）。専門紙は企業単位で購読・回し読みをするケースが多いため，読者部数（１部当たり３～４人が読む想定で換算）1200万部と公称している。

（赤池　幹）

▷１　公益社団法人日本専門紙協会に加盟している18業種（日本専門紙協会要覧から）
医療・歯科・化粧品▽化学・ゴム▽環境・エネルギー▽機械・金属▽行政・教育・文化▽金融・証券・税務▽建設▽交通・観光▽住宅・不動産▽消費経済▽情報通信・通信販売▽食品・食料・醸造▽繊維・装飾・家具▽鉄鋼・セメント▽電気・ガス・水道▽農業・林業・酪農▽保険・社会保障▽輸送・物流

コラム7

子ども新聞

1 改定学習指導要領の影響

　学習指導要領の改訂（2008年）前後から、多くの新聞社が子ども向けの媒体や紙面をつくり始めた。日本新聞協会が協会加盟の105社を対象にした調査によると、47社が新聞紙面（本紙）で定期的なNIEのページもしくはNIEコーナーを設けている。47社を一覧すると全国紙（『朝日新聞』『毎日新聞』『読売新聞』『サンケイ新聞』『日本経済新聞』）、そしてほとんどの主要地方紙が名を連ねている。子ども向けのページと同時に、学校教育での新聞活用の意義、活用事例・方法といった学校、教師向けのページの新設や、教育に関する様々な企画、特集が増え始めた。学校への記者派遣（出前授業）、新聞社見学の積極的な受け入れなど教育界との接触も活発化している。こうした背景には、新聞を教えるべき指導事項に位置づけた改定指導要領が新聞界の背中を押したことが大きい。PISA調査で指摘された日本の子どもたちの課題（読解力や学習意欲）克服のために新聞活用の有効性を認識した教育界、活字離れに危機感をもち子どもの頃から新聞に親しむことで将来の購読者になってほしいと願う新聞界、双方が抱える課題がもたらした現象といえる。

2 本紙内掲載と無料の別刷

　新聞紙面でのNIEのページを掲載する頻度や内容は多様だ。47社の紙面を見ると、毎週1回掲載がもっとも多く、週2回あるいは毎月1～2回のケースもある。内容は多岐にわたるが、(1)図表やマンガを多用した時事的なテーマのわかりやすい解説、(2)授業で新聞を活用している教師の実践の紹介、(3)NIE実践教師や教育関係者のNIEの意義の説明、(4)ニュースや話題についてのクイズや問いかけ、(5)新聞ができるまでと記者の仕事、(6)子ども記者による取材と記事、(7)英語学習、などが主なテーマといえる。記事を材料に教師グループの協力で授業用のワークシートを掲載している事例もある。

　NIEのページのほかに、子ども向け新聞を無料で配布している新聞社が37社（学校配布は無料、一般は有料含む）にのぼる。通常の新聞紙面で子ども向けのページだけを抜き取れるように編集しているケースと、別刷作成がほぼ半々である。形態はブランケット（普通の新聞紙の大きさ）とタブロイド（ブランケットの半分の大きさ）があり、発行頻度も毎週1回を最多に、毎日、隔週、週3回、月1回、年数回と様々だ。

　例えば、青森県・東奥日報社は1999年から子ども記者約80人が取材・執筆した記事を掲載する『東奥こども新聞』（ブランケット16ページ）を年2回発行しているが、2011年からは小中学生と保護者を対象にニュース解説、まんが、童話、投稿、受験対策などを盛り込んだ『週刊JuniJuni』（タブロイド12ページ）を発行するという力の入れようだ。一般紙以外でも、有名なスポーツ選手からのメッセージを中心に、8ページの別刷ジュニア版を年4回発行しているスポーツ新聞、毎週土曜日に子どもたちに食や農業、自然科学に親しんでもらおうと、3ページの特集を作成している農業専門新聞もある。

3 有料…歴史のある『毎小』『朝小』

　有料の子ども向け新聞を発行しているのは5社。朝日新聞社，毎日新聞社，読売新聞社，中日新聞社，大分合同新聞社である。日刊で発行しているのは『毎日小学生新聞』(略称・『毎小』，タブロイド)と『朝日小学生新聞』(略称・『朝小』，ブランケット)の2紙で，両紙は学習指導要領とは関係なく長い歴史をもっている。『毎小』は二・二六事件が起きた1936(昭和11)年に創刊。敗戦の1945(昭和20)年には一時休刊したが，復刊の紙面で時の文部大臣の「わが国の民主主義──正しい政治へ，それは人民たちの責任」という一文が掲載され，民主主義国家への転換に向けて新聞への期待を表した。毎日新聞社は中学生以上向けに月刊誌『Newsがわかる』(1999年創刊)も発行している。

　『朝小』は1967(昭和42)年に創刊。朝日新聞社の子会社として設立した朝日学生新聞社が発行している。1923(大正12)年に『コドモアサヒ』を創刊し，何回か題名の変更を重ね59年に休刊したが，次代読者の養成の必要性から復刊した。同社は週刊紙『朝日中学生ウイークリー』(1975年創刊)も発行している。

　他3社の新聞は新学習指導要領を視野に2011年に創刊された。読売新聞社の『よみうりKODOMO新聞』(タブロイド)，中日新聞社の『中日こどもウイークリー』(タブロイド)は週刊，大分合同新聞社の『GoDoジュニア』(タブロイド)は月刊である。

4 教育と新聞：共通根は「民主主義」

　PISA事務局や文部科学省の調査で，新聞を読む子どもほど高成績であるという結果が出ている。好奇心を刺激し探究心を培い，学びに前向きになるからだ。

　ここでは，子どもと新聞の関係を別の観点でとらえてみたい。アメリカのジャーナリズム全般の現状を網羅した米国連邦通信委員会（Federal Communications Commission）の「地域社会が必要とする情報」調査報告書（2011年）によると，デジタルメディアの浸透によりアメリカの地方都市で多くの新聞が休廃刊あるいは記者が大幅に減少した結果，汚職が急増するなど民主主義が重大な転機を迎えていると警告している。地方選挙の投票率が軒並みダウンしているとの指摘もされている。権力機構（者）を監視し，調査報道・分析報道によって読者の知る権利に応え，アメリカ民主主義を支えてきたジャーナリズムの衰退に対する政府機関の危機感の表明である。建国の父の一人とされるトマス・ジェファソンが「新聞不在の政府と，政府不在の新聞のどちらかを選べと言われれば，迷わず後者を選ぶ」と宣言した国が，デジタル社会に苦悶している現実は日本の現状にも当てはまる。

　教育基本法第1条は，平和で民主的な国家，社会を担うシティズンシップの育成を教育目標に掲げている。

　新聞倫理綱領は，民主主義を支える国民の知る権利に応える担い手であり続けることをうたっている。「民主主義」が教育界と新聞界の貴重な接点だが，このことが両者に自覚されているとは言いがたく，そのことが長年にわたり両者の溝をつくってきた。民主主義という両者が立脚する大義が共有され，連携することが必要だ。花盛りの子ども向け媒体が民主主義醸成の第一歩になれば，有意義なことである。

（赤池　幹）

参考文献
日本新聞協会「子供向け媒体調査（1011年）」。
毎日新聞130年史。
朝日学生新聞20年社史。
米連邦通信委員会報告書「地域社会が必要とする情報」。

第Ⅲ部　新聞を知る

B　新聞の現在

5 新聞販売店と宅配制

1 朝起きれば新聞が届いている文化

　物品の戸別配達が宅配だが，新聞の宅配（以下宅配）は日本では大きな意味をもつ。宅配は日本固有のシステムではなく他の国でも行われている。ただ，日本の宅配率が圧倒的に高く，その安定した流通が購読率の高さの要因になっている。朝起きれば新聞が届いているという文化が，家庭に共通の話題と共通言語を提供し，民主主義を支える役割を果たしてきた一方で，販売競争による強引勧誘や景品合戦などの問題点も抱えている。新聞販売の歴史をたどり，宅配について考えたい。

2 圧倒的に高い日本の宅配率

　まず，各国の新聞発行部数と成人1000人当たりの部数，宅配率を見てみる（表1）。

　北欧の国々と日本，韓国の購読率が高く，これらの国々では宅配率も高いことがわかる。読者への新聞提供の方法には，定期購読による宅配，店頭売り，街頭売り，自動販売機などがあり，読者に選択が委ねられている。宅配率の違いは，それぞれの国の新聞販売の歴史的経緯や文化の違いによるが，日本の宅配率の高さは特有の販売店制度による。94.7％の宅配率はスポーツ紙も含んでおり，一般日刊紙だけでは99％が宅配されている。

3 明治時代に始まった宅配制度

　鎖国から開国へと時代が急展開する幕末から明治初期にかけて新聞が次々に発行された。発信しようとする人々，変化を読みとろうとする人々——新聞人気が一気に高まり，1870（明治3）年の日本最初の日刊紙『横浜毎日新聞』の発行に結び付く。当時の新聞のほとんどは印刷，販売を書店に依存していた。しかし，自由民権運動の高まり，政党の群立，相次ぐ戦火が人々の情報への渇望を生み，学制（1872年）による識字率の高まりが新聞の潜在読者を増やした。「文明開化のわからぬヤツにゃ　新聞せんじてのましょよい」という戯歌が作られるほどだった。新聞の商品価値が高まり日刊紙が相次いで発行されると，八百屋，豆腐の売り子，車夫たちの内職だった新聞配達が片手間ではさばき切れなくなり，1875年に都内で初の新聞販売専門店が開業すると，瞬く間に各地

B-⑤ 新聞販売店と宅配制

表1 主な国の日刊紙の現況

国名	発行部数（単位：千部）	成人1,000人当たり部数	宅配率(％)
日本	50,437	459.1	94.7
韓国	16,020	397.1	90.1
オランダ	4,847	357.4	90.8
アメリカ	48,574	201.5	74.0
スウェーデン	3,904	514.3	71.0
フィンランド	2,164	487.9	70.0
ブラジル	8,911	62.3	49.2
フランス	9,760	193.5	34.0
イタリア	8,865	171.3	0.4

出所：世界新聞協会「世界の新聞の現況」（2010年度版）から。

表2 新聞販売店(所)従業員の構成(％)

年	2011	2005	2001
専業	17.4	18.1	18.6
副業	79.9	75.5	80.8
学生	1.4	2.4	3.5
少年	1.3	3.9	8.1
総数(人)	377,495	439,107	464,827

出所：2011年現在、日本新聞協会調べ。

表3 各国の新聞に対する付加価値税率(％)

国名	一般付加価値税率	定期購読税率
日本	5	5
アメリカ	0	0
カナダ	5	5
メキシコ	16	0
韓国	10	0
オーストラリア	10	10
イギリス	18	0
スウェーデン	25	6
デンマーク	25	0
フィンランド	22	0
フランス	19.6	2.1
ドイツ	19	7
スイス	7.6	2.4
スペイン	16	4

出所：世界新聞協会「世界の新聞の現況」（2010年度版）から。

に販売店網が広がった。新聞の戸別配達は、すでにこのころから始まっていた。[1]

以来、販売店による宅配は現在まで続いているが、第二次世界大戦下の新聞統制令（1942年）と戦後の自由化を経て、今日の新聞販売の形態が出来上がる。新聞統制令で地方紙は1県1紙となって統合が進み、多くの場合に部数増加によって地方紙の経営基盤が強化された。それが一転自由化となり、再び多くの新聞が発行されて全国紙間、全国紙と地方紙との競争が激化した。その過程で新聞社による新聞販売店の系列化が進み、専売店制度が確立していった。昭和20年代後半から30年代前半のことである。

4 欧米では見られない新聞社間の競争

こうした日本独自の新聞販売店による競争と宅配が新聞購読率の高さの要因にもなっている一方、過当競争による強引勧誘、景品付勧誘など消費者のひんしゅくを買う事態を招く原因にもなった。

海外の新聞流通制度は歴史や文化によって違うが、ヨーロッパでは新聞を含む出版物の自由な流通の確保が民主主義体制の維持に不可欠という社会的な合意の中で、出版物を差別なく流通するために、すべての出版物を扱う卸売り組織があるのが通例だ。また、新聞は公共財という認識の下で、ほとんどの国で新聞に公的補助や税制上の軽減措置をとっている。新聞発祥の地イギリスでは、4大卸売業者のもとに小売店があり、宅配もしている。宅配の割合は全国紙40％、地方紙が60％で地域によっては販売手数料を取る小売店もある。地方紙が主体のアメリカでは委託販売の店頭売り、自販機売り、宅配は新聞社直営の配達組織や代理店の活用など多様だが、宅配率は大都市55〜60％、小規模都市80〜85％と比較的高い。

日本と欧米の新聞流通の最大の違いは、新聞社間の競争の有無である。ヨーロッパでは全国紙はあるものの地方紙と紙面内容が競合しないため競争がほとんど発生しない。アメリカでは全国紙は2紙のみで1地域1紙が大半。競争があるのはニューヨークなど10都市に満たない状況だ。

（赤池　幹）

▷1 日本新聞協会の2011年の調査によると、新聞販売店1万8836店に37万7495人が働いている。20年前に比べ店舗数で約4000店、従業員数で約10万人減少している。職業の多様化、仕事時間の厳しさ、購読者の減少傾向、店舗の統合などが背景にある（表2参照）。

参考資料

日本新聞販売協会「新聞販売百年史」（1970年）。
日本新聞協会「海外にみる新聞の流通制度と再販」（1994年）。
日本新聞協会「データブック　日本の新聞　2012」。

B　新聞の現在

6　新聞と放送

1　テレビで新聞記事を読む

　テレビのワイドショーなど情報系番組では，その日の朝刊や各種新聞の紙面を紹介しながら記事を読みあげるスタイルを見かける。はじまりは1980年代初頭テレビ朝日で放送されていた朝の情報番組内のコーナー「ヤジウマ新聞」が最初とされる。そこでは新聞各紙の一面記事の違いや，同じ事件・事故であっても伝え方の違いなど紙面を比較するなど，ニュースを多面的にとらえる視点があった。現在では複数の新聞紙面を並べて様々な記事を紹介するスタイルに変化して定着している。とはいえ，放送記者が自分で取材したのではなく新聞記事をそのまま使ってニュースを伝えるのであるから，当然，新聞記者から批判を受けることもあった。こうした「転用（転載）」は「事実の伝達にすぎない雑報及び時事の報道は」「著作物に該当しない」（著作権法第10条第2項），あるいは「新聞紙又は雑誌に掲載して発行された政治上，経済上又は社会上の時事問題に関する論説は，他の新聞紙若しくは雑誌に転載し，又は放送」「を行うことができる」（著作権法第39条）とされ，新聞紙上の記事や，ニュースその他報道は共有，引用できるとされている。ただ，こうした「新聞によれば」とする情報源の信頼性を新聞に依存し，記事の朗読に加えてコメンテーターの責任のとれない憶測的なコメントがそこに付加されることなどの問題もある。

▷1　中川勇樹（2009）『テレビ局の裏側』新潮新書。

2　放送系列化と新聞社

　遡れば，新聞と放送は互いに深く関わってきた。1920年，アメリカでラジオ局が開局したというニュースが日本に伝わると，日本の新聞社もラジオの特性に関心を抱き，実験局の開局を逓信省に出願した。1922年，東京では『東京朝日新聞』をはじめ，名古屋では『新愛知』が，大阪では『大阪朝日新聞』『大阪毎日新聞』などがラジオの公開実験を行った。中でも『大阪毎日新聞』が1924年に行った実験は，堂島の大阪毎日新聞社本社から百貨店に向けて送信し，ニュース報道や選挙の開票速報などを行ってみせたことで，ラジオというメディアのもつ速報性に人々の関心を集めた。こうして新聞社をはじめ民間から多くの放送許可出願が出され，東京，名古屋，大阪で社団法人の放送局が設立された。大阪では代表団体の中に大阪毎日新聞社と大阪朝日新聞社があった。しかし，まもなく放送は政府の統制下におかれ，国策遂行のための一元的な放

送形態がつくられた。

戦後になるとGHQは放送事業の民主化を進め，1950年新たな民間放送への機運が高まり，全国紙や地方紙を後ろ盾とする民間放送局設立に向けた出願が出された。1951年全国14地区16社に民間ラジオ放送の予備免許が与えられたが，このうち15社が新聞社を母体としていた。1957年テレビ局の大量免許交付を当時の田中角栄郵政相が出すと，テレビ局と新聞社の統合系列化は進み，1970年代をとおして現行の新聞社＝キー局＝地方局体制を完成させていった。現在の『読売新聞』＝日本テレビ，『毎日新聞』＝TBS，『産経新聞』＝フジテレビ，『朝日新聞』＝テレビ朝日，『日本経済新聞』＝テレビ東京と，大手新聞社は主要テレビ局との間で系列関係をつくった。さらに地方局の多くがキー局の系列局として整理されていき，民放界はほぼ5分化された。ほんらい個々のメディア間での不断の相互批判や番組・報道の継続的検証が必要で，当該メディアとは別の立場・観点からの批判が不可欠なのだが，社会的影響力を有している大手新聞社とキー局の系列化がそれを妨げているか，互いに無視しているとしか思えない。

3 メディアの複数所有

大手新聞社と放送局（放送事業者）の資本的結合が問題とされるのは，放送に直接関わる法制度の改正や政策の立案について，新聞社の中立的立場からの報道に期待できないだけでなく，メディアの相互批判が行われないという点である。

少数の者が複数の放送事業者を支配することを防ぎ，できるだけ多くの者が放送による表現の自由を享有できることを目的とした「マス・メディア集中排除原則」がある。日本の放送局は新聞社が中心になって開局し，主な出資者として経営に深く関わってきたが，2005年，出資制限の上限を超えて放送局に対して出資してきた新聞社の違反が指摘され是正が求められた。同一の個人・新聞社が新聞，テレビ，ラジオなど異種のメディアを複数支配するクロスオーナーシップ（横断的所有）の規制は，現行制度では新聞社が同一地区でテレビとラジオの株式をそれぞれ10％以上もつ3事業支配を原則禁止しているが，同一地区にほかのテレビ局や新聞社などの情報源があれば兼営を認めうるという「特例」があるため「集中排除原則」を複雑にし，結果的には曖昧にしている。

2010年1月，原口一博総務相（当時）は，クロスオーナーシップの是非について「言論の多様性」を確保するために検討を進める方針を表明した。新聞社と放送が密接に結び付いて，言論を一色にしてしまえば，民主主義に不可欠な批判も生まれないという考えからだ。言論表現に関わる問題であるにもかかわらず，新聞や放送で大きく扱われることはなかった。こうした問題はネットで伝えられ，検索すれば今でも動画で見ることができるが，新聞や放送が自分たちに関わる問題を報道しないのは何故なのかを改めて考えたい。そこから大手メディアの問題も浮かびあがらせることができる。

（柳澤伸司）

▷2 美ノ谷和成（1998）『放送メディアの送り手研究』学文社：美ノ谷和成（1986）『放送論——情報環境の変貌とマス・メディア』学陽書房。

▷3 舟田正之（2011）『放送制度と競争秩序』有斐閣：鈴木秀美他編著（2009）『放送法を読みとく』商事法務。

▷4 『朝日新聞』（2010年1月20日付朝刊）。

B　新聞の現在

7 インターネットと新聞

1 加速するネット技術

　私たちの社会は驚異的な情報技術の進展の最中にある。活字印刷術が知識や文化を大きく変えた以上にその革新的な技術は人々の思考や文化を大きく変えつつある。

　インターネットという技術は1969年に米国防総省の研究機関によって導入されたARPANETによって始まった。その「政治的」な存在として生まれた技術が、やがて民間主導で開発、普及が進み、通信プロトコルの標準化によって、接続されているネットワークの回線や装置が異質であっても、ほかのネットワークやコンピュータとの接続が保証されるという「開かれた接続」が可能となった。

　インターネットを支える通信基盤が充実するに伴って、単純な文字・図像情報だけでなく音声、映像を含むマルチ・メディア表現を可能にし、暗号化技術の進展がインターネット上における商取引を可能にした。ネットワークに接続されることで全世界のコンピュータが国境という社会制度や経済制度を越えてつながったことで、国際社会のありようにも影響を及ぼすようになった。

　アマゾン（物品購入）、グーグル（検索）、フェイスブック（ソーシャルネットワーク）といったプラットフォームが登場し、いまではそうした新しいキュレーター（必要な情報のみを選別するフィルタリングを行い、有益な状態にして配信を行う）がインターネットの中核を占めている。自分の興味関心にあった情報を優先的に表示してくれるフィルターバブルの登場で、自分が欲しいと思う情報が得やすくなった。しかし、人々の興味関心を反映するようにつくられ、受け取る情報がコントロールされたパーソナライゼーションがつくりだされることを意味している。

2 ネットで提供される「ニュース」

　ところで、新聞業界は長いあいだ情報供給メディアとして安定的な地位を保持していた。紙面の割付は広告の出稿量で決まり、記者の取材した記事で紙面が埋められる。紙の新聞製作は極めて物理的な作業が伴う。巨大なロール紙を運び、定刻には輪転機で新聞を刷り、各戸に配達する大変なコストのかかる仕事である。もちろん、記事は自然に生まれるわけはなく、記者が取材し集め、

記事に仕上げるという作業が伴う。公的機関の発表を記事にするだけでなく，ジャーナリズムとして時間と人員を必要とする調査報道は多くの費用もかかる。

しかし，インターネットは情報の伝達方法を変えただけでなく，人が情報を求めるあり方まで変えてしまった。いまではニュースはインターネットで読めてしまう。アメリカでは購読者の減少，広告費の激減，購読部数の減少に耐えきれず，廃刊もしくは Web 版に変更した新聞社が増えており，地元日刊紙をもたない都市も生じている。グーグルは様々なニュースを読者に無料で提供しているが，あらかじめユーザーが設定したキーワードにヒットするニュースを個人向けにカスタマイズして配信する「グーグル・アラート」サービスをグーグル・ニュースは提供している。

また，ヤフー・ニュースでも読者がどのようなニュースを見ているか，アクセス監視ツールによってサイト編集部は「読まれないニュース」を取り下げ「読まれるニュース」と入れ替える。「伝統的メディアの産み出した情報を編集しつつ集積（アグリゲート）している」が，それは時間経過に応じて人々の嗜好の変化に応じた情報を多く掲載させ，つねに読者（ユーザー）の選好を反映した序列で編集されるメディアになっている。

3 新聞が作る共同体

印刷メディアとしての新聞は，それぞれの新聞社の編集方針によって掲載記事や紙面を決定している。ひとたび印刷されれば，版の違いはあれ大きく記事が変更されることはない。新聞は，読みたい記事を選んで読むが，それでも興味をもっていなかったニュースや記事に目がいき，読むつもりのなかった記事を読んでしまうといったことが起こる。そうして新たな視点や知識の獲得へと広がる偶然性を起こす。編集者は読者の目を惹こうと紙面編集の工夫と偶然性の演出を意識して新聞を制作する。印刷メディアの特徴と面白さがそこにある。

ニュースはわたしたちの世界認識，何が重要なのかという認識を形成する。新聞がほぼ同一の内容の情報を同時に提供することで，読者はそれを共有し，共同体の一員として互いに認識することができる。社会が直面する大きな問題が提示されればそれを共有し，理解しようとすることで，問題解決の方途を考える。民主主義を支えるためには事実が伝えられなければならない。それゆえ人々にとって必要とされるニュースを継続的に提供するジャーナリスト，新聞（記者）が必要なのである。

今後，インターネットのフィルターによって「泡（バブル）に囲まれ，自分の周囲しか見えなくな」るようなパーソナライズされた環境がつくりだしていく世界は「異なる平行世界が一人ひとりに提示されるよう」な世界となるかもしれず，どのような共同体が形成されていくのか，泡の膜が厚くなっていく先にあるのはどのような世界なのか，新たな認識が求められる。　　　　（柳澤伸司）

▷1　田中幹人・丸山紀一・標葉隆馬（2012）『災害弱者と情報弱者――3・11後，何が見過ごされたのか』筑摩書房，108頁。

▷2　パリサー，イーライ／井口耕二訳（2011＝2012）『閉じこもるインターネット――グーグル・パーソナライズ・民主主義』早川書房，14頁。

B　新聞の現在

8　新聞社サイト・デジタル版，これからの新聞

1　開かれたメディア

　あらゆる国が発展するに従って，インターネットを介したグローバルなつながりが深まっていく。もはやインターネットが止まると経済や社会の動きも止まってしまうくらいに，インターネットは社会に深く根を下ろし遮断することができなくなっている。その登場と拡大に伴って誰もが関わり，誰もが容易に情報発信することのできる開かれたメディアとして，新しいジャーナリスト集団による参入も始まっている。これまでも一般市民が記者となって参加できる「インターネット新聞」が生まれたものの，その発想や理念は成立しても，日本ではそれを経営的に支える基盤（読者）の成熟まで至っていない。しかし，ビデオ・ジャーナリズムや社会性をもつメールマガジンと連動したブログ（Web ログ）の情報発信や意見表明などは，専門的知見と継続的に運営できる技術を備えた発信力さえあれば成立するようになってきた。

　ジャーナリズムの主流メディアである新聞社もデジタル化への対応と参入は，インターネットが始まった頃にはデータベースや記事配信など先行的な事業を進めたが，個人ユーザーを対象としたビジネスとして容易には成立しなかった。その後，通信環境の充実と情報端末の高度化，使いやすさも広がり，記事のネット配信が進んだ。とはいえインターネットの発展過程でニュースの無料領域は広がり，報道機関の Web サイトは大半が無料となっている。ポータルサイトは新聞社などから仕入れたニュースを無料で提供している。

2　電子版への取組み

　新聞各社はそれぞれデジタル化に対応した情報配信を展開しているが，通信環境と端末の特性に合わせて配信表現も変化してきている。2008年1月から『日本経済新聞』『朝日新聞』『読売新聞』3紙による共同のニュースサイト「あらたにす」を立ち上げ，一面の記事や社説を読み比べるというユニークなサイトもあったが，2012年2月その配信を停止している。

　2008年にパソコンで閲覧できる電子版を始めた『東奥日報』は，翌年には紙面イメージだけでなくニュース映像を配信する動画サイト「東奥 NET テレビ」も始めた。紙面イメージをそのまま提供する電子版を展開している新聞社は，本紙と併読あるいは電子版のみの購読が可能だが，『山形新聞』は県外に

向けた「お届け電子版」のサービスに限定するなど，宅配との棲み分けを行っているが，いずれにしても電子版への取組みは拡大している。

さらに新型情報端末「iPad」が2010年に発売されると,『産経新聞』は紙面そのままのレイアウトで読める電子版を,『毎日新聞』『西日本新聞』『スポーツニッポン』は紙面の特別編集版を作成して，購読者を獲得しようとしている。電子版は紙面そのままを提供するものと,『日本経済新聞』や『朝日新聞』のようにデジタルの特性を活かして速報メールや解説の充実，コラムの充実や記者ブログの閲読，読者とのやりとりなど多面的な展開を進めるものもある。『朝日新聞』は1995年に記事のネット配信を目的としてニュースサイト「アサヒ・コム」を開始したが，2012年電子版「朝日新聞デジタル」に統一した。『読売新聞』はニュースサイト「ヨミウリ・オンライン」を運営しているが，2012年に本紙購読者を対象とした「読売プレミアム」というユーザーがカスタマイズできるデジタル会員サービスを始めた。

自らWebサイトをもつ新聞社以外には，紙面レイアウトのまま閲読できる新聞配信サービスを共同で展開しているものもある。そこでは，地域紙やローカル紙，専門・業界紙など今まで手にすることが少なかった新聞を手軽に購読できるようにしている。定期購読している地域紙の読者も，新聞社の働きかけでウェブ版購読に切り替えるなど購読のあり方も着実に変化しつつある。

▶1　ウェイズジャパン「新聞オンライン」(2009年)。http://www.shimbun-online.com/

③ 記者に求められる取材力と専門性

新聞には印刷できる容量と配達までの時間的制限がある。記者が書く記事がすべて載っているわけではなく，埋もれるニュースもある。地方版の記事も他の地域では読めなかった。デジタルはその制約を乗り越えることを可能にした。また，誰もが記者になり得る可能性ももっている。とはいえ，全国紙は国内外に取材拠点をもち，記者が組織的な連携のもとで取材し，原稿を書いている。Webサイトでは次々と最新機能を盛り込み，これまで静止画で表現してきたものが，動画配信も行うなどデジタルならではの配信を可能にしたことで，取材記者全員が動画撮影用カメラを使うなど，今までとは異なる取材の仕方になっている。同時に記者が取材している過程も可視化されつつある。

新聞「紙」を重視してきた新聞社（とくに販売店とのつながりの深い販売局）にとってはデジタル化によって記事を本格的にネットへ出していくことのジレンマもあるが,『北日本新聞』は夕刊を廃止する一方で電子版を創刊するなど，電子版への流れは後戻りできないところまできている。情報端末や多機能化が進めば，記事表現や購読方法はさらに変化していくことだろう。だが，いくら電子版になろうとも，ジャーナリズムとして読者にとって必要な情報を集め，記事を書き，伝えるという作業はなくならず，記者あっての記事（情報内容）であり，専門的な知見や取材力など記者の力量はつねに求められている。　　　（柳澤伸司）

第Ⅲ部　新聞を知る

C　新聞・メディアをめぐる問題

1　報道の自由・取材の自由

1　民主主義社会と報道の自由

　健全な民主主義社会がなりたつためには,「報道の自由」つまり報道機関による自由な取材や報道, 言論が不可欠である。おそらく, これに異議を唱える人はいないだろう。

　人々が自分の生活について, また公共的な事柄について, 自分なりの考え方や意見をもって判断していくうえで, 多方面にわたる重要な情報すべてを自分で直接に収集することはできない。また, この社会のかかえる問題や課題について, その複雑な構図や背景, 影響関係などを, すべて独力で見きわめるということも困難である。

　だからこそ私たちは, 新聞社やテレビ局など組織的な取材力や分析力をそなえた報道機関の伝える日々のニュースや解説, 論評を判断の重要な手がかりにしている。また, 覆い隠されようとしている権力の不正を掘り起こして, 社会に明らかにすることも報道機関の重要な使命の一つである。

　もし報道機関が政府の厳しい統制のもとにおかれて, 事前に検閲を受けて許可された記事や政府が指示した記事だけが「ニュース」として伝えられるとすれば, わたしたちは政府の望むように物事を感じたり, 判断したりすることしかできなくなってしまうだろう。[1]

2　表現の自由と報道の自由・取材の自由

　日本には「報道の自由」を明記している法律があるわけではない。しかし, 1969年に最高裁判所は報道の自由に関する判断を示している。[2]

　博多駅で学生と機動隊とが衝突した事件をめぐる裁判の中で, 裁判所はその模様を撮影したテレビ局の映像フィルムを重要な証拠として提出するよう命じたが, テレビ局はこれを拒否して, 異議申し立てを行った。それは次のような理由からである。

　報道機関が取材をして, 取材対象から情報の提供を受けるとき, 例えば「この情報は報道目的以外には用いない」という了解を前提としている。しかし, もし裁判所から命令がでれば, 記録は法廷で証拠として使われる可能性があるということになれば, 取材対象者と取材者との間の信頼関係はなりたたなくなり, 報道機関の取材活動は支障をきたしてしまう。そして自由な取材があって

▷1　本書の「新聞と検閲・言論統制」(92-93頁)を参照。

▷2　1969年の「博多駅事件」最高裁判決を参照。

こそ正しく公正な報道が可能になるのだから，裁判所の提出命令は報道の自由を侵害するものである。

この異議申し立てに対して，最高裁の判断はつぎのようなものであった。

日本国憲法第21条（「集会，結社及び言論，出版その他一切の表現の自由は，これを保障する」）は，国民の基本的権利として「表現の自由」を保証している。そしてわたしたちが表現の自由を行使して，何かについて判断たりし，意見を表明したりするためには，まずもってそれに関する情報をもっていなければならない。だから表現の自由は「知る権利」を含んでいる。そして現代社会では，人々が情報をえるうえで，報道機関による報道は不可欠の役割を果たしている。したがって，「報道の自由」は国民の知る権利に奉仕するものであり，「表現の自由を規定した憲法第21条の保証の下にある」といえるのである。

なお「取材の自由」については，正しい報道がなりたつためには自由な取材活動が必要であることは認める一方で，公正な裁判を実現するにはどうしても取材フィルムが必要だという場合のように，公益にてらして取材の自由が制約されることもありうるとして，取材の自由は「憲法第21条の精神に照らし十分尊重に値する」という表現にとどめ，提出命令への異議申し立てをしりぞけている。

3 報道機関の自由？

しかし報道の自由は，もとより基本的人権のように「本来あるべき自由」として自然権的に正当化されるものではない。あくまでその正当性の根拠は，報道が人々の表現の自由や知る権利，そして主権者としての自由な活動に資するという事実に基づいている。

例えば「記者クラブ」に対する批判などにみられるように，報道の自由が「報道機関の特権的で独占的な自由」という面をもつことが，しばしば批判されている。

「報道の自由」といいながら，実のところ，新聞社やテレビ局などのメディア企業の特権や既得権を守ろうとしているだけではないのか。しかもマス・メディアは，「報道被害」といわれるように，ときとして市民に耐えがたいダメージをもたらす存在ともなりうる。

また既存のマス・メディアが人々にとって，ほぼ唯一の情報源であった時代は終わりつつある。いまや誰もが様々な情報に直接アクセスすることができるし，また事件の当事者自身が情報を発信することもできる。それなのに，なぜ報道機関の自由が守られつづけねばならないのか。

「報道の自由」は，こうした批判にどこまでこたえられるのか。それは日々の報道の実践の中で，報道機関が先の正当性の根拠をどれだけ実証していけるかにかかっているといえるだろう。

（平石隆敏）

▷3 なお言論機関という面からいえば，報道機関の言論や論評は直接に「表現の自由」のもとに保証されるものといえる。

▷4 本書の「記者クラブ，発表報道（120-121頁）を参照。

▷5 日本新聞協会・新聞倫理綱領（2000年）は，「国民の『知る権利』は民主主義社会をささえる普遍の原理である。この権利は，言論・表現の自由のもと，高い倫理意識を備え，あらゆる権力から独立したメディアが存在して初めて保障される。新聞はそれにもっともふさわしい担い手であり続けたい」と述べている。

おすすめ文献

大石泰彦（2004）『メディアの法と倫理』嵯峨野書院。

山口功二他編（2007）『メディア学の現在　新訂』世界思想社。

堀部政男・長谷部恭男編（2005）『別冊ジュリスト　メディア判例百選』有斐閣。

C 新聞・メディアをめぐる問題

2 権力の監視,「番犬」としての新聞

① 記者会見で記者は何を聞いているのか

沢木耕太郎のノンフィクション「シジフォスの四十日」に次のような一文が出てくる。

「記者,とりわけ新聞記者というのは不思議な人種だ。一対一の時には豊富な材料を駆使して面白い話をしてくれるのに,集団となるとどうしてあのように無能そうに見えてしまうのだろう。とりわけ記者会見場の記者たちは,わざわざつまらない質問をしているとしか思えないほど冴えがない。」

これは,1975年に東京都知事選に出馬して敗れた石原慎太郎の記者会見場の様子だ。こうした情景は,テレビやネットの動画中継で記者会見の様子を映し出すことが増えた現在も大きな変化は見られない。それどころか記者会見で記者が何を聞くか,誰もが見ることができるようになってしまった。

この状況を加速させたのは,東日本大震災と東京電力福島第一原子力発電所の事故をめぐる一連の記者会見がネット中継されたことだ。これまで読者・国民(＝公衆)にしてみればほとんど見ることのできなかった記者会見が一部とはいえガラス張りにされた。だがそれはすでに前例があった。田中康夫氏が長野県知事になったときに「脱・記者クラブ宣言」を行い,それまで記者クラブ加盟紙以外会見に参加できなかった者に公開したのだ。さらに記者会見の内容を音声・動画・テキストにしてネットでほぼすべてオープンにした。どこの記者がどのような質問をしたのか,そのやりとりが可視化されたのだ。それまで記者が伝えるべきと判断した部分だけを切り取って(編集して)伝えてきた会見の内容が,ネットによってすべて記録され公開されることになった。ネットは権力を監視する役割の記者までも今度は人々から見られる存在へと変えてしまい,記者の資質を含めて人々はそれらの取材過程を見定めることができるようになった。記者が的確な質問をしているのか,あるいはできないのか,しないのか。人々のネット中継を通した記者会見への「参加」を可能にした。

② ジャーナリストかサラリーマンか

記者を社員として採用するという方式は,大正期に朝日新聞社や毎日新聞社などで制度化されたが,現在まで同様の採用方式と訓練制度が続けられており,「わが社」意識,「わが社」への忠誠心が求められ続ける限り,自律したジャー

▷1 沢木耕太郎(2003)「シジフォスの四十日」『時の廃墟 沢木耕太郎ノンフィクションⅢ』文藝春秋。

▷2 http://www5a.biglobe.ne.jp/~NKSUCKS/datukishakurabu.html

▷3 本書の「記者クラブ,発表報道」(120-121頁)を参照。

ナリスト意識は育ちにくい。最近の記者の力不足を嘆くとき，こうした記者を育ててきた新聞社の企業風土とその制度も関係している。

　記者活動は警察取材からスタートし，OJT (On-the-Job Training)，ルーティンワーク，やがて内勤の仕事へと展開する流れは保守的過ぎるほど変わらない。ほとんどの新聞社では取材経験豊富な記者が一定の年齢になると現場を離れる。若干の例外はあるにしてもデスクを経て再び各記者クラブで取材をするという仕組みはない。取材先での記者の追求や突っ込みの浅さなど，取材に手馴れた相手に対応するには経験豊富な記者によって記事が書かれることを期待する読者は多い。それでも経験豊富なベテラン記者を配置することはほとんどないに等しい。四十歳代のデスクがいて，経験豊かな五十歳代の警察取材の記者がいても良いはずなのだが，そうしたことはほとんど聞かない。新聞社といえども日本の組織であり，職制ラインからはずれてしまえば書き続けることは可能かもしれないが，社内では無視される覚悟が求められる。あるいはそのような記者は新聞社を辞めることを余儀なくされる。

3　誰にとっての番犬なのか

　ジャーナリズムが「番犬（Watchdog）」と喩えられるのは，「報道機関に討論の場，不正を追及する者，権力と知識の独占と闘う者，真実・自由・民主主義の擁護者の役割を付与」するからで，自立的に権力を監視し，公衆に伝えるからである。権力が発表したがっているニュースを報じるのではなく，権力が隠したがっている秘密を明らかにする権力監視型報道こそが，本来のジャーナリズムの姿であり，権力と国民の間の情報格差を埋めることができる。

　番犬と反対の隠喩となるのは権威者に服従する「愛玩犬（Lapdog）」だ。それは社会のエリート集団のためのパイプ役で，「情報と経済的なサポートの両面において政府，企業，エリート集団の情報源に依存しているため，独立性が十分でな」く「組織的な権力者の利益のため訓練された犬のような行動をする」。そして，その理論を発展させた「護衛犬（Guard dog）理論」になると「エリート権力者内の特定のグループの擁護者として行動し」，「報道されている政治的な対立はエリート政治集団の闘争を反映している」ため「力のあるブロックが優位に立とうとする勢力間争いを必然的に報道する」傾向がある。

　かつて田中角栄首相が金脈問題を国会で追及されて退陣したとき，日本の政治部記者，とくに派閥担当記者と"番記者"は，取材源である田中角栄との関係を重視して，問題があることは知っていたが，田中に嫌われることを恐れて書かなかったという事例もある。最近では，北海道警察の裏金を暴露した『北海道新聞』が道警から取材拒否に遭い，道警が権力行使に出ると動揺し，敗北してしまった。これは『北海道新聞』だけの問題というより，新聞（社・記者）には権力との距離を保つ難しさがつねにあることを教えている。　　（柳澤伸司）

▷4　老川祥一（1999）「記者は社会現象の最初の接触者——的確な報道と提言の担い手となる君に」『新聞研究』日本新聞協会，10頁；あるいは中村敦夫（2000）「根本的なこと」『新聞研究』日本新聞協会，45-46頁。

▷5　本田靖春（1983）『不当逮捕』講談社；斎藤茂男（1992）『新聞記者を取材した』岩波書店。

▷6　フランクリン，ボブ／門奈直樹［日本語版監修］（2005＝2009）『ジャーナリズム用語事典』国書刊行会。

▷7　高田昌幸（2012）『真実——新聞が警察に跪いた日』柏書房。

C 新聞・メディアをめぐる問題

3 スクープと誤報

1 特ダネを求めて

　新聞記者が報道しなければ読者の目に触れることのないと判断した重要な事実（特ダネ＝「タネ」「ネタ」と俗称されるニュース素材）を他紙に先駆けて報道することをスクープという。わざわざ記事の中に「××新聞は……」「××新聞の調べでは……」と記述されているときは、その新聞社独自の記事であることを強調していることからスクープの可能性が高い。

　他紙（他社）に先を越されることを「抜かれる」「特オチ」などというが、読者にしてみれば、それがスクープであるかどうかはすぐにはわからない。というのも日本の平均的読者は複数紙を併読する習慣がなく、新聞販売競争も景品を使うことはあっても紙面の相互評価によって行われないため、何がスクープなのか、社内・同業者を除いて、ほとんどの読者にとってそれが何を意味するかわからない。一般的にスクープは、他紙や放送が後追いしないか、ことさら小さく報じるのが通例で、他社新聞に抜かれたニュースの後追い記事を書く際も、「××新聞によると」とは書かない。「ことがわかった」と書くだけなので、複数紙を併読していないとその効力自体も疑わしいことになる。

2 スクープのかたち

　日本新聞協会は1957年から表彰事業の一つとして新聞協会賞を設けている。その目的は、「新聞（通信・放送を含む）全体の信用と権威を高めるような活動を促進すること」にあり、編集（ニュース、写真・映像、企画）、技術、経営・業務の3部門を対象にしている。このうち、編集部門の受賞作から「スクープ」と位置づけられている記事を見ると、その評価基準も時代の社会・業界通念によって異なることがわかる。例えば、『日本経済新聞』の「第一・勧銀が対等合併」（1971年度）、『サンケイ新聞』の「連続企業爆破事件の犯人グループ、きょういっせい逮捕」（1975年度）など発表を先取りして報じる発表先取り型、『毎日新聞』の「旧石器発掘ねつ造」（2001年度）、「防衛庁による情報公開請求者リスト作成」（2002年度）など事実・情報を発掘して公表する発掘型があげられる。[1]

　このうち、企業の合併・買収や政府のプレスリリース発表を先取りしたスクープの特徴は「放っておいてもいずれ発表になるニュース」で速報性を重視したものだが、情報源に密着して入手しなければ得られないといったインサイ

▶1 日本新聞協会（表彰事業・新聞協会賞受賞作）。
http://www.pressnet.or.jp/about/commendation/kyoukai/works.html

ダー的側面は否めない。とはいえ，捜査当局の取材拒否や報道規制に対抗する意図を込めてあえて報道するケースもあり，発表先取り型報道が読者にどのように評価されるかはニュースの重大性次第ということになる。一方，発掘型報道は，公知の事実や発表されたデータからのものでも埋もれたニュースを掘り起こし，世の中を大きく変えるインパクトにつながる調査報道と重なるもので，ニュースによっては他紙も後を追いかけ，継続的な報道へと広がる。いずれにしてもニュース・ソース側（その大部分は政治権力）などが隠したり歪めたりしている重要な事実を暴き，報道しなければ読者の目に触れることのない事実の発掘，社会にとって貢献する記事がスクープ記事であることは間違いない。[2]

3 特ダネ競争とスピン

しかし特ダネを追う（＝速報を競う）あまり，正確さを犠牲にし，事件の現象面を追うだけになりやすく，誤報につながることがある。戦後日本の著名な誤報は，当時地下潜行中の共産党幹部の一人であった伊藤律会見記「宝塚山中に伊藤氏——本紙記者が会見」（『朝日新聞』1952年9月27日付）の記事で，事実であれば大スクープであったが，実際は同社神戸支局記者の虚構の作文だった。これなどはまったく事実でないこと，起こっていないことを，あったかのように報じた虚報で，ほとんどフィクションである。1994年6月27日，オウム真理教による「松本サリン事件」[3]では第一通報者を事実上犯人扱いし，センセーショナルに報道し続けた。メディアは1年近くその誤報を訂正・謝罪しなかった。各社の取材競争と裏づけ取材をしないまま出稿した実態，警察発表への依存体質，他社の記事に同調する横並びの慣習といった問題が露呈した。最近では，『読売新聞』がiPS細胞を使った世界初の臨床応用を行ったとする記事を掲載したが（2012年10月11日付），周辺取材の甘さを露呈することとなり，その後，誤報であったことを伝えた。

誤報にはいくつかの要因がある。(1)情報の確認が不十分，(2)警察や官庁など特定の情報源のみに依存してしまう，(3)無知や偏見，(4)意図的に虚偽の報道をする，(5)速報や予定稿で情報の確認を怠る，などである。その要因が，取材源，記者自身の思い込み，認識違い，記事作成時の単純ミスなど善意悪意を問わず，大小様々な誤報は起きる。[4]しかし，よほど大きな誤報でないかぎり「おわび」や「訂正」はなされないか，あるいはほとんど目に付かないところに置かれる傾向にある。ニュース・ソース側は情報を巧妙にリークして特ダネと思わせ，公権力が世論を誘導しようと報道機関を利用することもある。報道を操作する技術（スピン）も長けてきている。そうしたスピンを記者が見抜けなければ，その被害は新聞（記者）だけでなく，読者にも及ぶ。誤報が生じたときこそ，誤報がなぜ生じたのかを検証し，十分な説明を行うことで，新聞に対する読者の信頼はより強まるものとなる。

（柳澤伸司）

▷2 亘英太郎（2004）『ジャーナリズム「現」論——取材現場からメディアを考える』世界思想社。

▷3 本書の「報道被害とメディア規制」(122-123頁)，「事件報道」(124-125頁)を参照。

▷4 後藤文康（1996）『誤報——新聞報道の死角』岩波新書。

C 新聞・メディアをめぐる問題

4 調査報道

1 不正を暴く

　1952年6月2日大分県阿蘇山麓の菅生村（現在の竹田市）で駐在所が爆破された。菅生事件として知られるこの事件に疑問を抱いた入社5年目の斎藤茂男ら共同通信社社会部記者が地道な調査取材を続け、国家権力の陰謀を明るみに出した（1957年3月14日）。

　1988年6月18日、朝日新聞社横浜支局が、神奈川県警捜査当局が川崎市助役について立件を断念したことに疑問を感じて地道に取材を重ね、「リクルートが川崎市助役への株譲渡」と報道したことが発端となり、戦後最大級の構造汚職疑惑に発展した。これは公的な問題を意識的主体的に、政治腐敗や権力・組織犯罪などを独自に取材・調査し、事件の核心に迫ろうとした報道であった。[1]

　また、毎日新聞社東京本社社会部は、情報公開法に基づく開示請求者リスト100人以上の身元や日常の活動内容を防衛庁が組織ぐるみで調べてリストにまとめ、それを庁内LAN（構内通信網）に掲示していた事実を2002年5月28日付紙面で報じた。この問題は、第一に、国民の基本的人権の一つである「思想信条の自由」を侵害する重大な行為であること、第二に、本来、市民が行政を監視し行政の民主化を確保する目的であるはずの情報公開法の基本原則に反する行為を指摘したもので、国会審議をはじめ多方面に大きな影響を与えた。内部告発を生かしたこの記事は中央官庁の姿勢を白日の下にさらした。

　『高知新聞』は2003年7月23日より「捜査費を虚偽請求　架空『協力者』仕立てる」とする県警捜査費問題を報じ、同年11月25日から『北海道新聞』も北海道警察旭川中央署が「捜査協力者への謝礼に充てたとする捜査用『報償費』の一部が実際は協力者に渡っていなかった疑い」とする裏金疑惑を追及した。[2] この事件を発端に各地の警察本部でも同様なことが判明し、『愛媛新聞』は「県警に捜査費流用疑惑」（2004年6月1日）とその問題に取り組み、『神戸新聞』も兵庫県警の捜査書類ねつ造問題を伝えた（2004年6月30日）。一連の裏金疑惑や不正経理の問題を追求する地方紙が継続的に取り組んだキャンペーン報道であった。[3]

　民主主義社会では、報道機関が主権者である公衆の知る権利の負託にこたえて、報道を通じて判断の素材を提供している。そのため報道機関が自由な立場から事実を報道することによって、公衆の必要とする情報を提供する活動の重

▷1　山本博（2000）『朝日新聞の「調査報道」——ジャーナリズムが追及した「政治家とカネ」』小学館文庫。

▷2　北海道新聞取材班編（2004）『追及・北海道警「裏金」疑惑』講談社文庫；北海道新聞取材班編（2005）『日本警察と裏金——底なしの腐敗』講談社文庫。

▷3　各記事は各紙サイトで確認できる。「高知県警捜査費問題」（高知新聞）。http://www.kochinews.co.jp/kenkei/kenkeifr.htm 「道警裏金問題」（北海道新聞）。http://www5.hokkaido-np.co.jp/syakai/housyouhi/document/index.html 「愛媛県警捜査費不正支出問題」（愛媛新聞）。http://www.ehime-np.co.jp/tokushuex/0501kenkei/index.html

要性が極めて大きい。こうしたジャーナリズムが意識的主体的に，政治の腐敗，税金の浪費や不正使用，組織化された犯罪など権力が国民に隠そうとする公的な問題を，独自に取材・調査し暴くことが調査報道である。

2　権力との距離

　ジャーナリズムの役割は公権力への監視である。調査報道や検証報道といったことが叫ばれるのは，現在の報道の基調が発表ジャーナリズムにあるからといえる。理想を先取りしていえば公権力を突き動かすためにも報道各社が結束し，良い意味で競争し，結果として権力の監視網をつくることである。だが，現実には広がる競争市場と利益を上げなければならないことから，経費削減を進めなければならない経営者と，調査報道を行いたいと考える多くの記者はありふれた日常の仕事に縛りつけられている。それはどこの新聞社においてもニュースの収集活動に影響を及ぼしている。

　2003年11月から2005年6月にかけて，北海道警察の裏金を追及する大キャンペーンを張った『北海道新聞』は，直ちに道警から取材拒否に遭い，その後，支社の業務上横領事件を摘発されると新聞社内は動揺を深め，経営の論理を選択することとなった。調査報道は絶対に隙をつくってはならないし，どんな些細なことも見逃してはならないことを示している。

　日本の報道機関は警察・検察など当局（公的機関）の認知がないと記事化されにくいところがある。それはすなわち，当局の情報に寄りかかってきた結果，当局に対する取材姿勢が甘くなる点につながる。元共同通信社記者の青木理はリクルート事件の調査報道を評価しつつも，その後多くの検察担当記者たちが，取材によって得た情報を検察に持ち込むなどという行為まで横行した点をあげ，近年における検察取材の有り様を歪ませる契機となってしまったことを指摘した。その後2010年9月，『朝日新聞』は大阪地方検察庁特捜部の主任検事が証拠品のフロッピーディスクを改ざんした疑いのあることを報じることとなるが，このスクープでは検察取材，供述報道のあり方を問い直す調査報道となった。

　2011年3月11日の東日本大震災と東京電力福島第一原子力発電所で史上最悪の原発事故が起きたときの混乱は，政府・東京電力のみならず報道機関も同様であった。このとき被曝リスクを軽減できた可能性も否定できない「緊急時迅速放射能影響予測ネットワークシステム（SPEEDI）」の公開をめぐり，報道機関が全力をあげてそれを入手すべきだったとされるが，結果的に政府の発表を受けて書く「発表報道」の域を出なかった。調査報道を全面展開すべき局面は，こうしたときに発揮されなければならないはずだ。

　インターネットなど新しい発表の場が拡がりを見せつつある中で，新聞記者の組織やネットワークを活かして，社を越えたジャーナリストとしての連携を目指す調査報道に新聞の未来がかかっている。

（柳澤伸司）

▶4　田島泰彦・原寿雄・山本博編（2011）『調査報道がジャーナリズムを変える』花伝社。

▶5　高田昌幸・小黒純編著（2011）『権力 VS 調査報道』旬報社。

▶6　牧野洋（2012）『官報複合体――権力と一体化する新聞の大罪』講談社。

C 新聞・メディアをめぐる問題

5 記者クラブ，発表報道

1 誰の目線で取材をするか

　新聞は日々，新しい情報（記事）で紙面を埋めなければならない。記者はそうした出来事の発生を待っている。それが，いつ，どこで起きても直ちにキャッチできるような準備をし，人員配置をしておこうとする。それが記者クラブであり，記者も情報を待つ受身の報道姿勢をとるようになるのは必然性があるということになる。日本の記者クラブ（記者室）は，ニュース・ソース（情報源）である官公庁，各種団体などに部屋，設備などの提供を受けて常設され，取材拠点，本社との連絡拠点としている。どの社も記者をそこに常駐させるが，長時間そこにいれば取材先と親しくなるのは無理もなく，知らぬうちに読者ではなく取材先の目線で物事を考えるようになるリスクが生まれるが，それでもニュース・ソース側が資料をもって定期的におもなニュースを伝えてくれるというメリットのほうが大きい。

　横並び意識は日本の新聞（社・記者）にもある体質で，新聞記者は，特ダネを抜くことよりも他紙に出し抜かれないことや他社に出し抜かれる「特落ち」を避ける傾向がある。その結果，記者会見や政治家の懇談，発言内容をめぐってメモ合わせをすることが半ば習慣化している。どの新聞にもほぼ同様の記事が掲載されるのはこうしたプロセスがあるからである。また，黒板協定（記者クラブ内にある黒板に情報解禁の日時を書かれると，それまで記者クラブ所属の報道機関は情報発信が許されないというルール）という官公庁との「紳士協定」に象徴される談合性と，それを破るとクラブ員からペナルティが科せられるという自縛システムは，記者クラブが日本独特の形態であることを示している。

　発表待ちの取材姿勢，他社との談合，ニュース・ソースと癒着しがちな体質などが批判されるだけでなく記者「クラブが閉鎖的，排他的であり，特定の加盟社がニュースを独占しながら，他方では，ほかのメディアの情報源へのアクセスを拒んで，情報独占の特権を享受している」という批判もやまない。そこに所属する記者それぞれは独立したジャーナリストというより，たんなるサラリーパーソンにすぎず，記者クラブを「取材・報道のための自主的な組織」と位置づけながら，自らの所属する新聞社内では何の決定権ももっていないため，現場は自浄的に改善できないままにある。

▶1　野上浩太郎（1999）『政治記者——「一寸先は闇」の世界をみつめて』中公新書。

▶2　現代ジャーナリズム研究会編（1996）『記者クラブ　市民とともに歩む記者クラブを目指して！』柏書房，146頁。

2　記者クラブは発表ジャーナリズムなのか

　元共同通信社編集主幹の原寿雄は政府や官庁，企業などが発表する公式の見解や情報を無批判的に受け止めて伝達する報道を発表ジャーナリズムと呼んだ。日本では中央官庁や地方自治体，警察などにおかれた記者クラブを中心に日常的なニュース取材が行われている。これらの記者クラブで行われる記者会見や資料提供がニュース・ソースとなることが多く，それへの依存姿勢が強まると，各紙の紙面が画一的な性向を招く原因となるだけでなく，情報提供する側の情報操作を受けやすくなる危険性があるとされてきた。記者クラブのほとんどすべては，入会資格を「日本新聞協会加盟社」に限っているため，その閉鎖性や排他性，特権意識などが指摘されてきた。記者クラブの問題は，ニュース・ソースとの情報の共有，すなわち情報の囲い込みの問題にいたる。

　こうした中，1996年4月鎌倉市は広報メディアセンターを開設した。元『朝日新聞』記者の竹内謙市長（当時）の発案によって鎌倉記者会に便宜供与していた記者室をなくし，企業広報紙，政治団体・宗教団体の機関紙を除くマス・メディアであれば利用登録したすべての報道機関が利用できるようにした。また，田中康夫長野県知事は2001年5月「脱・記者クラブ」宣言を発表し，記者クラブに部屋を無料で提供しているうえに，記者クラブの世話をする職員の人件費などが便宜供与に相当すると指摘した。長野県政記者クラブは「抗議と申入れ」文書を出し，期限までに退去した。さらに2001年6月，石原慎太郎東京都知事は「報道機関とはいえ特定の企業に無償で便宜供与を行うことは不公平」との指摘があるとして，記者室の使用料を取ると各社に通告した。この提言に各社は驚愕したが，報道は目立たなかった。田中知事の記者クラブ改革より石原都知事の「使用料徴収」のほうが衝撃ははるかに大きかった。

3　記者クラブはどうする

　記者クラブの発祥は1890年の帝国議会開催の際，新聞記者取材禁止の方針に対して『時事新報』記者が，在京各社の議会担当に呼びかけ，「議会出入記者団」を組織し，当局に情報の開示や取材場所の確保などを要求したのが始まりといわれている。それがやがて記者とニュース・ソースの間で制度化され，密接な関係をもつ情報のカルテル化へと進んでいった。[3]

　ネットなど電子メディアの普及によって，人々の情報に対するニーズは多様化してきている。横並び，情報カルテルと批判される記者クラブの存在や取材のプロセスが見えなかった時代は過去のものとなりつつある。ネット動画やブログなどで取材のプロセスも可視化しつつある。初報の取材は通信社に任せ，新聞（社・記者）は独自の取材を展開して，より詳しい情報，多様な視点を伝える役割が期待される。

（柳澤伸司）

▶3　フリーマン，ローリー・アン／橋場義之訳（2000＝2011）『記者クラブ——情報カルテル』緑風出版；浅野健一（2011）『記者クラブ解体新書』現代人文社。

C　新聞・メディアをめぐる問題

6　報道被害とメディア規制

1　報道被害を生みだす取材報道

　1980年代半ば以降，社会全体の保守化が進むなか，とくに犯罪報道をめぐって報道機関に対する市民の視線は厳しくなり，取材・報道のあり方が問われるようになった。

　1985年6月19日，取材現場へ各新聞やテレビ，週刊誌などの取材記者，カメラマンが詰めかけるなか，約50人の報道人の目の前で殺人事件が起きた。豊田商事会長刺殺事件である。同年9月11日深夜，ロス銃撃事件疑惑の中心人物である元輸入雑貨販売会社社長が殺人未遂容疑で逮捕された。群れをなして事件を追いかけ，好奇心をあおる日本のジャーナリズム情況を『ニューヨーク・タイムズ』は「パック・ジャーナリズム」（寄合報道・報道軍団）と呼んだ。

　犯罪事件の場合，衆人監視の中で明らかに犯人だとわかった特別な場合を除いて，法的には有罪確定までは無罪と推定される。重要参考人も被疑者も犯人ではない。しかし犯罪報道は，被疑者となったところから犯人視してしまう傾向がある。裁判以前に，ジャーナリズムが被疑者を悪者扱いに裁く報道裁判（press trial）あるいは「私的制裁」といった問題である。また，大勢の報道陣が事件の関係者に一斉に殺到するなど，集中豪雨的な取材で相手の事情を無視した取材行動をとる集団的過熱取材の問題がある。

　日本新聞協会編集委員会は集団的過熱取材を「大きな事件，事故の当事者やその関係者のもとへ多数のメディアが殺到することで，当事者や関係者のプライバシーを不当に侵害し，社会生活を妨げ，あるいは多大な苦痛を与える状況を作り出してしまう取材」と位置づけ，保護されるべき対象を，被害者，容疑者，被告人と，その家族や周辺住民を含む関係者としている。報道被害にはこうした集団的過熱取材のような事件の取材活動で生じる被害と報道されたことによって生じる被害（誤報や事実誤認，警察発表をそのまま伝えることによる犯人視，報道されたことによる嫌がらせなど）の側面がある。

　1994年6月に起きた松本サリン事件は，警察が当初第一通報者を容疑者扱いした。各紙は第一通報者の名前を実名あるいは匿名で報じたが，被疑者扱いで報道したことに変わりはなく，形式的に匿名にしても警察の容疑をそのまま記事化することで人物を特定化してしまい，犯人視してしまった。取材競争の過熱，メディアの速報主義が，警察などの情報源による発表を鵜呑みにして，独

▷1　「集団的過熱取材に関する日本新聞協会編集委員会の見解」（2001年12月6日）。http://www.pressnet.or.jp/statement/report/011206_66.html

自取材による裏づけをないがしろにする犯罪報道の問題が改めて浮き彫りにされた。さらに事件・事故の被害者のプライバシー保護についても，その内容や被害者の姓名に重要な意味のある場合を除いて，個人名を特定して報道する意味はないのではないかという声もある。浅野健一は，書かれる側の不利益を意識し，プライバシーを侵害しないように被疑者・被告の「実名主義」をやめ，匿名を原則とする匿名報道主義を提唱した。この提唱に，ジャーナリズム外部からは賛成の意見が多く寄せられたが，報道現場からは圧倒的に批判論が強く巻き起こった。

▷2　浅野健一（2004）『犯罪報道の犯罪』新風舎文庫。

日本新聞協会は，集団的過熱取材問題が発生し，現場（記者クラブや，各社のその地域における取材責任者で構成する支局長会など）で調整・解決できない場合に「集団的過熱取材対策小委員会」を設置し，「集団的過熱取材の被害者・関係者から，直接，小委員会に苦情の申し立てがあった場合は，速やかに当該の支局長会などに連絡し，調整に当たらせる」ことを明らかにしている。

▷3　「『集団的過熱取材対策小委員会』の設置要領」（2002年4月18日）。http://www.pressnet.or.jp/statement/report/020418_91.html

2　厳しい視線と対応

1994年11月「つくば妻子殺人事件」，1997年3月「東京電力女性職員殺人事件」，1997年5月「神戸連続児童殺傷事件」，そして1998年，和歌山市園部地区の夏祭り会場で起きた「毒物混入カレー事件」では該当する民家を数百人の報道陣が包囲し，事件関係者以外にも近隣住民が迷惑を被った。2001年6月の「大阪教育大学附属池田小学校児童殺傷事件」では，同小学校の児童へのインタビューが行われたことに批判が集まった。このような経過の中，2002年にはいわゆる「メディア規制法」が国会に出された。メディア界を中心に激しい抵抗もあり1つの法案は成立したが，残りは流れた。だが，メディアの姿勢に対する厳しい視線は潜在している。

▷4　個人情報保護法（2003年成立），人権擁護法（廃案），青少年有害社会環境対策基本法（提出断念）。2012年9月，人権救済法案が閣議決定され，新たな人権侵害や言論統制を招きかねないとの批判がある。

こうした批判に新聞各社は，外部の有識者ら第三者によるチェック機関を相次いで設置した。毎日新聞社は2000年，社外の有識者によって構成される「開かれた新聞」委員会を設置した。紙面に関する苦情をはじめ，読者から寄せられる様々な意見，問題提起を受け止め，その議論の内容は新聞紙面で公表している。続いて2001年朝日新聞社も「報道と人権委員会」を創設するなど，その後，同様の方策を具体化する新聞社が相次いだ。新聞各社がこのような「委員会」を設けるに至ったのは，メディアに対する市民の批判が強まってきたことと，そうした市民の批判に乗じて権力がメディアを規制しようとする動きが高まってきたことによる。

これまで新聞社は，読者から寄せられる苦情やこれに対する新聞側の対応などを社外に明らかにすることがほとんどなかった。それでも，北欧に見られるようなプレス・オンブズマンや報道評議会といった報道被害に対する新聞界の自律的な人権救済制度はつくられていない。

（柳澤伸司）

コラム8

事件報道

1　警察から情報をもらう

　松本サリン事件と足利事件で報道被害を受けた河野義行さんと菅家利和さんが対談で，次のようなやりとりをしている。

　　河野：正義の味方だと思っているからいけないんです。とにかく，当時の新聞記事は縮刷版なら全部取れますから，どこの新聞社で何を書いているか調べてみることです。
　　菅家：本当に何の前触れもなく，いきなり犯人にされたんですから。
　　河野：私の時も，事件が起こって2日経ったらもうマスコミで犯人扱いされました。「えー，私がやったの？」みたいな記事がバンバン出て。事件当初，松本サリン事件では，地元の警察というより警察上のリーク情報で記事が出来上がっていたんです。地元の記者が「なんでそんな情報があるの？　さすが東京だ」と言っていました。

　この対談から，警察のリークをもとに記事ができ，犯人視されていくプロセスが浮かび上がってくる。最近は裁判員制度で表現に変化もみられつつあるが，それでも警察から情報リークを受け，情報源を明かさないまま無批判にニュースを書くことが常態化している。現在の事件・事故報道が，捜査当局にとって都合の良い内容でなされる場合が少なくないリーク情報によって成り立っていることは，捜査の途中経過を伝えることに重きを置いている事件報道にあっては，その回路が断たれないように警察との関係を維持しなければならない現実がある。

　事件が起きると，警察担当記者が警察の捜査動向を入手し，報じることで事件報道が始まる。捜査は警察が行う以上，被疑者の逮捕，犯行や動機の供述などの情報は基本的に警察から手に入れるしかない。捜査情報をとるために記者は捜査員のところへ足繁く通う。「良い悪いは別にして，そうやって接近しないと捜査情報はなかなか取れない。捜査員や幹部に嫌われたら，情報は取れなくなる。まずは仲良くなることが必要なんだ。それが現実」だ。桶川ストーカー殺人事件を取材した，当時写真週刊誌の記者であった清水潔は，取材仲間の新聞記者からこう言われた。「僕らは事件記者じゃないんです。警察に詰める警察記者なんですよ」。あくまで警察を担当している記者なのだ。

　権力行使の末端である警察を知悉し，より巨大な権力にもひるまない勇気と権力との距離感を身に付けるための「警察回り」が，いつのまにか警察のスポークスマンにされていては，権力の監視者とはいえないだろう。

　戦後史の現場を新聞記者として歩んだ青木彰は「事件記者の取材，報道は，事件を通じて社会，人間のゆがみを読者に伝え，そうしたゆがみをいつかは正すことを願うものだ。その立場は，法の執行者として犯人逮捕を使命とする警官や検察官とは自ら違うはずである。しかし，実際には，事件記者が"刑事の目"で事件を追うようになるのは避けられない」側面があることを述べている。

2　記者の心理と倫理

取材する記者の心理について下村健一は次のように述べている。

「事件について、その時の主流の見方に沿っている情報だと、取材者の心理として、裏付けの合格ラインが無意識のうちにわずかながら下がるのです。……このメカニズムにはまると、一度『これがメインの見方だ』という線が決まったら、もうそれに沿った情報ばかりがスムーズに"採用"されて、そうじゃない情報は"時間切れ不採用"を繰り返していきます。その結果『河野は怪しい』という方向を途中で転換することは、きわめて困難になります」。

また、事件報道でよくみられる常套句「〜疑いの強いことが○日、わかった」表現は、「客観報道」のように伝えているが、そのほとんどは警察や検察の情報のみに基づいた記事であることが多い。記事内容が一方的であっても日本の新聞は、公的機関からの情報に基づいてさえいれば、容疑者・被告側に直接取材できなくても（接見できないからとして）構わないままだ。報道に誤りがあれば、読者は事件そのものを誤って受け止めることになる。報道機関にとって「裏付け」や「根拠」はもっとも重視されなければならないはずのものが、「警察発表」そのものが「根拠」とされてしまい、そこにおいては裏付けがとれないまま報道されてしまうところに最大の問題がある。

松本サリン事件の被害者であった河野さんの「犯人視」報道が広がり、それが「世間の空気」になってしまうと、軌道修正しにくい状況になり、メディアは互いに他社を意識した横並び報道を進めざるをえなくなる。それは記者の心理と倫理を越えて、読者・視聴者の心理を覆っていく。

押収された農薬からサリンが作れないことは早い段階でわかっていたにもかかわらず、メディアは1年近く誤報を訂正・謝罪しなかった。こうした報道によって河野さんは「犯人視」され、河野さん宅にいやがらせの手紙を送りつけ、無言電話をかけてきた人たちも多かった。のちに河野さんは、その人たちも報道によって自分を犯人視してしまった二次的な報道被害者ではなかったか、と述べている。そうした「世間の空気」を作り出し、補強してしまう事件報道の問題を考えなくてはならない。警察発表に依存している体質、他社の記事に合わせてしまう横並びの慣習など、ジャーナリズムとしての倫理・責任感を考えると、このままで良いはずはない。

警察・検察など公的機関の発表やリークに報道機関が依存するのは事件・事故報道に限らない。現場の記者が「権力から情報をもらう」（リークに依存する）取材から「権力をチェックする」取材に変えていくためには、業界全体で取り組む必要があろう。もちろん捜査機関以外の政府機関を含めて権力に対する取材全般についてもいえる。

（柳澤伸司）

▷1　菅家利和・河野義行（2009）『足利事件　松本サリン事件』ティー・オーエンタテインメント、100頁。
▷2　高田昌幸（2012）『真実——新聞が警察に跪いた日』柏書房、31-32頁。
▷3　清水潔（2000）『遺言——桶川ストーカー殺人事件の深層』新潮社、178-179頁。
▷4　青木彰（2000）『新聞との約束——戦後ジャーナリズム私論』日本放送出版協会、200頁。
▷5　下村健一（2010）『マスコミは何を伝えないか——メディア社会の賢い生き方』岩波書店、29-31頁。
▷6　牧野洋（2012）『官報複合体——権力と一体化する新聞の大罪』講談社。

コラム9

犯罪報道と裁判員制

1　情報の出所と裁判員制度

　数年前から，犯罪に関する報道の記事の書き方が少し変わってきているのに気づいた人はいるだろうか。

　情報の出所，例えば「容疑者は容疑を認めている」「犯行の動機は○○だと自供している」という情報がどこからえられたものであるかが，以前よりも記事に示されるようになってきている。

　この背景にあるのは，裁判員制度の導入である。

2　裁判員制度

　まず裁判員制度について簡単に確認しておこう。

　これまで専門の職業裁判官によって担われてきた刑事裁判（の一部）を，一般市民から選ばれた裁判員と裁判官との合議による裁判員裁判によって行おうというのが裁判員制度である。この制度は，審理や判決に市民の感覚を取り入れるとともに，司法への国民の理解を促進することをねらいとして，2009年5月から開始された。

　裁判員裁判の対象になるのは，殺人や強盗致死・致傷，危険運転致死，傷害致死などの重大な犯罪である。例えば2012年6月，オウム真理教による地下鉄サリン事件で実行犯の運転手役を務めたとされる高橋克也容疑者が逮捕されたが，彼は同年7月に「殺人と殺人未遂」の罪で東京地検によって起訴されているので，裁判員裁判の対象となる見通しである。

　また裁判員裁判が行われるのは一審の刑事裁判においてであり，市民から選ばれた裁判員6人と裁判官3人の合議によって，有罪か無罪かの判定，また有罪の場合はその量刑が判断される。

　2012年4月末までの3年間で，約3500件の裁判員裁判が全国の地方裁判所で実施され，選任された裁判員は2万人以上にのぼっている。

　これまで裁判員制度については様々な観点から問題も指摘されているが，以下では報道との関わりについて取りあげることにしよう。

3　報道と裁判員への影響

　選任された裁判員は不確かな憶測や先入観をもたずに，法廷で提示された証拠や証言だけに基づいて判断しなければならない。これは裁判員裁判が公正に行われるための大原則である。

　さて刑事事件は，一般に次のような経過をたどる。

(1)　事件の発生
(2)　警察による被疑者の逮捕・取り調べ
(3)　被疑者の送検，検察による取り調べ
(4)　検察による起訴
(5)　裁判開始

　このうち，もっともさかんに報道がされるのは，おそらく(1)事件の発生や，(2)被疑者逮捕の時点である。事件によっては，テレビのワイドショーなどで連日大々的に取りあげられることもあるだろう。

　すると，裁判員裁判が開始されるときには，すでに裁判員は多くの報道に接している可能性がある。そして，その報道が「コイツが犯人だ。悪い奴だ」という心証や予断を与えてしまうような内容だったなら，そ

の後の公正な裁判員裁判は期待できないだろう。

　この問題について，当初は法律に「報道機関は事件報道に当たって，裁判員に事件に関する偏見を生じさせないよう配慮しなければならない」という義務規定を盛りこむという案もあったが，報道の自由の侵害につながりかねないという反対意見が強く，最終的に報道機関の自主的な取組みにゆだねられることになった。

4　日本新聞協会の取材・報道指針

　日本新聞協会は，裁判員制度の開始にあたり「犯人視報道」の回避のための取材・報道指針をさだめた。[4]
「▽捜査段階の供述の報道にあたっては，供述とは，多くの場合，その一部が捜査当局や弁護士等を通じて間接的に伝えられるものであり，情報提供者の立場によって力点の置き方やニュアンスが異なること，時を追って変遷する例があることなどを念頭に，内容のすべてがそのまま真実であるとの印象を読者・視聴者に与えることのないよう記事の書き方等に十分配慮する。」
「▽事件に関する識者のコメントや分析は，被疑者が犯人であるとの印象を読者・視聴者に植え付けることのないよう十分留意する。」
　警察や検察が被疑者の取り調べを行っている段階では，報道機関は被疑者に直接には取材できない。
　被疑者はどんな供述をしているのか。容疑を認めているのか，いないのか。これらに関する情報は，多くの場合，警察からのプレス発表や関係者への取材などによるしかない。しかし，それらはあくまで捜査側の立場からの一面的な情報であって，その裏づけをとることも簡単ではない。
　例えば警察が「容疑を認めている」と発表し，また捜査関係者への取材で「被害者に恨みがあったと供述している」という情報がえられたとしよう。
　それをそのまま，「容疑者は容疑を認めており，犯行の動機は被害者への恨みだと供述している」という記事にしてしまえば，元の情報のもつ性格は抜けおちて，それは「そのまま真実であるとの印象」を読者に与えてしまうだろう。
　そこで，もちいられるようになったのが，「〇〇県警捜査本部は〇〇容疑者を逮捕したと発表した。容疑を認めているという」や「〇〇容疑者は被害者への恨みから犯行に及んだと供述していることが，捜査関係者への取材でわかった」などの書き方である。これは情報の出所を明示することで，読者がその情報の性格を少しでも判断できるようにしようというものである。
　「犯人視」の回避や情報の出所明示は，現実にはまだ徹底していない面もみられる。また出所明示は，情報源だと知られたくないという情報提供者からの取材を難しくしてしまう可能性も含んでいる。
　しかし報道の役割は，何より読者自身が考え判断する材料となる情報を提供することにある。その点では，これは望ましい方向だといえるだろう。　（平石隆敏）

　　▷1　「裁判員の参加する刑事裁判に関する法律」（2004年5月28日）。なお裁判員制度の導入に合わせて，2008年告示の学習指導要領では，裁判員制度や「国民の司法参加の意義」などについて，小学校からあつかわれることになった。
　　▷2　一審の裁判員裁判の判決が二審でくつがえされるケースも出ている。
　　▷3　最高裁判所「裁判員裁判の実施状況について」（2012年5月）より。
　　▷4　日本新聞協会「裁判員制度開始にあたっての取材・報道指針」（2008年1月）。

C 新聞・メディアをめぐる問題

7 名誉毀損・プライバシー侵害

1 報道と個人の名誉・プライバシー

　国民の「知る権利」に奉仕するために，人々の生活に関わる事柄についてより多くの情報を伝えること，また社会の課題や問題点を指摘したり論評を加えたりすること，さらに権力の不正を掘り起こし明らかにすること，これらは報道に託された使命である。しかし他方で，報道される側の当事者にとってみれば，自分の名誉を傷つけられたり，知られたくない事柄を公表されたりするのは耐えがたいことでもある。

　したがって，使命を果たそうとする報道と，個人の名誉やプライバシーが守られることとは，最初から避けがたい緊張関係にあるといえるだろう。

2 名誉毀損

　「名誉毀損」は，刑法で明確に規定された犯罪行為で，ある人に関する事実を不特定多数の人々に伝えることで，その社会的評価をおとしめることを指す。[1]例えば「あの国会議員は賄賂を受けとって，特別な便宜をはかっている」という情報が広められれば，その議員の社会的信用は失われてしまうだろう。

　しかし，それがすべて違法だとすれば，およそニュースは成り立たなくなってしまい，これもまた国民の利益に反することになる。そこで刑法では個人の名誉と報道の使命を両立させるため，次の3つの条件をみたす場合には罪に問われないと定めている。[2]

　まずニュースが伝える情報は，人々がたんに興味や好奇心をもっているというだけでなく，主権者としての国民の生活に直接，間接に関わるような「公共の利害」に属する事柄でなければならない。

　また，それを人々に伝えようとするのは，例えば選挙で対立候補を蹴落とすためではなく，社会の「公益を図る」ことが目的でなければならない。

　最後の条件は，情報の「真実性」である。ニュースの内容が虚偽であってはならないのは当然だが，ニュースを報じる時点では，まだ真実かどうか確定できないような場合もある。そこで一般には，後にやはり真実ではなかったとわかったとしても，十分な取材や裏づけに基づいており，報道の時点では真実だと判断してもやむをえないと考えられるような場合には，真実性の条件をみたすものとされている。

▶1　刑法第230条（名誉毀損）「公然と事実を摘示し，人の名誉を毀損した者は，その事実の有無にかかわらず，三年以下の懲役若しくは禁錮又は五十万円以下の罰金に処する。」

▶2　刑法第230条の2（公共の利害に関する場合の特例）「前条第一項の行為が公共の利害に関する事実に係り，かつ，その目的が専ら公益を図ることにあったと認める場合には，事実の真否を判断し，真実であることの証明があったときは，これを罰しない。」

なお「あの政治家は無能だ」というような「論評」に該当するケースでも，たんなる人身攻撃ではなく「公正な論評」の枠内にとどまるかぎり，やはり名誉毀損とはならない。

3　プライバシーの侵害

誰しも自分のプライバシーは守りたいと望んでいる。「プライバシーの権利」という考え方はわりと新しく，1890年に米国で有名人の私生活暴露を売り物にするイエロー・ジャーナリズムに対抗して「放っておいてもらう権利」として主張されたのが最初だといわれている。

日本ではじめてプライバシー権が，「私生活をみだりに公開されない」権利として憲法第13条が保障する人格権に含まれると位置づけられたのは，実在の政治家をモデルにした三島由紀夫の小説『宴のあと』をめぐる裁判の最高裁判決（1964年）によってである。判決によれば，個人に関するある情報が純然たる「私生活上の事実」に関するもので，人々にまだ知られておらず，普通は公表されたくないだろうと思われる場合には，その情報の公表は「プライバシーの侵害」となる。

なお2005年の個人情報保護法の施行をきっかけに，人々の個人情報やプライバシーへの関心は急速に高まりをみせている。しかしその一方で，現代ではインターネット上での個人情報の流出や悪用は後をたたず，また個人の検索やサイト利用などの行動履歴を保存して商業的に利用するような手法も次々に登場している。こうした中で，プライバシー権には，「私」に関する情報は私自身がコントロールできるべきだという「自己情報コントロール権」が含まれるという考え方も登場してきている。

4　どのようにバランスをとるか

2012年6月，改正臓器移植法に基づく初の6歳未満の男児からの臓器提供が行われた。

男児や遺族の名前，住所，詳しい病名や経過などはプライベートな事柄である。また，遺族が深い苦悩と悲しみの中にあることも配慮されねばならない。

しかし他方で，これまでの脳死と移植をめぐる経緯を考えれば，家族から臓器提供の承諾をえる過程に問題はなかったか，脳死判定は慎重になされたか，虐待の有無がきちんと判断されたかなどは，今後の日本の移植医療のあり方に大きく関わるものであり，その意味では公共的な事柄ともいえる。

このような場合に，個人のプライバシーをまもることと，公共的な事柄について人々に情報を伝える報道の役割とは，どのようにバランスをとるべきなのか。おそらく定まった答えはなく，それは個々の具体的な場面で問われつづけなければならない問題である。

（平石隆敏）

▷3　例えば2005年，金沢地裁は，住民基本台帳ネットワーク（住基ネット）からの離脱を住民が求めた訴訟において，住基ネットが扱う情報はプライバシー権に含まれる自己情報コントロール権の対象であり，住基ネットへの情報の集積は個人の人格的自律をおびやかす危険性があるという判断を示している。

▷4　移植医療におけるプライバシーと報道という問題は，1999年，高知での臓器移植法施行後初の臓器提供の際にも大きな問題となった。例えば，浅野健一（2000）『脳死移植報道の迷走』創出版を参照。

▷5　なおここでは触れなかったが，プライバシーの保護は病院や警察の報道機関への発表の段階ではかられるべきなのか，それとも詳細に発表されたうえで，どこまで報道すべきかは報道機関の判断としてなされるべきかという問題も極めて重要である。

おすすめ文献
山田隆司（2009）『名誉毀損──表現の自由をめぐる攻防』岩波新書。
大石泰彦（2004）『メディアの法と倫理』嵯峨野書院。

C 新聞・メディアをめぐる問題

8 新聞と世論

1 新聞の世論調査

　政府が関西電力大飯原子力発電所3・4号機（福井県おおい町）の再稼働を妥当と判断したことに対する各社の世論調査結果の見出しを抜き出すと次のようになる。

　「大飯再稼働判断「反対」54％」（『日本経済新聞』2012年4月23日付）
　「大飯原発再稼働，54％が「反対」」（『朝日新聞』2012年5月21日付）
　「大飯再稼働「急ぐな」71％」（『毎日新聞』2012年6月3日付）
　「大飯再稼働，賛成43％・反対47％」（『読売新聞』2012年6月11日付）
　「大飯再稼働方針，49％が賛成」（『産経新聞』2012年6月11日付）

　調査時期の違いもあろうが，各紙の世論調査結果に基づいた見出しを並べてみるだけでもそれぞれの思惑（意図）が透けて見えてくるようである。が，むしろこうした数字から何を読みとらなければならないか，ということでもある。

　各紙が行っている世論調査（電話調査によるRDD法）の誤差幅は5％程度になるとされている。再稼働に「賛成」か「反対」かを尋ねた他紙と異なり，『毎日新聞』は「急ぐべきか，急ぐ必要はないか」と尋ねている。質問の仕方や調査の手法によって結果は微妙に変わるが，テーマが大飯再稼働についてなので，数字が突出しているようにも見えてくる。世論調査は質問さえすれば一定の「正解」が出るような単純なものではない。また，回答する人々がどこまで質問に関連する知識や情報に基づいて返答をしているのか定かではない。[1]

　新聞社は世論調査の数字をニュースとして報道するが，アンケート調査に必要な概要（サンプル数や誤差の範囲）を示さないで数字だけを示して解説を行っている。自社の主張に合うように使っているのは当然として，世論を「作り上げる」という側面は否めない。本来，ニュートラルな立場から「世論」を調査し，分析し，結論を出すべき世論調査機関を大規模な全国紙が「代行」している意味を考えていかなければならない。新聞社が行う世論調査で示される「民意」とは何なのか。

2 意見と世論

　実は，メディアはある意図をもって世論調査を行い，そこで得られたデータで世論形成の道具として活用することがある。もちろんそれはメディアだけで

[1] 吉田貴文（2008）『世論調査と政治——数字はどこまで信用できるのか』講談社。

ない。行政が行う調査も同様で，どのような設計を行うかによってデータ結果は違ってくる。マス・メディアがその設計意図を読み取って伝えるチェック機能を果たしていればよいのだが，出てきたデータをそのまま伝えてしまうことが多く，調査結果の使い方によっては行政の思惑に乗せられてしまうこともある。まさに，情報で情報をコントロールする「スピン」が働いている。

世論調査は世の中の争点を数字という形で示すが，そうした争点に関する自分の意見がこれらのメディアの論調に基づいていることがある。メディアの示す「世論」が自分の意見であると思うようになる。石川旺はこれを「パロティング」と位置づけ，その危険性を指摘した。パロットは鳥のオウムのことで「他人のことばや行為をまねする（繰り返す）人」の意味があるが，パロティングは「本当に個人の態度に根ざしていない場合でも人々は自分の意見であると錯覚し，いかにも自分の内面からわき出てきた考えであるかのように他人に対して語ってしまっている」状態である。

3 世論に抗する輿論

新聞では「世論」という文字が使われるが，実は「輿論」という文字もある。何が違うのだろうか。

明治以来，世論は「セイロン」または「セロン」と読んで，輿論とは違う意味で使われてきた。「輿」という字の意味するところから「世間の人々の意見・考え」という意味の「輿論」が生まれたが，この字は1946（昭和21）年公布の当用漢字表で使用が制限され「世論」に代替され「ヨロン」と読まれるようになった。国民の「世論」を「輿論」として言語化する「輿論指導」をメディアの正当な使命だと考える佐藤卓己は，この「輿論」と「世論」の構造の違いを明らかにしている。そこでは「輿論」を善悪・損得を議論することから形成される public opinion として世の中を導く「公論」（議論，公的意見，意識，評価，建前，理想），「世論」を美醜・好悪に共感するところから生まれる popular sentiment として人々の「気分」（空気，声，ムード，感情，雰囲気，本音，現実）に整理している。

こうしてみると新聞社が行う「世論調査」で示されるものは「せろん」なのか「よろん」なのか。「よろん」とは到底呼べない直感的な世論調査を報道機関自ら行う意味を改めて考えていく必要がある。もちろんそれを利用する政治家やメディアの意図も同様だ。また，人々の多くが限られた情報源に頼り，そこでの情報を受け入れ，自分自身で詳しく検討した結果ではなく，メディアの論調をおうむ返ししてしまう「パロティング」の危険性と世間の空気に同調してしまう傾向は重なってくる。それを回避するには，複数の情報源（新聞各紙やWeb）を意識的に読み比べるクロス・メディア・チェックで問題に対する多角的な見方や解釈が必要となる。

（柳澤伸司）

▷2 窪田順生（2009）『スピンドクター"モミ消しのプロ"が駆使する「情報操作」の技術』講談社。

▷3 石川旺（2004）『パロティングが招く危機──メディアが培養する世論』リベルタ出版，74頁。

▷4 佐藤卓己（2008）『輿論と世論──日本的民意の系譜学』新潮選書。

コラム 10

世論調査

1 世論調査はいつごろから始まったのか

毎日のように，様々な事柄に関する「世論調査」が発表されている。例えば内閣支持率や支持政党の調査などは定期的に各報道機関から発表されるし，消費増税への賛否，原発の是非などその時々の社会政策に関わるテーマについても頻繁に調査が行われている。

僭主(せんしゅ)になる危険性があるという意見が一定数集まった者を国外追放するアテネの「陶片追放」も，民衆の意向を政治に反映させようとする，ある種の「世論調査」だといえなくもない。◁1

しかし現在のような世論調査が成り立つためには，社会的な政策決定プロセスにおいて，国民の意向つまり「世論」が重要であり，調査する意味があるのだという認識が成り立っていなければならない。また，一定数のサンプルの意向をもとにして全体の意見分布を把握できるような統計的手法の確立も不可欠だろう。

西平重喜によれば，世論調査とよべる最初のものは，1824年に米国デラウェア州で実施された大統領選挙の予想模擬投票である。◁2 もっとも回収数は532通にすぎず，模擬投票で得票率62.9%をえて圧勝が予想された候補者は実際の選挙では州選挙人を1人も獲得できず，逆に模擬投票で最下位1.6%だった候補者が選挙人3人のうち2人を獲得したそうである。

その後，サンプルの抽出方法などに改良がくわえられていき，大統領選挙をはじめ，様々なテーマについて世論調査がさかんに実施されるようになった。

日本で最初の本格的な世論調査は，1940（昭和15）年5月に東京日日・大阪毎日新聞社が行った「中等学校の新入試制度の是非」に関するものだといわれている。◁3 ここでは受験生の父兄と小・中学校教員など3000人が府県別の人口配分にしたがって選び出され，個別訪問の面接によって調査が行われた。

2 世論調査のやり方

さて現在，世論調査はどのように行われているのだろう。

国民全体の意向を知る目的で行うのが「世論調査」なのだから，もっとも重要なのは全体の意見分布を正しく推定できるように適切なサンプルを抽出することである。

わたしたちが新聞で目にする世論調査のほとんどは，調査員が個別訪問して面接聴取する「訪問調査」か，調査員が電話によって聴取する「電話調査」によって行われている。

ここでは，その速報性から近年増えている電話調査のやり方について，朝日新聞社の「朝日 RDD（ランダム・デジット・ダイヤリング）方式」を例にみてみよう（なお他社の電話調査も，ほぼ同様である）。◁4

(1) 固定電話の電話番号について，地域などが偏らないよう調整したうえで，「市外局番－市内局番－家庭用番号の上2ケタ」の8ケタの番号を無作為に選び出し，最後の2ケタを乱数により発生させて，10ケタの調査対象電話番号のリストをつくる。

(2) オペレーターがリストの番号に電話をかけて質

問に回答してもらう。しかし最初に電話に出た人を調査対象とすると、在宅している機会が多い主婦や高齢者など特定の層にかたよる恐れがあるので、オペレーターは、まずその世帯の有権者の人数をたずね、そのうちからランダムに選んだ１人を調査対象とする。不在であれば、時間を変えて６回まで電話をかけ直す。

(3) こうして集めた回答について、地域、性別、年代等の構成比のゆがみを補正して集計する。

ちなみに電話調査のサンプル数は、2012年７月７・８日の朝日新聞社の電話調査では調査対象3162件、有効回答1818人、また2012年６月27・28日の読売新聞社の電話調査では対象電話番号4800件、うち有権者在住世帯1765件、有効回答1065人と公表されている。

また最近では、インターネットを用いた意識調査もさかんに実施されている。あまりコストや手間がかからないのが長所だが、最大の問題は回答者の属性などの偏りを避けられない点だろう。

3 世論調査の問題点

しばしば世論調査の問題点としてあげられるのは、各社の数字に開きがあることである。例えば2008年８月に実施された当時の福田内閣の支持率では、『朝日新聞』は前回調査と変わらず24％（2008年８月３日、『朝日新聞』「内閣支持横ばい24％」）だったのに対し、『読売新聞』では前回から14.7％増の41.3％（同日、『読売新聞』「内閣支持41％に好転」）と大きく食い違った。これほどではないにせよ、数ポイントから10ポイント程度の差が開くことはよくある。

もちろん世論調査は一定数の抽出サンプルによる全体の推定なのだから、どこまでも統計的な誤差をまぬがれられない。

また実際の世論調査では、回答の形式や質問項目を並べる順番、また質問文の表現の仕方も結果に影響を与える。例えば内閣府の死刑制度に関する世論調査では、選択肢が(ア)「どんな場合でも死刑は廃止すべきである」、(イ)「場合によっては死刑もやむを得ない」となっており、誘導的すぎるのではないかという批判もある。

その他にも調査をする新聞社の好き嫌い（「○○新聞は嫌いだから答えない」）など、世論調査は様々な要因による影響をすべて排除することはできない。

また、そもそも「内閣を支持するか」「原発稼働に賛成か」と問われても、そう簡単にイエスかノーかでは答えられないという人も少なくないだろう。

結局、世論調査はどこまでも「世論」の近似値でしかない。もちろん「だから世論調査には意味がない」というのではない。それは姿が見えない「世論」を、なんとか探ろうという「手探り」の一つであり、それ以上でもそれ以下でもないのだ。　　（平石隆敏）

▷1　西平重喜（2009）『世論をさがし求めて』ミネルヴァ書房、16頁。
▷2　同上書、62頁以下。
▷3　佐藤卓己（2008）『輿論と世論――日本的民意の系譜学』新潮選書、66頁以下。
▷4　朝日新聞社HP「朝日新聞社の世論調査」。http://www.asahi.com/special/08003/rdd.html
▷5　2012年の衆議院選挙での世論調査では、投票先をたずねる際に政党名を読みあげるかどうかで結果に違いがでたという（『毎日新聞』2012年11月21日、『読売新聞』2012年11月27日、参照）。

第Ⅲ部　新聞を知る

C　新聞・メディアをめぐる問題

9　震災・災害報道と新聞

1　大規模災害と新聞報道

　1991年6月3日，雲仙普賢岳（長崎県）で大規模な火砕流が発生した。取材に当たっていた報道関係者16名を含む死者・行方不明者43名の惨事となった。前年からの噴火活動を取材しようと集中豪雨的な取材競争が過熱していた。一部報道機関が避難住民宅の電源を勝手に使うなど取材モラルを逸脱していただけでなく，避難勧告区域に報道陣が居続けたため，消防団員や取材スタッフを乗せたタクシー運転手らを巻き込んでしまい，取材の問題が問われた。自然災害など危険な状況に対する認識不足や取材倫理の欠如などそこでの反省をもとに，危険地域での取材のあり方が検討されることとなった。

　1995年1月17日早朝，阪神地域に未曾有の大災害をもたらした阪神・淡路大震災は，6434人が死亡，数十万人が被災する大災害となった。被災地では新聞販売店も被害に遭い，新聞配達が困難な状況となった。配達する家の倒壊，被災者の避難で不在など，配達しようにもできない状態であった。阪神大震災の報道は，メディアがいったい何を，誰に向けて，どのように伝えたのか，メディアの役割と限界を浮き彫りにした。地元の神戸新聞社は被害が甚大で，本社にある新聞製作の中枢であるコンピュータ・システムが壊滅的打撃を受け作動しなくなった。しかし前年に京都新聞社との間で「地震，火災，風水害や各種事故等の発生により，新聞の製作あるいは印刷が不能になるか，その恐れがある緊急事態が発生した場合，当該社の新聞発行が継続できるよう」に「緊急事態発生時の新聞発行援助協定」を結んでいたため，京都新聞社の協力のもと，当日の夕刊作業から1日も休むことなく新聞発行を続けることができた。販売店は被災しながらも新聞の宅配は維持され，情報が交錯する中で的確な情報伝達に新聞が果たした役割は大きかった。大地震という非日常の出来事が起きて不安な状態に置かれていたときに，新聞が届くことによる安堵感，日常とのつながりを感じたという被災者（読者）の声が聞かれた。

2　惨事報道をめぐる記者のジレンマ

　2012年3月11日に起きた東日本大震災と東京電力福島第一原子力発電所の事故は，その規模と影響力の大きさに同時代に生きる私たちの世界認識に大きな衝撃と変化をもたらしている。

▷1　「各社の労働組合は，会社の安全管理不足を指摘し『取材マニュアル』をつくることを求め，すべての報道機関は立ち入り規制区域内の取材をやめた。ただし，『報道の自由』の大前提から，『警察に規制されるのではなく，自主的な社内規制だ』というのが各社の立場だった」（神戸金史(1995)『雲仙記者日記――島原前線本部で普賢岳と暮らした1500日』ジャストシステム，176頁）。

広範囲に襲った大津波により，大勢の死者を出した地元の『河北新報』は，3月14日付朝刊の見出しの全国紙が「死者1万人以上」（『読売新聞』），「死者は万単位」（『朝日新聞』）と表現する中にあって，『河北新報』は「犠牲『万単位に』」と「犠牲者」と表現する見出しを付けた。地元紙として自らも被災者である立場からの表現報道であった。

一方，大災害の被災地を取材する記者もその過酷な被害状況にあえて立ち向かわなければならない取材を重ねた。「悲しみのあふれる現場でシャッターを押すのは，時にとてもつらい作業になる。それでも目の前に広がる現実を伝えることが，被災者のためになるのだと信じる」と自らに言い聞かせながら取材する記者にも「惨事ストレス」を抱える問題も指摘されるようになってきた。「ジャーナリストは傷つく人であると同時に傷つける人でもある。惨事の取材を通して，自分が傷つくと同時に，他者を傷つけることがある。本人が意図していない場合でもそうである。そして，そのことに関してジャーナリストは誰も訓練を受けていない。」という現実的な課題が見え始めている。

③ 報道に携わる者への視線

東日本大震災と原発事故報道においても「横並びの情報を流し続けた」「報道の多様性の欠如」とする批判も多かった。なかでも福島第一原発のメルトダウンの暴走が始まってから，多くの国民が主流メディアに感じた不満は，原発で何が起きているのかまったくわからないという状況に置かれたと感じた点である。フリーランスのジャーナリストが原発周辺で取材する一方で，既存の報道機関の記者は社内規定に縛られ，放射能危険地域（50km圏内）に近づくことができない状態が続いた。雲仙普賢岳の火砕流以降，ジャーナリストとしては現場にいきたい気持ちがあったとしても会社としては記者（社員）を守らなければならないといった，災害や紛争（戦争）など危険地域への記者派遣ができない現状が明らかとなった。

『東京新聞』は東京電力や保安院など当事者の発表に頼らざるを得ない状況に対して取材班をつくり，当事者側（福島第一原発）関係者への取材を地道に重ねることでチェック機能を果たそうとした。それでも，放射能汚染をめぐる報道機関の対応が，権力に対する無批判かつ無検証なまま報じたのではないかとする記者の主体性や意思の問題が問われた。例えば烏賀陽弘道は，「計画的避難区域」といった「国民の異動・居住の自由を制限する」＝「憲法で保障された自由の制限」という重大な権力行使に対してその問題性を批判できず，住民を被曝させてしまった「温和な事実隠蔽」ではないかと指摘した。立て続けに起こる地震や災害から逃れられない日本にあって，どのような報道をすべきなのか，これらの批判が的確であるかどうかも含めて，新聞（社）・記者（取材）のあり方についても検証を続ける必要がある。

（柳澤伸司）

▷2　河北新報社（2011）『河北新報のいちばん長い日——震災下の地元紙』文藝春秋，116頁。

▷3　読売新聞社（2011）『記者は何を見たのか——3・11東日本大震災』中央公論新社，132頁。

▷4　報道人ストレス研究会（2011）『ジャーナリストの惨事ストレス』現代人文社，34頁。

▷5　東京新聞（2011）『3.11の衝撃　震災・原発——特報部は伝えた』東京新聞出版局，19頁。

▷6　烏賀陽弘道（2012）『報道の脳死』新潮社，112-113頁。

コラム 11

『石巻日日新聞』,「ファイト新聞」

1 新聞の公共的使命

　一般的に日本には全国紙,複数の県域にまたがる範囲のブロック紙,一府県を範囲とする県紙（地方紙）がある。それよりも市町村などの一部地域を範囲とする地域紙（地域新聞）など,配達範囲に応じて新聞を分類することがある。さらに新聞は日刊から週刊あるいは月刊とその発行のサイクルや紙幅（タブロイドからブランケットサイズなど）も多様だ。

　新聞はジャーナリズムに欠かせないメディアだが,事件事故を含めた公的情報や公権力の監視を中心としたいわゆる一般新聞から,身近な人々の動向や地域情報を発信する新聞,特定の情報を提供する新聞（業界紙や機関紙など）,さらには学校新聞まで含めると,その取材範囲と情報内容は広範囲に及ぶ。

　「新聞」と称していてもドイツの新聞学者ドヴィファトが言うように「誰もが,自由に新聞を読み,その内容を受け入れる事ができる」「特定の組織や団体が『新聞』と称しているものは,決して新聞とはいえない。同様に,普遍的でアクチュアルなニュース提供を行わない政治週刊紙は,仮に新聞と称していても,"Zeitung"（ツァイトゥング＝新聞）ではない。」と断じるのは,誰にも開かれていて誰にも関わる公共的使命を果たしていることを指すのであろう。もちろん,公共的使命をどのように果たすかが問われるわけで,その表現は多様であってよいのかもしれない。

2 6日間の壁新聞

　限定した読者とわずかな情報であっても,その情報によって助けられることもあるのだ。それを壁新聞で伝えた新聞がある。宮城県で石巻,東松島,女川の2市1町を地盤に,約1万4000部の日刊夕刊紙を発行してきた地域紙・『石巻日日新聞』である。『石巻日日新聞』は,1912（大正元）年創刊され,1940（昭和15）年,報道・言論統制を強めた軍部と政府から,1県1紙の新聞統制による廃刊命令を受けた。その際,当時の記者たちは,わら半紙に記事を手書きして近所に配り続けたという。戦後,1947年復刊し,地域の新聞として創刊99年目のことだった。

　2011年3月11日,社屋が津波で浸水し,新聞を印刷する輪転機も止まり,社員らも被災した。6人の記者が取材活動を続け,集まった素材を基に,懐中電灯で照らしながら社長自ら印刷用の新聞ロール紙に油性ペンで記事と見出しを書いた。社員がそれを書き写して計6部作成し,3月12日から電力が回復してパソコンでの印刷に切り替えるまでの6日間,避難所やコンビニエンスストアなど号外として7カ所に貼り出された。

　この壁新聞は,水や食べ物など物資の配布時間,入浴できる場所,再開した病院,飲食店の営業時間といった生活関連情報を重視した。手書きで書き込める原稿量は驚くほど少なかったものの,被災者にとって貴重な情報源となった。避難所に届けられる大手新聞には,被災者が必要とする被災地内の情報はほとんど載っていなかった。『石巻日日新聞』はさながら地域

の「回覧板」としての役割を果たした。停電に伴う通信手段や入力装置の喪失といった新聞制作のための技術や便利さが失われた中で新聞をつくらなければならないとしたら，どのような手段で何を伝えるか，新聞報道の原点に立ち戻った「非常事態」の新聞となった。

この『石巻日日新聞』の手書き壁新聞は，米国ワシントンD.C.にある報道博物館ニュージアム（Newseum）が譲り受け，永久コレクションとなった。[3] また，国立国会図書館もデジタル化資料として収録し，インターネット公開されている。[4]

3 被災者を元気づけた新聞

『石巻日日新聞』の壁新聞が地域の生活情報を伝えようとしたものとすれば，誰かに何かを伝えたいと，子どもたちが新聞を編集し，避難所に貼りだした「ファイト新聞」もある。津波で壊滅的な被害が出た宮城県気仙沼市の避難所で，被災した小中学生が大人たちを励まそうと手書き新聞を作り始めた。「ファイト新聞」は避難所で第50号まで続き，12名の子ども編集部員たちが制作に携わった。

当時，小学1年生だった7歳の女の子・初代編集長が新聞を始めるきっかけについてこう書いている。

「わたしは，手がみや，えをかくことが大すきです。パパやママにかくとよろこんでくれます。ひなん所の人にも，あげたかったけどかわいいびんせんがありません。みんなしらない人だし，元気がないのです。白い，大きなかみがあったので，新聞みたいに4コママンガやニュースをかいて，みなさんに，元気になってほしいとおもいました。さいしょは，吉田新聞にしよーとおもったけど　元気が出るよーに，ファイト新聞にきめました。よんだ人から，ほめられたり，えがおではなしをしてくれたから，わたしも元気になりました。吉田りさ」[5]

2011年3月18日の「ファイト新聞」創刊号は黒と赤の鉛筆書きで，「電気ふっ活」「じしんから七日目」など見出しと絵が描かれたシンプルなものであったが，翌日の第2号では絵に色が塗られるなど，表現にも力が入ってきていることがうかがえる。表現としては「絵日記」だが，そこに記録されている内容は時には自分たちの遊びの記録であり，避難所での出来事であり，支援物資の食べ物や自衛隊による風呂の設営，タレントの来訪など記録者の目線で自分の気持ちを込めて書かれている。初めの頃と比べると，写真を切り抜いて貼り付けたり，多色ペンを使って表現も豊かになり，第50号までほぼ毎日手づくりされた。

この「ファイト新聞」が避難所の被災者の心をとらえ，さらにはメディアでも取りあげられたのは，そこに描かれた記述が一人称であり，避難所の中からそこにいる人に明るく楽しい気持ちを共有しようとしたことが，文字や絵の中から感じられたからであろう。

新聞は表現する者（記者）とそれを支える読者があって成り立つメディアだということが，『石巻日日新聞』の壁新聞と「ファイト新聞」から見えてくる。

（柳澤伸司）

▷1　ドヴィファト，エミール／吉田慎吾訳（1967＝2011）『ジャーナリズムの使命——エミール・ドヴィファト著『新聞学』』晃洋書房，8頁。
▷2　石巻日日新聞社編（2011）『6枚の壁新聞——石巻日日新聞・東日本大震災後7日間の記録』角川SSC新書。
▷3　http://www.newseum.org/news/2011/04/ishinomaki-hibi-shimbun.html
▷4　国立国会図書館デジタル化資料-石巻日日新聞（号外）。http://dl.ndl.go.jp/info:ndljp/pid/2623226?tocOpened＝
▷5　ファイト新聞社（2011）『宮城県気仙沼発！ファイト新聞』河出書房新社，10頁。

C 新聞・メディアをめぐる問題

10 新聞とジャーナリズム

1 ジャーナリズムとは何か

　ジャーナリズムには日々の出来事を記録していく日記（ジャーナル）としての「記録性」があり、そこから一定の間隔で発行される新聞や雑誌の「定期性」が生まれ、その中で社会の変化を一定の価値判断のもとに選択報道し、また一定の問題意識と見解に立った論評を行うことによって「時事的」な問題についての「報道・論評活動」を含むようになった。鶴見俊輔はジャーナリズムを「同時代を記録し、その意味について批評する仕事」と位置づけた。▷1
　新井直之は「いま伝えなければならないことを、いま伝え、いま言わなければならないことを、いま言う行為と過程」とジャーナリズムを定義した。この概念規定にしたがえば、継続性や定期性も重要ではなく、一回限りの行為であってもジャーナリズムたりえ、職業（組織）である必要もない。そのため「ジャーナリズムの活動は、あらゆる人がなし得る。ただ、その活動を、日々行い続けるものが、専門的ジャーナリストといわれるだけなのである」と論じた。新聞記者や報道に携わる記者やフリーランスのジャーナリストだけでなく、例えば不正に気づいた企業（組織）の内部告発者も、地域問題に取り組む市民活動家も、学校新聞を発行する生徒であっても、主体的・積極的に現実を把握し解釈し表現すること、すなわち「報道」と「言論」活動を行うものはジャーナリズムの主体たりえる。それゆえ公共的倫理と責任意識を備えたメディアのいとなみがジャーナリズムということになる。職業（専門）的にその仕事につく人はジャーナリストと呼ばれるが、職業的ジャーナリストがもっている権利（記者クラブなど、ニュース・ソースへの接近など）は、ほんらい人々がもっている権利（「知る権利」など）とまったく同等であり、それ以上でもなければそれ以下でもない。そのためにも人々が自由であり自ら統治するうえで必要な情報を提供することがジャーナリズムの目的となる。

2 誰のための取材か

　かつて日本の報道は「内容をまったく信用できない虚飾的な公式発表」の代名詞ともいえる「大本営発表」を行う権力の広報機関となった時期がある。▷4 ジャーナリストが報道しない出来事は、人々にとっては世の中にその出来事が存在しなかったことに等しい。それゆえジャーナリストは、何を報道すべきな

▷1　鶴見俊輔（1965）「ジャーナリズムの思想」『現代日本思想体系12　ジャーナリズムの思想』筑摩書房。

▷2　新井直之（1994）「ジャーナリズムとは何か」新聞労連編『新聞記者を考える』晩聲社。

▷3　新井直之（1986）「ジャーナリストの任務と役割」『マス・メディアの現在』（法学セミナー増刊総合特集シリーズ35）日本評論社、26頁。

▷4　本書の「戦争と新聞」（138-139頁）を参照。

のか，その任務とは何なのかを自らに問い，無数に生起した出来事の中から，人々の次の行動決定のために必要な事実を提示して，できるだけ早く，できるだけ広く伝えることが求められる。新聞社を名乗って取材で知り得た事実は，記者・報道機関の占有物ではない。記者は読者に代わって国政情報から日常生活の情報まで，自由に入手することが委ねられている。それゆえ，報道の自由がある。報道しない自由は公衆に委ねられた権利を自ら捨てるに等しいことになる。取材と報道の自由は表現の自由なくして成り立たない。言論表現の自由が，今日ではほかの精神的自由にも増して高く評価されるのは，その自由が直接的に政治的であるからである。

3 ジャーナリズムの原則

コヴァッチらは3年かけて延べ数千人のジャーナリストから集めた議論や調査などから『ジャーナリズムの原則』をまとめた。その中でジャーナリストたちの最大公約数をふまえて，ジャーナリズムの任務を遂げるための9つの「原則」を掲げた。この原則の中には日本の新聞が綱領や信条で掲げる「不偏不党」や「公正」といった概念はない。コヴァッチらによれば「研究を綜合した結果，公正性やバランスなどといったなじみぶかく，便利な理念はジャーナリズムの基本原則としてあつかうにはあまりにもあいまいであることが明白となった」として，「客観性」という概念とともにその問題性を指摘している。日本では記者クラブのような取材の独立性をめぐる独自の課題もある。新聞（社）によって，社説などの論説だけでなく，何を取りあげ，何を取りあげないか。広告も含めてどのような表現が紙面に掲載されているか。あらゆる情報はその表現内容に判断と思想が含まれており，偏りがないという方が不自然なことである。

邦訳の『ジャーナリズムの原則』は初版の翻訳だが，2007年に米国では第二版が出版されており，そこでは九原則に「10.市民もまた，ニュースに対する権利と責任をもつ」という原則が新たに加えられた。これまでの九原則は主にジャーナリストに対する規範であったが，新たにジャーナリズムを支える読者（情報の受け手である市民）の規範が加わった。誰もが情報の発信者（ジャーナリスト）になり得るインターネット環境の急激な変化に対応したものだが，職業的記者だけでなく，読者の責任も求められる時代になった。

東日本大震災以降の日本のメディア状況の変化をみても，インターネットのユーザーである「私たち」も情報発信や意見提示によって議題構築の一端を担うようになった。それは同時にジャーナリズムの営みに関わっていることになる。それゆえ，伝統的メディアである新聞は，その組織力と人的ネットワークを活かして，「ニュース」（読者に知恵や叡智を根づかせることを目指して選択された新しい出来事や素材）を伝えることが使命といえる。

（柳澤伸司）

▷5 本書の「報道の自由・取材の自由」（139-140頁）を参照。

▷6 「1.ジャーナリズムの第一の責務は真実である。2.ジャーナリズムは第一に市民に忠実であるべきである。3.ジャーナリズムの真髄は検証の規律である。4.ジャーナリズムに従事する者はその対象からの独立を維持しなければならない。5.ジャーナリズムは独立した権力監視役として機能すべきである。6.ジャーナリズムは大衆の批判および譲歩を討論する公開の場を提供しなければならない。7.ジャーナリズムは重大なことをおもしろく関連性のあるものとするよう努力しなければならない。8.ジャーナリズムはニュースの包括性および均衡を保たなくてはならない。9.ジャーナリズムに従事する者は自らの良心を実践することを許されるべきである。」（コヴァッチ, B., ローゼンスティール, T./加藤岳文・斎藤邦泰訳（2001＝2002）『ジャーナリズムの原則』日本経済評論社）。

▷7 同上書，7頁。

▷8 青木彰（2000）『新聞との約束——戦後ジャーナリズム私論』日本放送出版協会，431頁。

第IV部 新聞を読む

第Ⅳ部　新聞を読む

1 ニュースとは何か

1 ニュースの語源：教育現場で語られる俗説

　ニュースの語源には諸説がある。「News は，North（北），East（東），West（西），South（南）の頭文字を取って作られた言葉」と教育現場で語られることは多いが，それを裏づける文献は見当たらない。「ニュースは東西南北あちこちの出来事」という，もっともらしい説明とともに広がった俗説だろう。ニュースの語源は「新しい」という形容詞で，16世紀には聖書で「新奇な」という意味で使われている。▷1

　ちなみに，ニュースという言葉が日本になかった幕末から明治維新にかけては，「新聞」はニュースと同じ意味で使われていた。▷2「新しく聞く」こととニュースが同一視されたのは，江戸時代に瓦版売りが「さあさあ，これは驚いた」と街頭で読み聞かせながら売り歩いたことの名残と思われる。

2 ニュースの6つの要素

　ニュースに「新しい」要素は欠かせないが，要素はそれだけではない。在京5紙の，ニュース・バリュー（価値）を判断する部署（整理部あるいは編成部）の責任者で組織する新聞編集整理研究会は，これまで2回にわたって，判断の尺度を示している。最初は1966年にまとめた(1)新奇性，(2)人間性，(3)普遍性，▷3 (4)社会性，(5)影響性，(6)記録性，(7)国際性，(8)地域性の8つの基準である。

　その後，「8つの基準はやや煩雑」という声が起こり，1994年に同研究会は再び議論し，新しく6つの基準を示し，おおよそ次のような説明を付け加えた。

　新しさ：知的存在である人間は，新しいものに興味を抱く。「新しさ」という概念には「新鮮」以外にも「珍奇」「突然」の要素もある。人は放送でニュースの概要は知っていても，新聞でもっと詳しく，深く知りたいと思う。

　人間性：人間社会は共存を最大の基盤にしている。その要素となる「生命」「博愛」「人権」に関わるニュースは，多くの人の関心事になる。生命に関しては，一般的には命の数が多いほど，ニュース価値は高くなる。災害のニュースは最大級の扱いの記事になる

　社会性：単発でなく，同じようなことが時間・地域を越えて起こる事象は，社会的影響が大きい。さらに，多くの人が関心をもつことや，時代を反映していることも，ニュースになる。▷4

▷1　寺澤芳雄編（1997）『英語語源辞典』研究社；Stevenson, Angus ed.(2007) *Shorter Oxford English Dictionary on Historical Principles——Sixth Edition*, Oxford University Press.

▷2　秋山勇造（2002）『明治のジャーナリズム精神』五月書房。日本初の新聞「官板バタヒヤ新聞」は1862年に発行されたが，当時は「ニュース」のことを「新聞」，「ニュースペーパ」のことを「新聞紙」といっていた。「バタヒヤ新聞」は「バタヒヤニュース」という意味だった。

▷3　新聞整理編集研究会編（1994）『新編　新聞整理の研究』日本新聞協会。

▷4　「犬が人を嚙んでもニュースにはならないが，人が犬を嚙むとニュースになる」という譬え話があるが，これは半分は正しく，半分は間違っている。人が犬をかめば，「新しさ，珍奇」という要素でニュースにはなる。しかし，犬が人をかんでも，「社会性」という基準でより大きなニュースになる。ペットブームの中で，飼い主のマナーや人と動物との共存を考える事象になるからだ。

地域性：地域や読者が広範囲の全国紙は，地域ニュースもフォローするが，広い視野で「何がどうした」を重要視する。地方紙は，地域と人に焦点を絞り，「どこで，誰が」を価値基準のポイントにする。ニュースと読者との距離が判断の大きな要素になる。

記録性：「新聞は日を刻んで出される歴史書」といわれる。記録性は新聞の最大の特色。新聞の記録性が定着した結果，選挙の最終確定票や各地の気温なども掲載するようになった。記録性は「時代の節目」を明確にすることにもなる。

国際性：ワールドワイドの活動は話題性が高い。ノーベル賞，オリンピックなど，様々な分野での国際的な活動は，国内的なものよりニュース価値は高くなる。

1966年の基準にあった「普遍性」と「影響性」は，「社会性」の項目にまとめられた。社会性のある事象は，普遍性があり，影響も大きいということだ。

新聞社の整理部（編成部）には毎日，実際に紙面に掲載される何倍もの記事が送られてくる。整理部記者が，上記の基準に照らし合わせて，ニュース価値を判断し，価値の大きいものから新聞に載せていく。さらに，同じ面に載せる記事の中でも，ニュース価値に応じて，見出しの大きさや記事のレイアウトを変えていく。その結果，最も価値の大きい記事が，一面のトップ記事になる。言い換えれば，最大多数の人にとって，最も関心があったり，影響があったり，大切であったりするニュースが，一面トップ記事になるのである。

③ ニュース価値：新聞，読者によって異なることもある

ところが，際立って大きな政治，経済事案や事件，事故などがない日は，各紙の一面トップ記事が異なることも珍しくない。同じジャンルであれば，事象のニュース価値は比較しやすいが，大きな事件・事故と世界的なスポーツ記録の達成など，異なるジャンルの事象を比較することは容易でない。

ニュースの価値を判断したうえで読者に提示するのは，新聞の特長の一つであるが，新聞社の考え方，担当する整理部記者のセンスなどによって，判断に違いが出ることもある。また，新聞社には，自社だけが入手した情報・特ダネはより大きく扱ってアピールする傾向がある。

何がニュースかは，一義的には取材の第一線に立つ記者が判断する。記者の知識，センスによって，埋もれたニュースが掘り起こされることも，見過ごされることもある。

ニュース価値は，読者によっても異なることがある。大概の読者にとっては，ニュース価値は新聞に掲載された記事の大きさに比例する。しかし，ベタ記事でも，読者にとって身近な話だったり影響が大きかったりすれば，ニュース価値は大きくなる。価値観，考え方は人によって異なる。ニュース価値は絶対的なものでないことは，知っておく必要があるだろう。

（福田　徹）

▷5　2011年7月19日付の全国紙朝刊の一面トップは，『朝日新聞』『毎日新聞』『読売新聞』『産経新聞』各紙は女子サッカー「なでしこジャパン」がワールドカップで優勝した記事だったが，『日本経済新聞』は特集記事『「脱原発」漂流する経済』だった。新聞社の考えの違いが端的に表れた。

▷6　記者教育では「anything of everything と everything of anything を学べ」という教えがある。広く物事を知らなければニュース判断はできない。さらに特定分野に関しては，詳しく知らなければ掘り下げた記事は書けないという意味である。

▷7　見出しが1段の小さな，目立たない記事。

おすすめ文献

妹尾彰・福田徹（2006）『新聞を知る　新聞で学ぶ』晩成書房。

実践11

一面を比べてみよう

1　新聞の一面

　第一面は新聞の「顔」である。新聞社がその日一番伝えたいニュースを取捨選択し、限られた紙面に載せている。政治、経済の関連ばかりでなく、最も重要で、インパクトのあるニュースがトップ記事になる。カラー写真、コラム、題字、カタ記事、題字下広告、一面出版広告などが一面を飾っている。

　ニュースははじめてであること、めずらしいこと、変わっていることなどの新しいことをはじめ、多くの人が興味や関心をもつことなどで価値判断がされ、記者をはじめそれぞれの新聞社のニュース感覚により選ばれているものである。各新聞社で情報伝達の違いがあること、一面トップ記事の扱い方の違いから、情報の価値判断についても考えることができる。

2　一面の比較読み

　比較読みの前に、新聞記事は記者のフィルターを通ったものであることを押さえておく。さらに情報の編集がなされていることも忘れてはならない。

（1）ある日のトップ記事を比べる

　様々なニュースがある中でどのような事象がトップ記事として扱われるかは違いがある。情報の価値判断について考える。

　A社のトップ記事がB社ではどの面にどのような扱いになっているか、関連記事についても比べる。

（2）大きな出来事に関する記事を比べる

　大きなニュース、事件や事故をはじめ、首相辞任やオリンピック、ノーベル賞受賞などの場合は、各新聞社とも、大きな扱いで一面を飾ることが多い。しかしながら同じ事象を取りあげても扱い方は大きく違っている。ある事象についての各紙における情報量の違いはすぐに見てとれる。見出し、写真と丁寧に比べていきたい。

○見出し……視写する。見出しから受けた印象を書く。気がついたこと、思ったこと、感じたことを書く。何に着目しているのかを考える。大きさやレイアウトを比べる。活字にも注目する。

○リード……共通する言葉に注目する。何を伝えようとしているのかを考える。

○本文……事実の取りあげ方について考える。

○写真……なぜこの写真を取りあげたのかを考える。どのような場面を写しているのか。キャプション（絵解き・写真説明）を比べる。

○図・グラフ・地図……データをどのように活用しているのか。どのデータがわかりやすいか。効果的に表しているものはどれか。グラフの扱いや統計資料の違いを比べる。

○新聞記事の言葉を使ってニュース解説……5W1Hを意識してニュース解説をする。使われている言葉を比べてみると、送り手の意図が読みとれる。

○比較する時には、構成や展開、表現の仕方の違いなどについて、観点を決めて比べることが重要である。

3　比較読みの単元

①　中学校1年　単元「写真を比べる」

第1時：新聞記事の写真にはどのようなものがあるか。
第2時：新聞の中の写真を収集する。
第3時：収集した写真をアップとルーズで分類する。
第4時：分類した写真の中で心に残ったアップとルーズの写真をそれぞれ1枚ずつ選び，なぜ心に残ったのか書く。
第5時：選んだ写真から読みとれる情報を考える。
第6時：アップの写真，ルーズの写真それぞれに伝えられること，伝えられないことについて考える。
第7時：アップ，ルーズの写真にキャプションを付け，なぜそのキャプションを付けたのかを伝え合う。
第8時：カメラマンの立場に立ってなぜシャッターを切ったのかを考える。
第9時：学習を振り返り，相互評価，自己評価をする。

② 中学校2年　単元「ひとの情報を読み比べる」

第1時：新聞記事の中の「あるひと」に関する情報を読み比べる。
第2時：心に残った人物の記事を，複数紙で比べる。
第3時：見出しなど，人に関する情報を読み，共通点，相違点について比べる。どのような視点から書かれているかも考える。
第4時：心に残った人物はどういう人か，関連情報を収集する。
第5時：「あるひと」に関する様々な情報の中からとくに伝えたい情報を選ぶ。
第6時：「あるひと」に関する選んだ情報をもとに，あるひとを紹介する記事を書く。
第7時：「あるひと」についての記事を伝え合う。
第8時：着眼点，書きぶりの違いを考える。
第9時：情報は書き手のフィルターを通したものであることを確認し，書いた記事を自己評価する。

③ 中学校3年　単元「メディアを比べる」

第1時：身の回りの様々なメディアの情報を活かし，どう活用するか。
第2時：ある事象について，様々なメディアはどう伝えているか。
第3時：新聞，テレビ，ラジオ，インターネットの伝え方の違いを比べる。
第4時：様々なメディアの特性について考える。
第5時：メディアの特性を一覧表にして比較する。
第6時：それぞれのメディアから得た情報を読み解くうえで留意しなければならない点を考える。
第7時：比較してわかったことを発表する。
第8時：自分のメディアとの関わりについて考える。
第9時：学習を振り返り，情報と主体的に関わるにはどうすればいいかを考える。

4　比較読みを通して

比較読みを通して以下のことが身に付けられる。

(1) 相違点，共通点を比べることで，重要なことが明確になる。
(2) 物事にはいろいろな側面や見方があることがわかり，複雑な情報を読み解く力が鍛えられる。
(3) 多様な考え方に触れることで，自分で考えるための「視点」を自らもつことができる。

（植田恭子）

参考文献
玉木明（1996）『ニュース報道の言語論』洋泉社。
小田迪夫・枝元一三編（1998）『国語教育とNIE──教育に新聞を！』大修館書店。
髙木まさき編（2009）『情報リテラシー──言葉に立ち止まる国語の授業』明治図書。
朝日新聞NIE事務局（2011）『新聞授業ガイドブック』。
日本教材学会（2008）『「教材学」現状と展望　上巻』協同出版。

第Ⅳ部　新聞を読む

2　言論機関と報道機関：中立報道／客観報道は可能か

▷1　福島第一原発事故で経営難に陥った東京電力の国有化に関しては，『朝日新聞』は2012年2月11日付の社説で，「東電国有化ゴネ得を許すな」と国が東電の3分の2以上の株式を握るよう主張。『読売新聞』は同月17日付の社説で，「東電『国有化』なぜ経営権取得を急ぐのか」と国が急いで東電の経営権を握る必要はないと，反対の主張をしている。

▷2　『朝日新聞』の2004年4月1日付朝刊の社説は，複数の新聞の社説を読む効用を次のように端的に記している。「新聞の社説はどれも似たりよったりだと思っている方がいるようだが，決してそうではない。（中略）国の行方を左右するような問題で，各社の社説はしばしば鋭く対立している。（中略）我々の考えがいつも正しいとは思わない。社会の変化につれて考えが変わることもある。大切なのは，異なる意見を戦わせること，違いの中から進歩を見いだそうとする姿勢ではないか。」

▷3　『朝日新聞』は「天声人語」，『産経新聞』は「産経抄」，『日本経済新聞』は「春秋」，『毎日新聞』は「余録」，『読売新聞』は「編集手帳」。

① 主観を前面に打ち出す記事：社説は意外と面白い

　新聞は，意見や思想を主観的に主張する言論機関と，事実を客観的に伝える報道機関との2つの役割を担っている。言論機関としては，社説やコラム，署名入りの記事などで，社や記者個人の考えを書く。報道機関としては，一般記事の形で，公正・公平・中立の立場で事象を伝える。

　言論機関としての新聞社は，日々の社説（論説）で自説を前面に押し出す。主観的な書き方をする記事には署名を入れることが多いが，社説は記者個人ではなく新聞社としての考えを書くので，原則として署名はない。

　論説委員会では，社説のテーマを考え，テーマが決まれば，どのように解釈し，どのような考えを打ち出すかなどを話し合う。そして，論説委員会として考え・意見をまとめたうえで，1人か2人の論説委員が代表して執筆する。新聞社によっては，社説を担当する論説委員会は編集局とは別の組織にしている。報道が社論によってゆがめられないように配慮してのことである。

　「社説は難しくて，読みにくい」と思う人が多いが，実際に読んでみると，意外とやさしく，面白く書かれている。しかも，意見だけでなく，テーマの概要や経過を簡潔にまとめているので，時事問題を知るのに格好の読み物になる。「難しい」と思うのは，食べず嫌いの類であろう。

　また，どの新聞の社説にも同じようなことが書いてあると思われがちだが，実際は違う。各紙の社説を読み比べてみると，正反対の意見が書かれてあったり，他紙を名指しして批判したりしていることもある。各紙が様々な意見を掲げられるのは，健全な民主主義の指標でもある。

　社説のほか，各紙の朝刊一面のコラムにも署名はない。社内きっての書き手が担当しており，鋭い洞察と豊かな感性がにじみ出る，味わい深い文章であることが多い。時事問題を知るだけでなく，文章を学ぶうえでも，参考になる。

② 投書は民主主義を補完する

　新聞は，社や記者だけでなく，読者の言論も投書の形で伝える。明治初期に新聞が創刊された当時から，投書は知識人によって盛んに行われ，テレビ・ラジオのない時代においては，政治論争の主な舞台でもあった。その後，投書は一部知識人だけでなく，誰もが意見や感想などを新聞に掲載する場になり，民

主主義を補完する役割も担うようになった。

　昨今，ツイッター，フェイスブックなどソーシャル・メディアは，"誰もが情報を発信できるメディア"として注目されているが，投書は1世紀以上も前から"双方向コミュニケーション"として機能してきた。

▷4　本書の「近代日本における新聞の展開」(82-83頁)を参照。

❸　事実をありのままに伝える客観報道

　一方，報道機関としての新聞は，事実をありのままに伝える。読者が様々なことを考え，判断する元の材料になる事実を，正確に伝えなければならない。そのために，記者はニュース記事を書く際は，新聞社や自分の考え，意見は排して，客観的な事実だけ伝えるようにする。言い換えれば，どの新聞社の，どんな記者が書いても，同じ内容が伝わるようにするということである。

　記者は事実を客観的に伝える訓練は受けるが，現実には同じ事象でも，新聞社や記者によってとらえ方や書き方が異なることはある。2012年4月，当時，東京都知事だった石原慎太郎氏が尖閣諸島(沖縄県石垣市)を買い取る方針を示し，物議をかもしたニュースを例に見てみよう。

　社説のタイトルは，『朝日新聞』「尖閣買い上げ　石原発言は無責任だ」(4月18日付)，『毎日新聞』「石原氏の尖閣発言　都が出るのは筋違い」(4月19日付)，『産経新聞』「尖閣購入　石原構想で統治強化を」(同日付)，『読売新聞』「石原氏尖閣発言　領土保全に国も関与すべきだ」(同日付)。社の意見を打ち出す社説の見解は分かれて当然である。

　一方，石原発言を受けた東京都民の反応を報じる一般記事は，客観的な事実を書くのが建前であるが，実際にはこれも各紙各様に分かれた。『朝日新聞』は「都民，税金に疑問視」(4月18日付朝刊，社会面)と，都民は税金で尖閣諸島を購入することに納得していないと記述。一方，『産経新聞』は「都民も賛同多数」(同日付朝刊，社会面)と，多くの都民が賛同の声を寄せたと記した。比べて読むと，都民は疑問に思ったのか賛成したのかわからなくなる。各紙とも，都民の反応が社説での主張に準じた内容になっているのは，偶然ではないだろう。

❹　報道されるのは，記者が切り取った事実

　現実には，1300万人もの東京都民の反応を短時間で取材し，正確に表現することは極めて難しい。そこで，記者は「都民の声が集約されている」と思われる人々に目星を付けて取材することになるが，その取材対象者を誰にするかで，記事のニュアンスは大きく変わってくる。

　記事に書かれた事実は，世の中の事象すべての反映ではなく，数ある事実の中から記者が切り取ったものである。何が客観的なのかを判断するのに，各新聞社，各記者の主観が働くこともある。記事を読む際は，「どの件が客観的事実で，どの件は記者の主観か」と意識しながら読む習慣をつけたい。　(福田　徹)

第Ⅳ部　新聞を読む

3 ストレートニュース／フィーチャー記事／解説・論評

1 書き方は記事によって異なる

　新聞の役割は，読者が考え，判断する基になる事実を伝えることにある。その事実を，新聞は記事という形で提示するが，記事の種類によって事実のとらえ方，書き方は変わってくる。新聞活用教育では，どのような書き方の記事であるのかを知って読むことが大切である。

2 ストレートニュース

　ストレートニュースは，国際，政治，経済，社会など様々な分野で今，起こっていることを伝える。本書の「新聞記事の構成・文章」(156-157頁)で説明する「5W1H（いつ，どこで，誰が，何を，なぜ，どのように）」のニュースの6要素を，記者が個人的な考えや意見を排除して取材するので，基本的には新聞社や取材者が異なっても，同じ内容の記事になるはずである。放送の場合はニュースや天気予報など用意された原稿を読み上げることを意味するが，新聞の場合は一面や社会面などに載るニュース記事のことをいう。[1]

　東日本大震災による東京電力福島第一原子力発電所事故に関する『読売新聞』の記事を例に見てみよう。東日本大震災が発生してから1年間で，同原発に関する記事は計1万3951本が掲載されたが，その多くはストレートニュースであった。事故の初報は，震災が発生した翌日の2011年3月12日付朝刊一面の「原子炉圧力が上昇　福島第一」の4段の見出しの記事。その日の夕刊一面は「原発圧力下げ難航」と報じ，翌13日付朝刊では，事態が一気に深刻化したことを一面トップの「福島原発で爆発」の記事で伝えた。そして，1年後の2012年3月11日付朝刊一面では，原発事故で避難した住民の多くは帰郷のメドが立っていないことを報じている。

　このように，ストレートニュースでは，日刊紙の朝刊は主に前日に起こったことを，夕刊はその日の昼までに起こったことや新たに判明したことなどを伝える。原則として，昨日，今日といった直近に起こった事象を伝えるので，「日付もの」と呼ばれることもある。

3 フィーチャー記事

　フィーチャー（特集）記事は，一定期間の流れの中で，傾向を振り返ったり，

▶1　牧野洋(2011)「ジャーナリズムは死んだか」WEB講談社「現代ビジネス」2011年2月3日。

理由・原因を探ったり，今後の展開を予測したり，方策を模索したりする。

　書き方は様々である。例えば，これまでの出来事を時系列にまとめる。事象を統計的に処理する。当事者の話をまとめて，事象を再現する。関係者や専門家の見方，意見を集める。ストレートニュースにまつわるエピソードを綴る。写真中心の特集で事象の説明をする……。複雑化する社会や世界の動きは，直近のストレートニュースだけでは伝えきれないこともある。物事を整理したり，深く掘り下げて考えたりするのに，フィーチャー記事は適している。

　福島第一原発に関する特集は，『読売新聞』は2011年3月20日付朝刊で，原発への放水活動の写真グラフを掲載。その後も，原発事故の状況，放射能汚染の様子，管理体制，対策，今後の見通しなどを不定期で掲載。1年後の紙面では，原発事故で避難した被災者のアンケート結果などを載せている。

　日本の新聞は，ストレートニュース中心の編集だが，アメリカの新聞は近年，フィーチャー記事が増え，一面トップを飾ることも多い。報道媒体はWebニュースなどの出現で多様化し，媒体間の競争が激しくなったことから，ニュースの形態も変化してきた。

▷2　谷川幹（2009）「米紙における『フィーチャー化現象』について」早稲田大学政治経済学部教養諸学研究会。

④ 解説・論評

　ストレートニュースでは，原則として同じことは繰り返して書かない。同じテーマのニュースを報じる場合は，既報の事実を読者が知っていることを前提にして書く。このため，既報の記事を読み，事象の流れを知らないことには，ストレートニュースに書かれている内容を理解できないケースも出てくる。また，科学や経済，複雑な政局の話などでは，専門的な知識がなければ，ストレートニュースだけを読んでも理解できないこともある。そこで，事象をわかりやすく説明して，読者の理解を助ける解説記事の出番になる。国家間の紛争の記事では，節目の時に，従前の経緯をまとめることもある。原発事故では，時には原発の仕組みや現状を図解入りでわかりやすく説明する。

　福島第一原発事故では，『読売新聞』は同年3月14日朝刊で，被曝した際の健康影響を示すシーベルトについて説明した。その後も，ストレート記事とともに解説記事をほぼ毎日，掲載。1周年の前後には，「低線量被曝　生活への影響は」「世論調査　復興遅れ『原発影響』75％」「賠償　賠償範囲　募る不満」「医療の再建　地域差」「新エネルギー　電源の多様化　加速」などの見出しの記事を相次いで特集した。解説記事は，ストレートニュースだけでは見えてこない全体像をつかみ，課題，展望などを考える手掛かりになる。

　評論は，事象，物事の意味や価値，優劣などを批判的に論じるもので，原則的には記事に執筆者の署名が入る。大震災発生5日後の3月16日には，『読売新聞』は専門家3人の「東電　リスク管理甘かった」「各国の安全基準に影響」「『住民の健康第一』の視点を」の見出しで評論を掲載している。　（福田　徹）

実践 12

事実と意見を区別する

1 「事実」と「意見」をわけてとらえる

記事を読むときに,「事実」を述べたものなのか,書き手の「意見」を述べたものなのか,わけてとらえることが大切である。また「意見」については,書き手の明確な判断が文末などに示されているものと,文末に「〜だろう」などの表現が使われている「推測」とに区別される。

新聞の役割とは,「読者に客観的な事実を正確に伝えること」と「話題になっているニュースについて,新聞社の考えや意見を示し,読者や社会に問題を提起すること」である。

ここでは,新聞が「事実」と「意見」をどのように伝えているかについて,2012年度の文化庁による国語世論調査の記事を例に,記事の種類ごとに見てみることにする。

2 「報道記事」は「事実」を伝える

次の図1「国語に関する世論調査」の記事は一面トップの「報道記事」である。見出し,リード,本文,資料のいずれも,「国語に関する世論調査」の結果に関する「事実」が書かれている。このように「報道記事」では,記事によって表やグラフなどの資料も合わせながら「事実」を正確に伝える。

ただし,「国語に関する世論調査」の結果の何を焦点化して取りあげるか,この記事では「漢字を書く力が衰えたこと」を見出しにしているが,そういった「事実」の"切り取り"はメディアである以上否めな

出所:『読売新聞』2012年9月21日付。

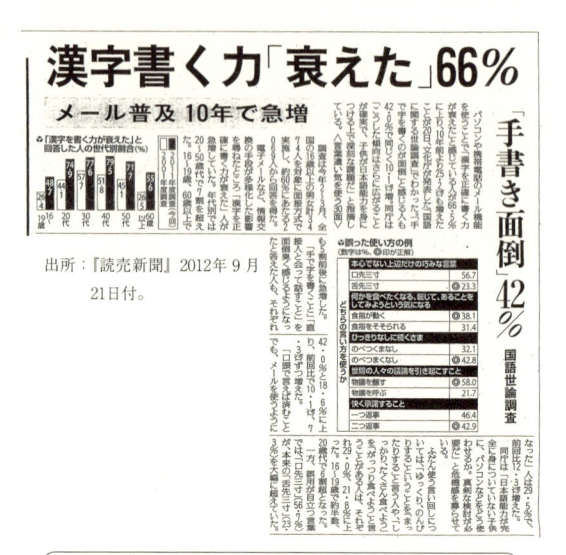

図1 「国語に関する世論調査」の結果を報じる記事

い。しかし,結果の数値という「事実」を取りあげていることに違いはない。

3 社説などの「解説記事」は「事実」と「意見」を伝える

次の記事は,前項で取りあげた「国語に関する世論調査」の報道記事と同社の「国語に関する世論調査」についての社説である。(①〜⑭は段落番号)
「事実」は___線,「意見」は___線,「推測」は_____線,また,「根拠・例」は……線で示す。

国語世論調査　漢字書く力の低下が気になる
①文化庁の「国語に関する世論調査」の結果,国民の漢字を書く力が衰えていることが浮き彫りになった。
②全国の16歳以上の男女を対象とするこの調査で,

パソコンや携帯メールが日常生活に与える影響について質問したところ、「漢字を正確に書く力が衰えた」と回答した人が67％に上った。
③10年前と比べると、実に25ポイントも増えている。
④日常生活において、肉筆で手紙や文書を書く機会が減っていることは間違いない。それがこの数字に表れていると言える。「手で字を書くことが面倒臭く感じるようになった」という人が、大幅に増えたのは、その証左である。
⑤今後、日本語の能力が十分身に着いていない子どもたちが、パソコンや携帯電話を使ってコミュニケーションを図る機会は増えていくだろう。漢字を書く能力が、ますます衰えていくのではないかと、懸念せざるを得ない。
⑥一方で、高校までに学習する漢字は大幅に増えた。
⑦今やキーを押すだけで難しい漢字を簡単に表示出来る。こうした時代の変化に対応するため、政府が2年前に常用漢字表の改定を行ったからだ。
⑧その際、改定に主導的な役割を果たした文化審議会が、「手書きは漢字を習得し、その運用能力を形成していく上で不可欠」と、書き取りの重要性を強調したことに改めて留意したい。
⑨繰り返し漢字を手書きすることによって視覚、触覚、運動感覚が鍛えられ、脳も活性化するといった効用があるという。
⑩家庭や教育現場で、子どもたちに手書きの重要性をしっかり教えていく必要がある。
⑪同時に、文学作品などの読書を通じて、普段から漢字に触れることも大事だ。それが、日本語の正しい用法や豊かな言葉の表現を身につけることにもなる。
⑫今回の調査では「相手や場面に応じて敬語を使う」という人や、電車の降車時に「すみません」と声をかける人が際立って増えていることも明らかになった。
⑬「自分自身の言葉の使い方に気を使っている」と回答した人は約8割を占めている。とりわけ若い世代に顕著に見られる。
⑭他人との摩擦を恐れ、気を使わざるを得ない状況が進んでいるということなのだろうか。電子メディアの利用が拡大していることと無縁ではあるまい。言葉の使い方の変化から、日本社会の今日の有り様もうかがえる。　　　（『読売新聞』2012年9月30日付）

このように社説では、「事実」をあげながら、それに対する「意見」（推測も含む）が述べられていることがわかる。

記事を読むとき、報道記事と解説記事の「事実と意見」についてのそれぞれの特徴をふまえながら読むことが大切である。

4　小学生新聞の解説記事の活用

「事実と意見」の関係を考えて文章を読むことは、2008（平成20）年版学習指導要領の小学校国語（3・4年）の指導事項として示されている。ただ小学生が「事実と意見」の学習をするのに一般紙を活用するのは難しいため、小学生でも理解できる小学生新聞の解説記事を活用するとよい。

(神﨑友子)

▷1　記事の種類……新聞記事は大きくわけて「報道記事」と「解説記事」にわけられる。「報道記事」には、事実だけを伝える基本的な記事と、事故現場の状況や被害者の様子などを記者の目を通して伝える雑感記事がある。また、「解説記事」は事件・事故や政治経済など、様々なことの背景などを解説する記事や、社説やコラムなどの評論も含む。

4 見出しとリード

1 見出しとリード，記事の書き方の3つの工夫

　記事を要約したリード（前文），リードをもっと簡潔にした見出し，そして次の項で説明する記事の書き方は，読者が自分にとって重要な情報を手早く探し，必要に応じた読み方ができるようにする3つの工夫である。読者はまず見出しを見て，どのようなニュースなのか見当をつける。その中で興味・関心をもった記事は，リードを読む。さらに，もっと詳しく知りたいと思えば，本文を読み進む。

　リードは十数字から数十字で，その長さは記事の長さにほぼ比例する。活字が大きくなり，紙面に載せる文字量が減るのにつれて，見出しの次のリードは省いて，いきなり本文から書き始める記事が多くなっている。

2 見出しは短く，簡潔に

　見出しは"ニュースの顔"，読者が真っ先に目にするものだ。ニュースの概要をコンパクトに，わかりやすく，正確に表現しなければならない。

　ニュース価値や記事の大きさ，内容の複雑さによって，見出しの数は変わってくる。主（柱）見出しで，ニュースの核となる話をズバリと表現する。それだけで表現しきれない場合は，補足的な見出しを付ける。主見出しの左下に付けるのは袖（脇）見出し，右側に付けるのは肩見出し。バランスが良いのは，主見出しは7〜8字，補助的な見出しは10字前後といわれている。

　できるだけ詳しく伝えようとすれば，見出しは長くなる。大正時代の新聞では，数十文字の見出しも珍しくなかった。今では「見出しは読ませるのではなく，見せるもの。短く，一目でわかるように」という考えにたどり着いた。

　新聞制作はコンピュータ化され，編集にかかる時間は短くなった。それだけ，新しいニュースを紙面に入れられるようになったが，整理記者にとっては見出しを考える時間も短くなった。整理記者なら誰でも，締め切り時間が迫るのに的確な見出しが思い浮かばず，悶悶（もんもん）とするという経験をもつ。記事との関係でいえば，論旨のはっきりした，いい記事ほど見出しは付けやすい。伝えたいことがはっきりせず，冗長な文章の記事は，見出しを付けるのに苦労する。

　記事を読ませて，見出しやリードを書かせるというのは，NIE の授業の定番になっている。記事を読んで，キーワードを探したり，要約したりする作業

▷1　あかつき印刷編(2000)『新聞編集の基礎知識』あかつき印刷。同社のHP（http://www.aik.co.jp/index.html）にも掲載されている。

▷2　1923（大正12）年7月14日付『読売新聞』の社会面トップ記事の見出しは「早大の猪俣講師突如起訴され今日収監　研究室を捜索された教授の一人で日本共産党事件の治警違反として　昨日自宅から召喚」と55文字もあった。

▷3　戦後でも一時期，「見出しは少し長くなってもいいから，詳しく，正確に伝えよう」という動きがあった。『朝日新聞』は1986年1月13日夕刊一面で「世界経済と東西関係に明るい展望与えたいサミット抱負　日加首相が一致」という長めの見出しをつけている。しかし，この方法は長くは続かなかった。今なら，後半部は「展望を」とだけにするだろう。

▷4　本書の「取材部門と編成・整理部門」（162-163頁）を参照。

は，読解力と簡潔に表現する力を育む。

③ 見出しを付けるポイント

　整理部記者は，見出しを付ける際に，次のことに留意する。[5]

　５Ｗ１Ｈを意識する：見出しを「標題」と説明している辞書が多いが，正確ではない。標題なら「予算案」と一言だけのこともあるが，それでは見出しにならない。予算案がどうしたのかを伝える必要がある。「予算案が衆院通過」などと，ニュースの５Ｗ１Ｈの要素のうち２つ以上の要素は含まなければならない。[6]

　初行でズバリと表現する：５Ｗ１Ｈの中から，最もニュース価値のあるものを選び，それを初めの１行で，短い言葉でズバリと表現する。読者は見出しのすべてを読むとは限らないので，冒頭で何のニュースかをはっきりさせる。

　キーワードを絞る：記事の核となる言葉・キーワードを絞り，見出しの中心に据える。大災害，大事故，大事件などでは，自ずとキーワードは決まってくる。しかし，微妙な政局や新聞社の思いが反映するような記事では，キーワードは新聞によって異なり，記事の印象が違って伝わることもある。[7]

　省略する：見出しの字数には制限があるので，省略した表現は欠かせない。また，省略した簡潔な表現は，説明口調の見出しより迫力がある。「衆議院選挙」は「衆院選」，「運転休止」は「運休」などとする。助詞は省略する際に，よく使われる。「へ」は「法案が衆院通過へ」などと近い将来のことを高い確度で表現。「か」は「強制捜査か」などと可能性を，「も」は「社長辞任も」などと「あるかもしれない」ことを表現する。ただし，省略し過ぎると，間違われたり誤解されたりする表現になることもあるから，要注意である。[8]

④ "凝縮の文学" 見出しを鑑賞しよう

　見出しには，整理部記者のセンスが反映される。記者の腕の見せ所でもある。整理部の記者仲間では，見出しを粋がって"凝縮の文学"ということがある。

　ご病床にあった昭和天皇が，侍従がかざす手鏡に映った月をご覧になった記事に，『読売新聞』（東京本社発行）の1988年10月24日付朝刊は「ご病床　鏡に映す　十三夜」という見出しを付け，読者から「昭和史に残る名句」と大きな反響があった。アイドル歌手が投身自殺した後，若者の後追い自殺が相次ぎ社会問題になったことがある。その後に急死した歌手の尾崎豊さんの通夜の記事では，『毎日新聞』は1992年４月30日付朝刊で『『生きていこう』尾崎豊さんの霊前に」という主見出しを付けた。若者へのメッセージを込めた見出しであった。

　親父ギャグのような見出しに苦笑することもあるが，思わずうなるような上手な見出しや，機知に富んだ見出し，心地良い韻を踏んだ見出しに出会うのも，新聞を読む楽しみの一つである。見出しを自分で付けたり，見出しを批評したりしながら読むと，言葉のセンスが磨かれる。

（福田　徹）

▷5　新聞整理編集研究会編（1994）『新編　新聞整理の研究』日本新聞協会。

▷6　本書の「新聞記事の構成・文章」（156-157頁）の「③５Ｗ１Ｈは情報の欠かせない要素」を参照。

▷7　東日本大震災の一周年を報じる2012年３月12日付朝刊一面トップ記事の主見出しは「悲しみを抱いて生きていく」（『朝日新聞』），「絆強め生きる」（『産経新聞』），「涙を越え生きる」（『毎日新聞』），「２時46分祈り一つに」（『読売新聞』）。キーワードは，『読売新聞』は「祈り」，他紙は「生きる」と，社の思いを反映して異なった。

▷8　例えばＡがＢを推薦した記事で，「Ａ，Ｂ推薦」の見出しは略しすぎ。ＡとＢの関係や，推薦したのかされたのかがわからない。この場合は「ＡがＢを推薦」としなければ，正確には伝わらない。

実践 13

見出しを付けよう・比べよう

1 選択力を身に付けたい

　1988年から新聞界の方々とNIEの研究・実践を継続的に行ってきた実践者として，最近のNIEで一つ気になることがある。それは，新聞を丸ごと活用することがNIEの基本であることがどれだけ認識されているかである。諸外国のNIEは新聞を丸ごと活用することが原則である。筆者が訪問した米国，英国，韓国，オーストラリア，スウェーデン，ノルウェーではどこでも新聞を丸ごと使い実践が行われていた。参加したサンフランシスコ，ストックホルムで開催されたNIEの国際大会でも新聞を丸ごと活用することが議論の前提であった。

　米国を発祥の地とするNIEを名乗って活動するならば，その原則は新聞を丸ごと活用することを位置づけたい。ただし，筆者は新聞の切り抜きを活用することを否定するものではない。欧米や韓国のように，すべての子どもたちが新聞を丸ごと1部持ち学習できる環境が日本の教室にどれだけあるかを考えると，切り抜きのNIEもその指導のあり方により教育的に十分意味をもち得る。もっとも切り抜きを活用する手法は，1954年生まれの筆者が中学や高校時代に社会科などの授業でよく行われていたものである。当時の授業を決してNIEとは位置づけられない。切り抜きを活用することもNIEと位置づけるには，新聞という情報をどう読み解くか，実際に新聞をどう読んだらいいのかという視点に切り込むことが重要である。さらにいえば，新聞を丸ごと活用する最も大きな利点は，選択力を身に付けさせることである。切り抜きは教師の判断により選ばれた記事で学習が進む。一方，新聞を丸ごと活用することは，子どもたちが選択した記事により学習が展開される。その記事を選ぶという選択力が情報化時代に求められる学力の一つである。『週刊文春』に「阿川佐和子のこの人に会いたい」というコーナーがある。2012年5月17日号では，作家の五木寛之氏との対談が掲載されている。その中で五木寛之氏は「選ぶ力」の重要性について言及している。パソコンを使っての情報力の育成にも選択力は不可欠である。NIEでも選択力が不可欠な要素なのである。

2 見出しは選択力の最強のサポーター

　筆者のNIEの原点は，1989年度初等科5年生社会科で実践した「『新聞』と友だちになろう」という23時間扱いの授業である。新聞の基礎的な読み方として，「新聞をいろいろな視点からキャッチする」（8時間）という項目を設定し，その中で「見出しをキャッチする」学習がある。授業当日の朝刊を一人に1部配布し，次のような学習過程をとった。(1)明治時代と現在の新聞を比べ，見出しの有無や構成の仕方の違いに気づく。(2)「漁場目前『空飛ぶ漁船員』」の見出しから，見出しは情報になることを考える。(3)「電気バリアさわるとギョ！」「ドロボウの足は"ロバの足"」の見出しから見出しに工夫がされていることを考える。(4)この日の朝刊から，興味ある見出しを探す。

　ここで，少し説明が必要であろう。(2)(3)の学習は新聞の切り抜きを活用したものである。(2)の「漁場目前

『空飛ぶ漁船員』」は南アフリカ沖でマグロ漁業に携わっていた日本の漁船員が交代するため，成田空港から搭乗し台湾経由で南アフリカに飛んだ航空機が墜落した事件の見出しである。筆者自身は「空飛ぶ漁船員」の実態を初めて知ったのである。見出しからある程度の情報が得られることを学ぶとともに，記事の選択に生かす方法を習得するのである。(3)「電気バリアさわるとギョ！」の見出しは，魚の栽培漁業で牧場の柵に代わるものとして軽い電気のバリアで囲むことの記事である。見出しの最後の「ギョ！」を隠し，記事を読みどのような言葉が入るかを想像させ，見出しに関心をもたせる内容であった。切り抜きも新聞をどう読んだらいいかという視点につなげていく試みである。
　「新聞をいろいろな視点からキャッチする」の授業の後に『新聞』を丸ごと使い，記事の内容について考える」(4時間)学習を位置づけた。その中で，「子どもが選んだ記事を教師の発問・指示により進む」学習がある。当時，東ドイツのホーネッカー議長が「解任」(『読売新聞』)された記事を掲載していたが，『朝日新聞』は「退陣」，『毎日新聞』は「辞任」，『産経新聞』は「更迭」と見出しに書かれており，それぞれどのような意味なのか国語辞典で調べてみることにした。
　このように，新聞の切り抜き，丸ごとの活用を融合し，見出しを付けたり，比べたりすることができるのである。このことを通して，新聞という情報をどう読み解くか，実際に新聞をどう読んだらいいのかという視点に切り込むことができるのである。
　この実践後，筆者が勤務する聖心女子学院初等科の社会科カリキュラムには，4年生が「新聞で遊ぼう」，5年生が「新聞を読もう」，6年生が「新聞で研究しよう」というプログラムが設定された。
　2012年度の実践例からも紹介する。5年生社会科での授業である。
　授業当日の7月6日付『朝日新聞』を一人1部もち，自分が読んでみたい記事を探すことから始める。多くの児童が選んだのが，上野動物園でのパンダ誕生の記事であった。この日のトップ記事は「『原発事故は人災』」「国会事故調が最終報告」「東電・国の責任を強調」であった。この記事を直ぐに読み解くのは難しいので，内容を記事に沿って簡単に触れる程度にとどめた。「パンダ出産」の記事は地域版や社会面にも掲載されていたので，それぞれどのような見出しを付けて，どのような内容であったのか，一人ひとり要点を書く活動を行った。一面には「パンダ誕生　上野で24年ぶり」。社会面では「子パンダどんな子？　地元上野もお祝いムード」。地域版(『東京新聞』)では「上野に『幸せ運ぶ天使』」という見出しであった。
　他の新聞では一面の見出しがどのようになっているか見てみた。『読売新聞』は「上野のパンダ出産　24年ぶり」，『毎日新聞』は「シンシン出産　上野動物園のパンダ」であった。『朝日新聞』の見出しには，パンダの形の中に「祝」という字が入っていて，これを児童は気に入っていたようである。見出しを比べてみたが決定的に面白い見出しはなかった。児童も考えたがこれというものがなかなか出なかった。筆者はシャレが好きなこともあり，見出しにシャレが入っているものにひかれる。こんな視点から考え発表したのが「シンシン出産　みんな興味津々（シンシン）」。普段受けないシャレもその時は好意的な反応であった。難しい新聞を楽しく読むためには教師の「興味津々」が大切である。この事例については本書の「新聞写真を手がかりに」(本書170-171頁)でも触れる。　(岸尾祐二)

▶1　筆者HP「インターネットNIE」の「新聞と友だちになろう」参照。

5 新聞記事の構成・文章

1 正確・簡潔・明快の3Cが基本

新聞記事は日々，最も多くの人に，最もよく読まれている文章である。専門書と違い，広く義務教育を終えた人を対象としているので，わかりやすく，読みやすくなければならない。早く，正確に伝える必要もある。そのために，記事にはCorrect（正確），Concise（簡潔），Clear（明快）の3Cが必須となる。◁1

時事通信社は，記事表記の3原則として，(1)わかりやすい口語体を使う，(2)『常用漢字表』（2010年内閣告示）と『現代仮名遣い』（1986年同）による漢字・平仮名交じり文を基本とし，必要に応じて片仮名・ローマ字を使う，(3)『送り仮名の付け方』（1973年同）を使う──の3点を掲げている。そのうえで，できる◁2だけ短い，わかりやすい文章を書く。◁3

日本の新聞は1981年以降，高齢社会の進展とともに3次にわたって文字が大型化された。文字が大きくなった分，紙面に掲載する文字量は少なくなる。より短く，簡潔に記事を書くのは，時代の要請でもある。◁4

2 逆ピラミッド型の構成は読者と新聞社のため

新聞記事の特徴には，わかりやすい文章に加えて，「逆ピラミッド型」あるいは「逆三角形型」といわれる構成がある。

作文技法の基本は「序論→本論→結論」あるいは「起承転結」といわれている。「起」で提起し，「承」で受け，「転」で転換し，「結」で結果，結末を示すという構成だが，これでは最後まで読まなければ結論はわからない。新聞記事は，手早く情報を伝えるために，真っ先に最も重要なこと・結論を書き，続いて，より重要なことから補足するように書いていく。ピラミッドを逆さにした形は，重要なことを上（前）にすることをイメージしている（図1）。

読者はまず，新聞の見出しを見て，どんなニュースなのか見当をつける。内容に関心をもった読者は記事を読み進めるが，重要なことから書いてあるので，途中で読むのをやめても，内容はそれなりに理解できる。こうした構成になっているから，読者は目的や時間に応じて，新聞を読むことができる。

さらに，この書き方は新聞社にとっても都合がいい。編集作業では，新しい記事を紙面に収容するため，すでに載っている記事を小さくしたり短くしたりすることを日常的に行う。その際，起承転結の文章なら冒頭の文章から書き直

◁1 英字新聞では，記事を書く際に「KISS（Keep it short and simple.）の原則」と呼ばれる書き方がある。短く，単純な，わかりやすい文章を書けということだ。解釈が難しい，長文の入試英語とは対照的な文章といっていいだろう。アメリカの航空機技師ケリー・ジョンソン（1910-1990）が，設計は複雑なものは避け，簡単なものにするべきだと説いた「Keep it simple, stupid.」が原文。わかりやすく書き直し，新聞記事にも転用されるようになった。

◁2 時事通信社編（2010）『用字用語辞典』時事通信出版局。
日本新聞協会の新聞用語懇談会は新聞表記の基準を決め，『新聞用語集』としてまとめている。この用語集をもとに，各新聞・通信社はそれぞれ用字用語の基準を定めている。カギ括弧の中の文章の末尾の句点は，教科書では打つが，マスコミの文章では打たない。こうした違いに戸惑う子どもも多いので，NIEでは説明しておきたい。

◁3 コラムニストの草分けといわれる薄田泣菫は著書『茶話』（1983年，冨

さなければならない。しかし、逆ピラミッド型の構成なら、記事の後ろから削っていけばいいことになる。記事独特の構成は、読者が自分の都合に合わせて読みやすく、そして新聞社が編集しやすいようにするために考え出された。

③ 5W1Hは情報の欠かせない要素

　新聞記事のもう一つの大きな特徴は、5W1Hの要素が含まれていることである。いつ（When）、どこで（Where）、誰が（Who）、何を（What）、なぜ（Why）、どのように（How）をはっきりと伝える。これは、人に何かを伝えようとする際の欠かせない要素だ。言い換えれば、5W1Hがそろっていない情報は、読み手の知りたいという要求に応えていないことになる。

　5W1Hの重要度は、ニュースに応じて変わることがある。同じ交通事故でも、事故多発地や有名な所での事故ならWhereが、著名人が関係したり死者が出たりした事故ならWhoが、特異な形態の事故ならHowが重要になる。

　NIEでは、記事から5W1Hを読みとったり、5W1Hの文章を書いたりすることが多い。しかし、実際に新聞記事を読んでみると、WhyやHowのないこともある。限られた時間内の取材では、5W1Hのすべてが判明するとは限らないが、締め切り時間のある新聞は要素が欠けたままでも記事にしなければならない。重大なニュースの場合は、次に発行する新聞で、欠けた要素を続報として報じる。事実は時間の経過とともにより詳しく、より正確になっていく。

④ 記事に親しむことで国語力、言語力は高まる

　記事は記者が書いた後、取材を指揮したり原稿をまとめたりするデスクと呼ばれるベテラン記者、ニュース価値を判断して見出しを付ける整理部記者、間違いをチェックする校閲記者が三重に厳しくチェックし、書き直したり削ったりする。さらに、記事によっては、出稿部の部長や編集局長らも目を通し、間違いのない、論理的な、理解しやすい文章に整えていく。このようにして練り上げられた原稿は、新聞社内では「完全原稿」と呼ばれている。

　文章を書くのが苦手な人、活字を読むのがおっくうな人でも、日々、記事に触れることによって、文章は難しくないと実感できるだろう。社会のことがわかるだけでなく、様々な言葉や表現方法も学ぶことができる。また、論理的な文章を読むことによって、文章のまとめ方も身に付き、物事を筋道立てて考える思考力を伸ばすこともできる。記事に親しむことは、国語力、言語力の向上に結び付く。

　記事独特の書き方は、社会に出てからも参考になる。真っ先に結論を書き、次に説明していく書き方は、忙しいビジネス社会においても、重宝がられている。報告書を作成する際は、5W1Hの要素を入れる書き方が参考になる。新聞記事の構成、文章から学べることは多い。

（福田　徹）

山房）で「長い文章なら、どんな下手でも書く事が出来る。文章を短く切り詰める事が出来るやうになったら、その人は一ぱしの書き手である」と書いている。

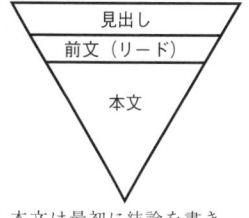

```
┌─────────────┐
│   見出し    │
├─────────────┤
│ 前文（リード）│
└──┬────────┬─┘
   │  本文  │
    \      /
     \    /
      \  /
       \/
```

本文は最初に結論を書き、続いて重要なことから書いていく。

図１　新聞記事の逆ピラミッド型の構成

▶４　『朝日新聞』の紙面は、戦後は１ページ17段、１行15字だったが、現在は12段12字になった。他の新聞も、１行10〜13字と字数は少なくなり、文字量は押し並べて減っている。

▶５　経済協力開発機構（OECD）の「生徒の学習到達度調査（PISA）2009年」で、新聞の閲覧頻度と学力に相関関係のあることがわかった。日本の総合読解力の平均点（満点は800点）は、「新聞を全く、あるいはほとんど読まない」生徒は492点だったが、「新聞を週に数回読む」生徒は530点だった。この相関関係は、フィンランド、フランスなど調査した他のすべての国・地域でも現れた。

実践 14

５Ｗ１Ｈを読みとる

1　５Ｗ１Ｈを記事から探す

　記事の内容を理解するうえで，５Ｗ１Ｈをリードと本文から確認することが大切である。次の図１の記事を例に見てみることにする。

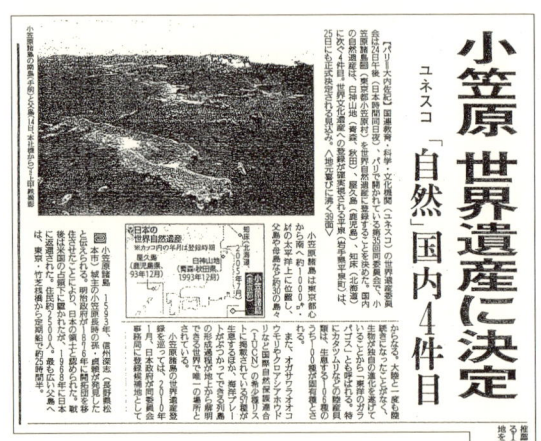

出所：『読売新聞』2011年６月25日付。

図１　小笠原諸島が世界遺産に決定したことを報じる記事

1. When（いつ）
   （2011年６月）24日午後
2. Where（どこで）
   パリで
3. Who（誰が）
   ユネスコの世界遺産委員会が
4. What（何を）
   小笠原諸島を世界自然遺産に登録することを決めた。

5. Why（なぜ）
   ・大陸と一度も陸続きになったことがなく，……生息する106種類のうち100種が固有種とされる。
   ・オガサワラオオコウモリやクロアシアホウドリなど……世界で唯一の場所とされている。
6. How（どのように）
   小笠原諸島の世界遺産登録を巡っては，……評価書をユネスコに提出していた。

　このように大抵の場合，リードには When・Where・Who・What があり，本文には Why・How がある。「５Ｗ１Ｈ」の中でも重要度の高い４つのＷがリードに，そしてこの４つを詳しく説明するために補足的に Why・How が本文に書かれている。

　また，本文は編集時に紙面の都合でカットされることがある。カットされる場合，後ろの方からカットされるので，本文でも重要なことは前の方に書かれている。

2　見出しの５Ｗ１Ｈのヒミツ

　まず，見出しにはいくつ位５Ｗ１Ｈが含まれているのか。主見出しの「小笠原　世界遺産に決定」と袖見出しの「ユネスコ 『自然』国内４件目」について，助詞などの言葉を補いながら一文にしてみる。

(1) 「小笠原(諸島を)　世界遺産に　決定(した)。」
　　　　　　　　　　　　　　　　　　[What]

(2) 「ユネスコ(による)　自然(遺産として)国内
　　　　[Who]　　　　　　　　　　[What]
　(で)４件目(の決定)。」

(1)では文全体がWhatについて書かれていて，(2)ではWhoとWhatの2つの要素が入っている。一般的に1つの見出しにつき2～3個の5W1Hで構成されていることが多い。ただ，どのような言葉を補うかによって5W1Hの要素は変わってくる。

次に，見出しの言葉はリードと本文からどのように選ぶのか。例えば(1)では5W1Hは1つしか含まれていない。これについてはWhatにあたる「小笠原（諸島を）世界遺産に決定（した）」ことを，他の要素（いつ・どこで・誰がなど）を除いてもトップで伝えたいという書き手の意図がうかがえる。

記事の中で最も伝えたいことは何か，それは主見出しに含まれる5W1Hを見ることで，ナゾが解けるのである。

3 5W1Hをつなぎ合わせると，要約文になる！

5W1Hの活用法として，5W1Hのキーワードをつなぎ合わせると，次のように簡単に要約文をつくることができる。

ユネスコの世界遺産委員会は24日午後，パリで開かれている同委員会で，固有種や希少種が多く生息し，列島の形成過程がわかる世界唯一の島として，小笠原諸島を世界遺産に登録すること決めた。2010年に登録候補地として推薦され，現地調査を経て「登録が適当」とされた。

5W1Hのキーワードをとらえ記事の骨格を再構成するというスキルは，新聞記事以外の文章についても，ポイントをおさえ，概要をつかむのに応用できる。

4 5W1Hはすべての記事にあるわけではない

実は5W1Hはすべての記事にあるとは限らない。記事は大きくわけると事件・事故や出来事を報じる報道記事と論説などの解説記事に分けられる。報道記事でも例えば災害記事の場合，「いつ，どこで，何が原因で起こって，被害はどのようであったか」という災害の概要を示す鳥瞰的な記事と，災害に遭って困っている被災者を取材し，その声などを伝えるエピソード的な記事がある。このエピソード的な記事や解説記事では5W1Hは鳥瞰的な記事のように整理されて入っていない。このような記事については「何について書かれているか」「どんなことを伝えようとしているか」をとらえることが大切である。

5 新聞活用で身に付ける「情報読み」

「情報読み」とは，何について書かれ，どんなことを伝えようとしているかを短時間で，正確にとらえる読みのことである。

新聞を活用した学習では，見出しから情報を読みとったり，5W1Hに注意して記事の概要をつかむなど「情報読み」のスキルを身に付けることができる。

今後，ますますパソコンや携帯端末などでのインターネットの活用が増える中，学齢期に新聞で「情報読み」のスキルを身に付けておくことで，将来様々な活字メディアへの応用が期待できる。

（神﨑友子）

第Ⅳ部　新聞を読む

6 面建てとレイアウト

1 多くの情報の中から必要な情報を取り出す工夫

　新聞に載っている情報量は，思いのほか多い。新聞１ページに，文字だけなら１万2000字以上は載せられる。朝刊40ページ，夕刊16ページで計算すると，70万字近くになるが，写真や見出しのスペース，広告を除くと，実際に朝・夕刊に載せられる文字は25万字強というところだろう。一方，テレビやラジオのアナウンサーは，１分間に約300字を読みあげる。そのアナウンサーが朝・夕刊の記事を読みあげると，実に14時間近くもかかることになる。
　「そんなに多くの情報の詰まった新聞から，必要な情報を探すのは大変」と感じるかもしれない。それを解決するのが，面建てと紙面のレイアウトという編集上の工夫である。

2 面建ては紙面をジャンル別に構成する

　面建ては，一面から最終面までの各面に載せる記事を，ジャンル別に構成することをいう。一般的に紙面ごとに「○○面」と呼ばれるが，それには２つの意味がある。一つは，紙面上部の枠外に１から順番に記してある数字。これは，一面から最終面まで順番に番号をつけたページ数のことをいう。最終面に記してある数字が，その新聞のページ総数になる。
　もう一つは，同じ枠外に新聞名や日付，創刊以来の通算の発行部数とともに記した「政治」「経済」「社会」「スポーツ」「地域」などのジャンル名だ。これは，どのような種類の記事を集めた紙面かを表している。読者は，関心のあるジャンルの紙面を開けば，読みたい記事が見つかるだろう。
　一面には，ジャンルを問わず重要な記事を掲載する。朝刊最終面は，『日本経済新聞』は文化面だが，他の全国紙は番組欄で共通している。生活に即した記事を載せる面を「生活」（『朝日新聞』『産経新聞』），「くらし」（『読売新聞』），「くらしナビ」（『毎日新聞』）とするなど，新聞社によって名称は異なることもあるが，どの社も紙面の名称からどんな記事が掲載されているのかをイメージできるようにしている。
　社会面のように見開きで構成される紙面は，左側のページを「第一社会面」，右側のページを「第二社会面」と呼び，重要な記事，大きな記事は左側のページに集めることが多い。これは，新聞を一面から順番に開いていくと，最初に

▷１　新聞紙の大きさ・ブランケット判（546mm×406mm）は，工業規格のＡ２判（594mm×420mm）を少しだけ小さくしたサイズだ。Ａ２判を３回折りたたむと，教科書や新刊書と同じ大きさのＡ５判になる。40ページの朝刊を同じ３回折りたためば，320ページになる。「朝刊は教科書や新刊書を少しだけ小さくした320ページもの書物」ということになる。

左側のページが読者の目に入ることに起因している。

③ レイアウトでニュース価値が一目でわかる

　テレビやラジオのニュースは、重要なものから先に放送するが、視聴者は放送を聞き終えるまで、どんなニュースがあるかわからない。インターネットのニュースは、重要なニュースを画面の上部に表示するが、大半の記事は羅列するだけで、ニュース価値はわからない。その点、新聞は紙面を広げさえすれば、その日にどんなニュースがあったか、どれが重要なニュースかが一目でわかるように、記事がレイアウトされている。この一覧性は、新聞の大きな特長である。

　新聞は縦書きが基本、縦書きの日本語は右から左へ読む。記事も紙面の上から下へ、右から左へ流れるのが大原則である。多くの人が読み始める右上の位置を「右肩」といい、ここに紙面ごとに最も重要な記事・トップニュースが掲載される。重要なニュースを集めた一面の右肩が、すべての紙面の中のトップニュースになる。いわば、その日の"新聞の顔"だ。だから、駅の売店では、新聞は一面トップニュースが見えるように折り畳んで売られる。

　ニュース価値が2番目の記事は、「肩」あるいは「左肩」といわれる紙面の左上か、「ハラ」と呼ばれる紙面中央のいずれかに置かれることが多い。最上段を重視すれば左肩、読者が紙面を開いた時に中ほどを見るという視線を考えればハラに配置される。その他の記事は、ニュース価値が小さくなるのに従って、見出しは小さく（段数が少なく）なっていく。見出しの形も、目立つトッパンの見出しから活字だけの見出しになる。

④ 「分からん3段」とレイアウトの禁じ手

　記事になった科学の発見、発明が、どのような意味をもつのか。今後の世の中の変化にどう関係するのか。すぐにニュース価値を判断できない場合、整理部記者は3段の見出しを付けることがある。仲間内で「分からん3段」という。取りあえず3段にしておけば、間違いが少ないということである。これには、3段が大きな記事と小さな記事の分かれ目になるという判断が働いている。

　レイアウトには、禁じ手がある。一つの記事が上段から下の段へ続く時、上段最後の行の文末が句点「。」で終わるのは「泣き別れ」。読者は上段の最後が句点で終わっていれば、そこで記事は終わると判断してしまう。「泣き別れ」を避けるため、整理記者は1行の文字数を変えたり、加筆したりする。1つの記事の中に、別の記事が割り込むようにして入る「割り込み」も禁じ手だ。

　紙面の中段に真一文字に罫線を引き、上下に分ける「腹切り」は、上から下へと記事を流すレイアウトの基本に反するとされていた。しかし、近年では「読みやすい」という理由で、あえて「腹切り」のレイアウトをする新聞社も出てきた。レイアウトにもまた、流行はある。

　　　　　　　　　　　　　　　　　　　　　　　　　　　（福田　徹）

▷2　カットともいう。文字の背景に模様を配したり文字を変形・拡大したりする見出し。画像処理してつくる。

おすすめ文献

あかつき印刷編（2000）『新聞編集の基礎知識』あかつき印刷。
新聞整理編集研究会編（1994）『新編　新聞整理の研究』日本新聞協会。

7 取材部門と編成・整理部門

1 地域によって紙面は違う：関心の温度差

　新聞社は「職種のデパート」といわれる。日々の出来事を取材して記事にする編集局，記事を新聞紙という形に仕上げる印刷・制作局，新聞を売ったり宅配したりする販売局，新聞広告を扱う広告局，イベントなどを企画・運営する事業局など，様々な部署がある。

　東京，大阪などに本社のある全国紙は，本社ごとに上記の部署をもつ。各本社は管内の記事を送り合うが，一面，社会面などのニュース面は別々に編集している。読者の関心が，近くの出来事ほど高く，遠くの出来事ほど低くなるという"関心の温度差"に応じて，各本社は管内のニュースを大きくしたり，他本社から送ってきた遠くのニュースを小さくしたりして紙面を作る。大きな出来事のある日は，各本社で発行する新聞は似たような紙面になるが，そうでない日は，同じ新聞社の朝刊，夕刊でも，本社によって紙面は大きく異なることがある。NIEでは，テーマを絞って新聞各紙の紙面を比較することがあるが，同じ新聞社でも本社によって紙面は異なることを知っておく必要がある。▷1

2 取材部門

　編集は，取材部門と編成・整理部門に分かれる。取材して記事を書く部門は，編集局や編集センターなどと呼ばれる。取材対象によって，政治部，社会部などの部に分かれることが多い。▷2

　政治部：政治では，物事が表面化する際は，打ち合わせや根回しが済み，事実上，物事は決定していることが多い。このため，国会だけでなく，首相や政党，省庁幹部らの日々の言動も伝えることで，政策が決まる過程を明らかにする。

　経済部：金融マーケットや企業の動きなどを伝える。企業はHPで発表することが多くなったことから，発表内容を伝えるだけでなく，ニュースの背景や影響，今後の展開などの取材がより求められるようになった。

　国際部：世界各地に配属されている特派員らが取材する。世界情勢に影響する出来事ほど大きなニュースになる。また，日本と関係の深い国や日本に影響のある出来事のニュースは，より大きく扱われる。▷3

　社会部：新聞社の本社のある東京，大阪などの大都市の事件や事故，街の話題などを取材する。警察を担当するのは事件記者，特定の持ち場をもたずに自

▷1　同じ『読売新聞』でも，阪神・淡路大震災10周年の2005年1月17日付の朝刊は，被災地を管内に抱える大阪本社は最終版の計12ページにわたって震災関連記事を掲載した。これに対し，東京本社は最終版で震災関連記事を掲載したのは4ページだけだった。

▷2　『朝日新聞』は，2006年12月1日付朝刊で，取材態勢を柔軟に変えられるようにするため，部を廃止し，グループ制に切り替えたことを報じた。取材するテーマによって，記者が社会グループや政治グループなどに分かれる。記者の集合体の形，名称は社によって異なるが，テーマごとに取材記者が分かれるという体制は各紙とも共通している。

▷3　1990年から93年にかけて起こったルワンダ内戦は，100万人近くが虐殺されたにもかかわらず，各紙とも国際面の小さな記事で報じることが多かった。一方，2003年から11年にかけてのイラク戦争は，死者は数万人だったが，各紙は事あるごとに，一面や国際面，社会面などで大きく報じた。イラク戦争は日本と同盟国のアメリカが当事国になり，自衛隊がイラクに派遣されるなどし，日本との関わりが深かったことから，より大きなニュースになった。

由に取材したり特集記事を書いたりするのは遊軍記者と呼ばれる。

地方部：地方・地域のニュースを，総局，支局，通信部などを拠点に取材する。読者にとっては，身近なニュースが多くなる。全国紙では，新人記者は地方に勤務し，経験を積んでから本社の取材部門に配属されることが多い。

運動部：テレビでスポーツを観たり，インターネットで試合結果を見たりする人が増えた。運動部の記者は，スポーツの結果だけでなく，試合や競技にまつわる人間ドラマを書くことに力を入れている。

生活情報部：生活面（『朝日新聞』『産経新聞』），くらしナビ面（『毎日新聞』），くらし面（『読売新聞』）などに掲載される生活に密着した話を取材。主に「起こったこと」を伝える他の部署と異なり，「生活の場でどうすればいいのか」という読者の疑問に答える。

文化部，科学部：論壇，文芸，芸術，美術，映画，演劇，音楽，放送などを取材するのが文化部。医学，物理，科学技術などを取材するのが科学部。いずれも，専門知識をもった記者が担当する。

取材部門の記者の仕事は記事を書いて出稿するまでで，後は編成・整理部門の記者の出番になる。

3 編成・整理部門：紙面の調理人

編成部（社によっては編成センター，整理部）の記者は，取材部から出稿された記事を載せるか載せないか，載せるならどの面に，どのくらいの大きさで載せるかを決め，見出しも付ける。"紙面の調理人"ともいわれる。

取材と編成・整理部門を分けるのは，3つの理由がある。第一の理由は，記事の客観性を高めるためである。出稿した各部は，他の取材部がどのような記事を書いているかわからないが，自分のところが出稿した記事は大きく扱ってほしいと思う。そこで，編成部は，その日に出稿される記事を集約し，取材部の思いとは関係なく，総合的，客観的に判断して，記事をどのように扱うかを決める。

第二の理由は，取材部が書いた記事を"最初に読む読者"になって，記事のモニター役を果たすためである。一般読者に近い視点で記事を読み，「この書き方はわかりにくいのでは」「専門的過ぎるのでは」などとチェックする。

第三の理由としては，前項の「面立てとレイアウト」で記したように，紙面のレイアウト（割付け）には，専門的な知識が要求されることがあげられる。編成記者には「歌心，絵心」が必要といわれることがある。読者の共感を生む紙面を作るには，豊かな情操が欠かせない。

記事には出来事を初めて書く初報もあれば，その後の展開を書く続報もある。どこまでが既報で，どこからが新事実なのかを厳密に知っておかなければ，原稿を的確に扱うことはできない。日ごろから丹念に新聞を読み，社会の動きに敏感にならなければ，編成部の記者は務まらない。

（福田　徹）

▶4　写真部については，本書の「報道写真」(168-169頁) を参照。

▶5　読売新聞調査研究本部編（2002）『実践ジャーナリズム読本』中央公論新社。

コラム 12

夜討ち朝駆け

1　記者の仕事と取材と特ダネには 2 通りがある

　新聞記者の仕事には，大まかにいうと情報を収集すること（取材）と，集めた情報を基に記事を書くこと（記事執筆）の 2 つがある。

　取材にも，2 通りがある。一つは，官公庁や企業，各種団体などが記者会見をしたり，資料を配布したりする"発表物"を取材する。こうして書く記事は「共通ネタ」といわれる。もう一つは，1 社だけが独自に取材して書く記事「特ダネ」だ。

　さらに，特ダネにも 2 通りがある。一つは，発表物を独自の視点で掘り下げたり追加取材したりして，問題・課題を浮き彫りにする記事。同じ発表を聞いても，記者の日ごろの勉強やセンスでまったく違う記事になる。そしてもう一つは，他社がまったく知らない事実，鮮度のいい情報を書く特ダネである。こうした特ダネを書くために，記者は日々，しのぎを削っている。

2　夜討ち朝駆けをすると……

　プロと呼ばれる人には，他の人には想像できないような厳しい仕事がある。記者でいえば，夜討ち朝駆けがそうだろう。夜遅くや朝早くに敵を攻撃する夜討ち朝駆けは，保元の乱（1156年〈保元元年〉）に始まった戦法といわれるが，現在では記者が深夜や早朝に取材先を訪れて取材することをいう。取材先にとっては迷惑な話だが，人によっては予期していない取材に対し，新事実をポロリと漏らすことがある。1 対 1 で取材するので，そこで聞いた話は，他社の知らない特ダネになる。

3　夜討ち朝駆けの方法

　夜討ち朝駆けは，具体的にどのようにするのか。これは，記者によって様々である。取材相手に単独で会う方法を考えるのも，記者の仕事の一つ，腕の見せ所だ。取材先の自宅を訪れることもあるが，そうすれば家族に迷惑がかかる。そこで，出勤する取材相手を自宅前や最寄りの駅で待ち，一緒に通勤しながら話を聞く。あるいは，取材相手が帰宅するのを駅や自宅前で待って，取材する。

　大きな事件や事故が起こると，朝は暗いうちから家を出て，日付が変わってから帰宅する日が続く。会社や記者クラブで泊まり込むことも珍しくない。

　取材相手の趣味や行動パターンを調べることも多い。風呂が好きで，休みの日に公衆浴場に行くとわかると，記者は先回りして浴場内で待ち構え，「こんなところでお会いするとは……」と偶然を装って会い，世間話をしながら取材したりもする。取材相手がジョギングをすれば，記者も同じコースを走り，途中で一息ついたところで話し掛ける。クラシック音楽が好きなら，同じジャンルの音楽を調べ，話題にする。記者の隠語"チャンネル合わせ"は，相手の興味・関心に合わせて話をすることをいう。

4　特ダネにとって明るみに出る事実

　記者は，何のために，こんな苦労をするのか？　国や地方自治体，企業，団体など，およそ組織というも

のは組織にとって都合のいい話は発表するが，都合の悪い話は積極的には公表しない。施策上の問題点，不祥事などは，特ダネによって明るみに出ることが多い。

2012年度の新聞協会賞・編集部門は，「東電女性社員殺害事件・再審請求審のDNA鑑定結果を巡る一連のスクープ」（読売新聞東京本社の同事件取材班）が受賞した。受賞理由は，1997年に起きた同事件の最新請求審で，元被告以外の人物が犯人である可能性を示すDNA鑑定結果が出たことを突き止め，2011年7月21日付朝刊で特報したことだった。被害者の身体から採取された精液などは元被告以外の第三者のものであるというDNA鑑定の結果を，検察は弁護側に開示していなかった。スクープは，再審開始決定に大きな役割を果たすとともに，証拠開示や科学捜査のあり方を問い直すことになった。▷1

2011年度は同部門で「『力士が八百長メール』のスクープをはじめ大相撲八百長問題を巡る一連の報道」（毎日新聞東京本社の同問題取材班）が受賞した。力士の携帯電話に八百長をうかがわせる多数のメールが記録されていることを突き止め，2011年2月2日付朝刊で特報した。国技の浄化に貢献する特ダネだった。▷2

読売新聞東京本社取材班は一連の取材で，100人以上の関係者から話を聞いた。当局による発表はほとんどなく，事件に関する約90本の記事の大半は独自に取材し，報道したものだった。毎日新聞の取材班も，関係者から丹念に話を聴くことで取材の突破口を開いた。いずれのスクープも，地道な取材，夜討ち朝駆けの結果，生まれたものだった。

5　特ダネは新聞記者のエネルギー源

世の中に埋もれている心を打つ話を掘り起こし，ひそやかに頑張っている人々にスポットを当てるのも特ダネだ。固く心を閉ざす犯罪や事故の被害者や遺族に寄り添い，被害者の思いを伝える特ダネもある。

2001年6月8日，大阪教育大学附属池田小学校に暴漢が押し入り，児童8人を刺殺する事件が起こった。混乱の中で，7人のうち女児1人だけは最後の様子がわからなかった。「娘の最後の様子を知り，娘のすべてを受け止めてやりたい。最後が分からないと，あの日から一歩も前に進めません」。ご両親の悲しみは深かった。

それから5カ月後。『読売新聞』の11月4日付朝刊（大阪本社発行）は，女児は刺された後，約50m走って逃げ，力尽きたことが警察のDNA鑑定でわかったことを報じた。ご両親のもとに足しげく通っていた記者が書いた記事だった。「最後まで力を振り絞って進もうとした娘の最後の思いに，たどり着くことができました」。この記事の後，ご両親の心に変化が出始め，やがてご両親は犯罪被害者のために立ち上がることになった。▷3

記者がご両親に寄り添い，また，ご両親が心を開かなかったら，この事実は明るみにでなかっただろう。事件や事故の被害者，遺族の悲しみ，怒りは，報道されることによって社会的な悲しみ，怒りになり，社会を変える力になることもある。

特ダネは，より良い，より住みやすい社会を作ることにつながる。そして，記者にとっては，何よりの取材のエネルギー源になる。

（福田　徹）

▷1　『新聞研究』735号（2012年10月）の「平成24年度新聞協会賞受賞報告」読売新聞東京本社社会部主任早坂学。

▷2　『新聞研究』723号（2011年10月）の「平成23年度新聞協会賞受賞報告」毎日新聞東京本社社会部警視庁キャップ　千代崎聖史。

▷3　酒井肇・酒井智恵・池埜聡・倉石哲也（2004）『犯罪被害者支援とは何か――附属池田小事件の遺族と支援者による共同発信』ミネルヴァ書房。

コラム 13

版の違い

1　版の違いとは

　同じ新聞社の同じ日付の新聞でも，違う新聞がある。それは版の違いによるものである。では，「版」とは何か。

　全国紙では複数本社制をとっており，それぞれが独自の権限で紙面をつくっている。『朝日新聞』『毎日新聞』『読売新聞』の各紙は，もとになる全紙面を東京本社が作成し，大阪・西部（小倉）・中部（名古屋）の3本社と北海道（読売新聞社は北海道と北陸）支社に送信している。

　各本支社では，それぞれの地域に合わせて，記事の一部を差し替えている。地方・地域版はさらに細分化され，その地域の読者に伝えたい情報は何かを考えて紙面づくりをしている。

　一方で，配達に要する時間の違いによる版の違いもある。遠い地域に配達する場合，締め切り時間を早めて印刷しないと配達時間に間に合わないからである。朝刊では記事の締め切りによって，3つの版があり，14版などのように数字で表している（版数は紙面の左肩に明記されている）。

　最初の版の締め切りが22時頃，次の版の締め切りが24時頃，最終版の締め切りが翌日の1時頃となっている。「提出物は締め切り前に早めに出す方がよい」といわれるが，新聞は逆。締め切りぎりぎりまで粘ってから，印刷する方がよい。なぜかといえば，締め切り直前に新たなニュースが飛び込んでくるかもしれないからだ。

2　版の違いで何が変わるのか

　締め切り時間の違いによる版の違いについて考えてみよう。まず，版が違えば，必ず違いがあるというわけではない。新しい情報が入ってこなければ記事は変わらないし，たとえ新しい情報が入ってきても，差し替える必要性がなければ変えない。

　例えば，新しい情報が入ってきても，すでに掲載予定の記事の方がニュースバリューがあれば，変更する必要がない。記事は情報が新しいから掲載するというものではなく，どれだけのニュースバリューがあるのかを考え，厳しく吟味された結果，掲載が許されるのである。したがって，ボツになる情報や記事も数多くある。

　あるいは，その情報の信憑性が低い場合。どの新聞社も他では流していないスクープをねらってしのぎを削る。しかし，誤報は良くない。それは新聞社の信頼性に関わる問題だからである。確証がもてないということを明らかにしたうえで記事にする場合もある。しかし，人権上の配慮が必要だし，読者に誤ったメッセージを送ってはならない。記事にしない決断も必要である。

　では，記事が変わる場合はどんな場合か。それはまず一面で見られる。一面は，その新聞で，新聞社が一番伝えたい記事が載っている。新しい情報で記事が差し替えになるのは，すでに掲載が決定している記事をボツにするということであり，それだけ突発的なニュースであるということである。したがって，それは一面に現れることが多い。例えば，有名な人物が亡くなったときや大災害が起こったときである。もっと

も，それだけ大きな出来事であれば，号外がでるので，号外で対応する場合もある。事件・事故を報道する社会面も新たな情報で変わりやすい。

あるいは，記事がまったくの誤報であることがわかった場合。これはあまり考えられないが，新たな事実で，確証がもてない場合は，記事を取り下げる場合がある。その場合は，ボツにする記事が復活する場合もある。

また，全面的に変わるのではなく，部分的に変わることがある。新たな情報が入り，その情報が付け加わるのである。例えば，国際会議で，会議の詳細や談話が入る，災害で死者や行方不明者の数がわかる，などの場合である。その場合，記事とともに見出しも変わる。また，写真が入手できて，写真が付く場合もある。

しかし，紙面のスペースは決まっている。新しい情報で，記事が大きくなった場合は，どれかの記事がボツになる。紙面構成が変わることもある。記事のスペースを変えられない場合は，記事の文を変更して，字数内に収めなければならない。ここは，整理部の記者の腕の見せ所である。

3 版の違いを比べてみよう

図1の写真は，2012年8月15日付の『京都新聞』（朝刊）15版の新聞である。図2の写真は同じ2012年8月15日付の『京都新聞』（朝刊）17版の新聞である。

どちらの記事も1面のトップ記事だが，15版は第一報として横見出し，17版は夕刊を受けた続報の縦見出しと，大きく変わっている。なぜ同じ日の朝刊なのに第一報と続報に分かれるのか。それは，15版は夕刊がない地域なので，この日の朝刊が第一報になったが，夕刊がある地域は前日の夕刊が第一報となったのである。

まず注目したいのが写真の違いである。15版では，被害の大きさを表す写真が使われている。それに対し

図1 『京都新聞』（2012年8月15日付朝刊，第15版）

図2 『京都新聞』（2012年8月15日付朝刊，17版）

て17版では，復旧や救出の様子の写真が使われており，被害状況をより詳しく伝えようとしている。見出しはというと，15版では「2人不明」とある。死者，行方不明者の数を第一報では伝えることが多い。17版では「浸水2000戸以上」と被害状況を伝え，副見出しで「不明2人捜索続く」となっている。

このように，版が違う新聞を比較することにより，新聞社が何を伝えたいのか，優先順位は何かを考えさせることができ，メディア・リテラシーの観点からも重要な学習となる。

（橋本祥夫）

▶1　広報室21HP（www.koho21.co.jp）

第Ⅳ部　新聞を読む

8　報道写真

1　すべての報道写真にメッセージが込められている

　視覚と感性に訴える写真は，子どもらの学習意欲を高める，インパクトのある教材になる。時には，1枚の写真が何百行もの原稿より多くのことを物語ることもある。新聞活用教育では，写真はあらゆる校種で教材になるが，中でも記事を十分に読みとれない小学校低学年では格好の教材になっている。
　家族や友だちを撮るスナップ写真は，何気なくシャッターを押すことが多いが，報道写真はカメラマンが必ず，何らかの意図を込めて撮影する。言い換えれば，すべての報道写真には，何らかのメッセージが込められているということだ。
　事件や事故の状況を伝えるもの。行事や季節の花，街中の様子などを風物詩のように撮って，時の移ろいを感じさせるもの。その人の置かれた状況や人となりを物語る表情……。被写体，撮影のタイミング，アングルは様々だが，瞬時の光景を切り取ることによって，読者に様々なことを伝え，訴える。

2　鳥の目と虫の目

　同じ報道写真でも，伝える内容によって写し方は変わる。概要を伝える場合は，現場をロングショットで撮影する。特徴的な事象を伝える場合は，一部をアップで撮影することもある。東日本大震災の写真を例に見てみよう。
　2011年度の新聞協会賞（写真・映像部門）[*1]は，毎日新聞写真部の手塚耕一郎記者が撮影した「大津波襲来の瞬間」のスクープ写真（写真1）が選ばれた。受賞理由で「2011年3月11日に発生した東日本大震災で，太平洋沿岸一帯に大津波が押し寄せ，住宅などを飲み込む瞬間を新聞社で唯一，空撮し，翌12日付朝刊で報じた。（中略）1枚の写真で津波の破壊力，すさまじさを余すことなくとらえ，いち早く津波被害の実態を伝えた意義は大きい。」と高く評価された。いわば，"鳥の目"でとらえた津波の写真だった。
　一方，カメラマンが被災地を歩き回り，被災者一人ひとりの深い悲しみ，苦しみや生活の跡などを撮影した写真は，"虫の目"でとらえた大災害といえるだろう。『読売新聞』の同年3月13日付朝刊特集面に，陸前高田市の中心部に流れ着いた1冊のアルバムの写真が掲載された（写真2）。被災家族の思い出が凝縮されたような写真だった。この他，がれきの中で安否のわからない息子を気遣って立ち尽くす母親や，家族が亡くなったことを知って号泣する男性など，

▷1　日本新聞協会が加盟各社を対象に，新聞全体の信用と権威を高める活動を促進するために設けた賞。編集と経営・業務，技術の3部門で顕著な功績をあげた新聞人に賞状と金メダルが贈られる。

▷2　アメリカの新聞王といわれたジョゼフ・ピュリツァーの遺言で，ジャーナリストの質の向上を目的として1971年に設立された。優れた新聞報道，文学，作曲などに授与され，アメリカで最も権威のある賞とされている。

⑧ 報道写真

写真1 陸に押し寄せ、家屋をのみ込む大津波＝宮城県名取市で11日午後3時55分、本社ヘリから手塚耕一郎撮影（『毎日新聞』2011年3月12日付朝刊一面）

写真2 岩手県陸前高田市 がれきとなった市中心部には、ボロボロになったアルバムが流れ着いていた（12日午後3時15分）＝川口正峰撮影（読売新聞社提供）

被災者の表情を大きく写し出した数多くの写真が新聞各紙に掲載された。

③ 写真は読者の想像力をかきたてる

写真は動画のようには動かない。それだけに、読者の想像力をかきたて、様々なことを読者に考えさせる。1994年度ピュリツァー賞（企画写真部門）を受賞した南アフリカ共和国の報道写真家ケビン・カーター撮影の「ハゲワシと少女」は、教育の場で度々、「報道か人命か」を問う教材になる。

その写真は、1993年2月、内戦が相次ぎ、干ばつや飢饉に襲われたスーダンで、やせ衰えた少女がうずくまり、そばにハゲワシが舞い降りたところを撮影したものだった。アフリカの悲惨な状況を物語る写真として世界各国の新聞で紹介されたが、写真が有名になるにつれて、「撮影する前に、どうして少女を救わなかったのか」という批判も沸き起こった。「この写真で、アフリカの飢饉に関する世界の関心が高まり、何人もの子どもの命を救うことにつながった」「カーターは2、3枚撮影した後、ハゲワシを追い払った」などと、カーターを擁護する意見も出て、大きな議論になった。

④ デジタル化による新たな問題

1990年代までのフィルムカメラの時代は、撮影してから現像や焼き付けに時間がかかった。しかし、デジタルカメラに移行してからは、現像などの処理は不要となり、締め切り直前に撮影した写真でも現地から新聞社へ電送すれば、紙面に掲載できるようになった。

便利になったのに伴い、新たな問題も出てきた。パソコン処理で写真を合成したり、被写体の一部を削除したりすることも簡単にできるようになった。カメラマンが、よりよい写真にしようと撮影データを加工して、問題になるケースも時折、起こっている。しかし、加工すれば報道写真でなくなる。カメラマンには「写真はパソコンで加工できる」という誘惑を断ち切る厳しい自制心が、写真部のデスクには加工を見逃さない厳しい目が求められる。　　（福田　徹）

▷3 中学校の英語教科書『NEW CROWN』（三省堂）の2006, 2008年度版は、この写真を取りあげた。

▷4 元AP通信写真部門責任者のハル・ビュエルは著書『ピュリツァー賞受賞写真全記録』（2011年、日経ナショナルジオグラフィック社）の中で、カーターに関して「写真家のなかには、受賞作品はまぐれだとか、前もって何か細工をしたのだろうという者もいた。だが、もっと痛烈な、彼の倫理観を疑う声もあった。子供を救うことより写真を撮ることを優先するような写真家はハゲワシと同じだ、というのである。これらの批判は、カーターにさらなる精神的打撃を与えた」と書いている。カーターは、授賞式の1カ月後、33歳の若さで自ら命を断った。

実践 15

新聞写真を手がかりに

1 新聞写真は関心を引き出す宝庫

　記事を選択することに見出しは大きな役割を果たすが，もう一方で写真もそれに劣らない要素をもっている。見出しと写真は将棋の飛車と角の存在である。さらに，写真は年齢が低い子どもにも世の中のことを考える契機にもなる。写真から広がる世界をじっくり研究したいものである。2012年7月28日の夕刊一面にはロンドンオリンピック開幕の写真が大きく載っていた。他の面には日本選手団の入場，点火された聖火台，デービット・ベッカムやポール・マッカートニーの写真が掲載されている。子どもたちも夏休みの課題学習としてオリンピックの写真から多くのことを学んだことであろう。

　筆者はオリンピックやワールドカップなどの国際的なスポーツ大会から国際理解教育につなげる学習を試みてきた。そのような視点からの実践を例に新聞写真の教育的な意味を提起したい。

　1988年ソウルオリンピックが開催された。初等科2年生の児童とともに試みたのが，世界の新聞社に手紙を出してソウルオリンピック開会式を報道した新聞を送ってもらうことであった。新聞社の住所は日本新聞協会に問い合わせ，それぞれの編集長宛に送った。児童は日本語で筆者が英語で手紙を書いた。およそ30社の新聞社から送られてきた。中には児童にメッセージも添えてあった新聞社もあった。お礼の葉書を送った。その後，児童の学習は世界にはいろいろな言語や文化があること，韓国の文化について日本に留学している韓国の大学生に教室に来ていただき学ぶことに発展した。学習のまとめとして「ホドリ（ソウルオリンピックのマスコット）の国からアンニョンハシムニカ（こんにちは）」と題した発表会をもった。2002年のバルセロナオリンピックの時も2年生を担当し，同じような学習過程を経た。学習のまとめは「コビーくん（バルセロナオリンピックのマスコット）の国からオラ（こんにちは）」と題した発表会であった。

　このような学習過程を経る中で日常の新聞写真に注目させ，世界や日本にはいろいろな風景や人物，出来事があることを考えることができる。まるでドラえもんの道具「どこでもドア」のような役割を果たすのである。

2 新聞写真も比べてみる

　本書の実践13（154-155頁）で紹介した1989年度5年生でも写真からメディア・リテラシーにつながる実践がある。89年9月5日朝刊各紙に平城京跡から最古の絵馬が出土されたという記事であるが，絵馬の写真が新聞社によりかなり色が違うのである。一体どれが本当の色に近いのか検証はできないが，写真も比べてみることの必要性を考えることができた。その後その絵馬が東京の博物館で展示されることになり，ある児童が実際に見に行き，どの写真の色が一番近かったか説明をしていた。

　やはり本書の実践13（154-155頁）で取りあげた2012年7月6日のパンダの赤ちゃん誕生の記事であるが，この記事には赤ちゃんをかかえているシンシンの写真が載っていた。この写真は新聞社が独自に写した

写真ではなく，東京動物園協会提供の写真であった。新聞各社が独自に撮影した写真ではなく，関係者が提供した写真があることをまず学んだ。そして，3社の新聞写真を比べてみた。大きな写真順は『読売新聞』『朝日新聞』『毎日新聞』であった。赤ちゃんが小さくよくわからなかったが，『毎日新聞』は赤ちゃんの周りに白い円を入れていた。児童はこの処理を評価していた。

3　見出しと写真のペアに注目

この日の『朝日新聞』朝刊から児童が注目した記事も，見出しとともに写真が載っていたものが多かった。経済面の「こだわり文具に活路」。この記事は販売減に悩む文具業界が個人を対象とした製品の開発に力を注いでいるもので，初心者向け万年筆や計算機の写真が載っていた。国際面の「民族対立報復の嵐　ミャンマー西部ラカイン州」。この記事はイスラム教と仏教系の民族対立で9万人が支援を必要としているもので，ボートでバングラデシュ側に逃げてきたロヒンギャ族の人々が載っていた。

小学生での実践であるなら，見出しと写真を融合して活用する方法を提起したい。他に地図やイラスト，統計資料などにもぜひ注目したい。筆者は「アサヒ・コム」のNIEサイトで「この記事を手がかりに」を2000年4月から執筆している。筆者の執筆のスタンスは，記事を手がかりにどう読み解くかと，新聞の読み方のヒントを提供するものである。1つの記事から追いかけたり，他のメディアを活用したり，さらに実際に体験したりして発展的に学習を展開させることをねらいとしている。関心がある方は「アサヒ・コム」のNIEサイトの「この記事を手がかりに」へ。

4　生涯学習としてのNIEへ

1988年から新聞界との実践・研究を始め，一貫してきたことがNIEを生涯学習としてとらえることである。教師が与えた記事だけでなく，新聞を丸ごと使い自分が選んだ記事で学習を進めることが生涯学習としてのNIEにつながるのである。欧米や韓国で行われている家族で新聞から学ぶファミリー・フォーカスはその一つである。子どもが選んだ記事から始まるので，写真の役割はとても大きい。欧米や韓国でのファミリー・フォーカスを体験した筆者は，家族のコミュニケーションに生かすことを主張したい。[3]

新聞記事を読むだけでなく，その記事を手がかりに実際に体験する活動につなげていきたい。指導者である教師も自らそのような体験を積極的に行いたい。2012年の夏，京都へ家族旅行中の筆者も予定外の体験を試みた。ホテルで配布された地元の『京都新聞』（7月26日付朝刊）を読んでいたら，「JR大回り静かなブーム」の見出しと，北陸本線，湖西線，ディーゼル列車の写真が目に留まった。「JRの大阪近郊区間の特例制度『大回り』を利用して関西を鉄道で遠回りする旅が中高年を中心に静かなブームになっている。」というものである。予定していたトロッコ列車が少し前の大雨により乗車できないこともあり，この記事を手にして京都から隣の駅の東福寺を遠回りしてみた。記事には「JR西日本大阪近郊区間」「大回りの旅程（平日）」が掲載されており大変役立った。　（岸尾祐二）

▷1　東京NIE推進委員会編（1993）『1992年度研究報告書』を参照。
▷2　岸尾祐二（1991）『新聞のほん』リブリオ出版を参照。
▷3　「アサヒ・コム」のNIEサイト「家族で学びあうファミリーフォーカス」参照。

⑨ 広告から時代が見える

① 新聞が広告を載せる2つの理由

ニュース記事や写真が掲載されるのが新聞である。しかし，実際に紙面を開いてみると，半分近くは広告が占めている。ただし，半分を超えることはない。新聞は郵便法で「国民の文化向上に資する定期刊行物」として，郵送料を安く設定する第三種郵便物に認可されている。その認可条件として「全体の印刷部分に占める広告の割合が5割以下であること」が義務づけられている。

新聞は創刊時から広告を載せている。これには，2つの理由がある。第一の理由は，広告もまた新聞が伝える情報の一つということである。広告は広告主にとっては商品やサービスを宣伝したり，考えを公にしたりするものになり，読者にとっては商品知識を得たり，様々な考えを知ったりする機会になる。

広告は商業的に利用されることが多いが，市民団体や政治団体，経済団体などが，憲法改正問題や教育問題，平和運動，資源・エネルギー問題などに関して，自らの考えを広めるために国内外の新聞に「意見広告」を掲載することもある。国が重要施策に関する政府広報を出したり，国益を守るために外国の新聞に広告を出したりもする。意見広告は社会的な争点になっている事象に関することが多く，表現の自由を保障する1つの手段にもなっている。

新聞広告の第二の理由は，新聞社の経営にとって，広告は欠かせない収入源になるということである。2011年は，東日本大震災で新聞各社は編集優先の報道態勢を取り，広告枠を減らしたことや，広告主が広告出稿を見合すなどしたため，新聞社の総広告費は前年比93.7％の5990億円になった。新聞社の2010年の収入構成は，販売収入が60.7％，広告収入は23.4％を占めた。広告収入があるから，新刊書1冊分もの情報が詰まっている朝刊は1部100〜140円と安く抑えられる。新聞広告には，新聞普及を支えるという一面もある。

② 広告は社会・時代を映す鏡

広告には，時の最先端の技術やファッション，人々の関心事が登場する。世相を反映する広告は，社会・時代を映す鏡だ。『朝日新聞』の広告を遡ってみよう。

1879年の創刊号第4面は「万病感応丸」「快通丸」など漢方の売薬の広告で埋まっている。売薬は"広告の花形"といわれたが，現在でも薬の広告は多い。それだけ，薬は読者にとって身近な商品ということなのだろう。

▷1 一般的には，ファッション，食品などムードを重要視する広告はテレビに向いており，出版，不動産，交通・レジャーなど情報主体の広告は新聞を指向するといわれる。

▷2 政党や候補者が新聞広告を出すことも選挙活動の一環として認められているが，選挙の形態に応じて広告の回数や広告を出す地域は制限されている。

▷3 北朝鮮による日本人拉致問題に抗議し，北朝鮮の人権問題の解決に取り組む「意見広告7人の会」（ジャーナリスト有田芳生ら識者7人で構成）は2002年12月と2009年4月に米国の『ニューヨーク・タイムズ』に，同年6月に韓国の『東亜日報』『朝鮮日報』『中央日報』の3紙に，さらに同年10月にはフランスの『ル・モンド』に，拉致被害者の救出などを訴える意見広告を掲載した。

▷4 政府広報は，施策の内容，背景，必要性などを国民に知らせ，理解と協力を得るために行う。2012年7月9日付の『朝日新聞』『産経新聞』『毎日新聞』『読売新聞』『日本経済新聞』各紙の朝刊で，「どう考える？ 2030年の日本のエネルギーと環境」と題す

1893年,「護身用新型ピストル銃　生命財産を安全に護るに必要」という広告が載った。1876年には廃刀令が施行され,士族が刀をもつことが禁じられたが,当時の治安はまだまだ悪かったことがうかがえる。

　1914年,三越呉服店が「新館成る　天を摩すること百七十尺（約51.5m）,地下室より屋頂階に及んで實に七階,塔に上がれば東京市中を一眸に萃め,不二山（富士山）は正に指呼の間に在り」と広告。東京スカイツリーにははるか及ばない高さだが,いつの世も人は高い建造物に高揚する。

　その後は軍事色の強い広告が増え,戦時中の1944年には「決戦に暮も正月もなし　外出歸（帰）省旅行等は止め　生産と防空に徹しよう　運輸通信省」と,年末年始の旅行の自粛を呼びかけている。

　戦後は,日本が連合国軍の占領下に置かれたことを反映して,新聞広告は「英語通訳急募」「日常会話指導」など英語に関するものが多くなった。やがて,目覚ましいスピードで経済が復興し,1956年ごろから神武景気が始まると,テレビ（白黒）,洗濯機,冷蔵庫の"三種の神器"の広告が幅を利かせた。

　1970年にかけての高度経済成長期は,丸善石油の「Oh！モウレツ」（1969年）など景気がいい広告が続く。「いざなぎ景気」が終わると,ゼロックスの「モーレツからビューティフルへ」（1970年）のように,ゆとり生活を模索。バブル景気の絶頂期は,三共が「24時間戦えますか」（1989年）と問いかけ,バブルが崩壊すると,JR東日本は「日本を休もう」（1990年）と価値観の転換を呼びかけた。[9]

　21世紀に入ると,シャープの「さあ　液晶世紀へ」（2001年）,ツーカーの「日本って,おじいさんとおばあさんの国なんだよ」（2004年）など情報化,高齢化に呼応した広告が登場。東日本大震災の後は,JAの「力を合わせれば実現できることが,世の中にはたくさんある。」（2012年3月）など,絆と復興を呼びかける広告が相次いだ。

3　広告にも倫理がある

　広告料金を払っても,新聞には載せられない広告もある。日本新聞協会が,新聞広告の社会的使命を守るため,新聞広告倫理綱領を定めているからだ。基本原則は,新聞広告は「真実を伝えるものでなければならない」「紙面の品位を損なうものであってはならない」「関係諸法規に違反するものであってはならない」の3点。さらに,「責任の所在が不明確なもの」「虚偽または誤認されるおそれがあるもの」などは広告として掲載しないという基準を設定。これを受けて,加盟各社はそれぞれの広告掲載基準を設けている。

　週刊誌の広告の「露骨な性の表現」は,広告倫理とのからみで再三,問題になる。表現の自由は尊重しなければならないが,青少年保護の観点から,新聞社が広告の掲載を拒否することもある。[10]

（福田　徹）

る政府広報が掲載された。政府のエネルギー・環境会議が原発の依存度を下げ,CO_2を削減する3つのシナリオを提示したことを広報。2030年時点での全発電量における原子力発電の割合をゼロ・15％・20〜25％の3つのシナリオにわけ,それぞれの場合に必要な再生可能エネルギーや火力発電などの割合を示したうえで,国民に意見を募っている。

▷5　電通コーポレート・コミュニケーション局広報部（2012年2月23日）「NEWS RELEASE 2011年の日本の広告費」。

▷6　日本新聞協会HP「調査データ　2010年発行規模別収入構成」。

▷7　本書の「面建てとレイアウト」（160-161頁）を参照

▷8　朝日新聞社編（1978）『新聞広告100年（上・下）』朝日新聞社。

▷9　吉田秀雄記念財団（2005）「AD　STUDIES」vol.1。

▷10　週刊誌の過激な性表現が問題になった1999年から2000年にかけて,『朝日新聞』は「露骨,わいせつ,挑発的なものは掲載できない」と審査基準を強化。『毎日新聞』も審査を厳しくする趣旨の文書を出版9社に出し,『読売新聞』は週刊誌2誌の広告の掲載を5年間にわたって拒否した。

実践 16

新聞広告のメッセージを読み解く

1　子どもたちを取り巻く広告

　日本で最初の日刊新聞が発行された文明開化を経て，新聞への広告の掲載がはじまった。広告とは，文字通り「広く世間に告げ知らせること」であり，新聞がマス・メディアとして成長するのに伴って頻繁に載るようになり，多くの人々の目に触れ，親しまれるようになっていったのもうなずける。広告はメディアの発達とともに多様化し，テレビのCM，インターネットのバナー広告，さらに今日ではデジタルサイネージ（電子看板）など，広告の媒体すらも多様化してきている。

　子どもたちも日頃から様々な広告という名の情報に接するようになり，良くも悪しくもその影響を受けつつ生活している。

2　新聞広告の学習材としての可能性

　身近にあって親しみやすい新聞広告からは，実社会で繰り広げられる経済活動や社会の様子を知ることができる。全国紙の広告には，日本の経済や社会の姿が映し出され，地方紙からは地域に生きる人たちの息づかいを感じとることができる。

　また，新聞と一緒に届けられる折り込み広告（チラシ）は，配布されるエリアが子どもたちの生活圏と重なることも多いことから，地域をフィールドにした調べ学習の資料にできる。スーパーマーケットで扱われている生活用品や生鮮食料品などの広告からは，価格競争にしのぎをけずる経済活動のリアルな姿が見えてくる。

　また，商品の輸入先から「フードマイレージ」について学ぶきっかけが得られたり，「地産地消」の学習ともリンクさせることで，環境教育へのアプローチも可能になる。

3　新聞広告は「混成型テキスト」

　『PISA 2009年調査　評価の枠組み　OECD生徒の学習到達度調査』（OECD編著，明石書店，2010年）では，「連続型テキスト」と「非連続型テキスト」の双方の要素を含むテキストを，新たに「混成型テキスト」と定義している。

　広告は，それまでの分類では，写真やイラスト，グラフなどとともに「非連続型テキスト」であるとされてきた。しかし，新聞広告には，活字メディアとしての特性から，商品などの説明文や企業の経営理念などのような，まとまった文章も含まれていることもあり，「混成型テキスト」としてとらえることは，むしろ当然のことといえよう。

　テキストが「連続型」と「非連続型」の別々のものであるよりも，混成型の新聞広告などを活用することで，相互補完的な学習効果を期待することができる。

　新学習指導要領では，知識・技能の習得とともに，それらを活用して思考力・判断力・表現力の育成を図ることが求められている。新聞広告には，あたらしく示された学力観につながる学習活動を編成できる学習材としての可能性が秘められている。

4　新聞広告を活用した学習活動例

　中学校社会科（公民的分野）の経済単元の導入部で，

新聞の全面広告を学習材とする活動を紹介する。

【問題発見，情報の取り出し】，そして【情報の読み解き】，さらには【総合的な表現】などの学習活動を通して，実社会で展開されている経済活動のリアルな姿をとらえる授業を構成した。導入部でなくとも，学習内容を編成し直すことも可能である。

① 学習指導計画と学習目標

第1時【問題発見，情報の取り出し】
　〜新聞広告の基本的な読み解き方を学ぶ活動〜
・広告という情報に囲まれた私たちの生活を理解することができる。
・新聞広告の役割について理解できる。

第2時【情報の読み解き】
　〜新聞広告の情報読解を中心とした活動〜
・新聞広告から現実の経済活動について，興味・関心を抱くことができる。
・新聞広告の写真やキャッチコピーなどから，メッセージを読み解くことができる。

第3時【総合的な表現】
　〜新聞広告と経済活動の関係を読み解く活動〜
・企業と消費者の双方の立場から，新聞広告の役割を総合的に考えることができる。
・賢い消費者として新聞広告を活用することができる。

② 主な学習活動

第1時　新聞広告と私たちの生活
　1《新聞広告の役割はなんだろう》
　2《新聞広告を比較してみよう》

第2時　新聞広告と経済活動
　1《どんな企業の広告があるのだろう》
　2《新聞広告のメッセージを読み解く》
　3《新聞広告と経済との関係を読み解く》

第3時　新聞広告と消費生活
　1《新聞「広告大賞」を決めよう》
　2《キャッチコピーを考えよう》

③ 学習効果
（1）新聞広告は，学習意欲を喚起する：ワークシートの多くが記述式であっても，無答率が低く，新聞広告は興味・関心を喚起する。
（2）新聞広告は，過去と現在をリアルに映し出す：高度成長期やバブル期の新聞広告を比較したりしながら活用することで，過去と現在の社会・経済のリアリティを授業に持ち込むことが可能である。
（3）新聞広告は，実物教材としての利便性がある：全面広告は黒板に提示しやすい実物教材として，手を加えずに活用できる。

5　新聞広告の取り扱い上の注意点と今後の課題

　広告も情報であることから，書かれていることを鵜呑みにすることはできない。とりわけ，営利を目的とする商品広告は，批判的な読みとりが必要であり，消費者教育の視点からも誇大広告などを見抜く判断力の育成が重要になってくる。

　今後の課題としては，「混成型テキスト」としての特性を生かし，国語科や美術科，家庭科などの教科と連携した言語活動の充実を企図した幅広い指導事例の開発が考えられる。さらには，バナー広告やデジタルサイネージなどの電子媒体の広告も合わせて活用することで，より多様な学習活動の開発も期待したい。

（有馬進一）

注
本実践の詳細については，日本NIE学会・日本新聞協会（2011）『情報読解力を育成するNIEの教育的効果に関する実験・実証的研究』147-174頁を参照していただきたい。

第Ⅴ部 新聞を活用した代表的な学習活動

1 総合的な学習における新聞づくり

1 総合的な学習における新聞づくりの意義

学習指導要領における総合的な学習の時間（以下，総合学習と記す）の改善の具体的事項として，以下の項目がある。

> 小学校において，情報に関する学習を行う際には，問題の解決や探究的な活動を通して，情報を受信し，収集・整理・発信したり，情報が日常生活や社会に与える影響を考えたりするなどの学習活動が行われるよう配慮する。

総合学習で情報に関する学習を行う場合，新聞づくりはここで述べられている問題の解決や探究的な活動を行うのに適している。探究的な学習は「課題の設定」「情報の収集」「整理・分析」「まとめ・表現」の4つの学習過程をたどる。この4つの学習過程は新聞づくりの過程と一致する。したがって，総合的な学習に新聞づくりを取り入れることで，総合学習を探究的な学習にすることができる。以下に，それぞれのプロセスごとの学習活動のイメージと指導のポイントを記す。

▷1 文部科学省（2008）『小学校学習指導要領解説 総合的な学習の時間編』東洋館出版社，5-6頁。

▷2 同上書，86-90頁。

2 課題の設定

課題の設定では，問題事象に出会い，課題意識を高める。新聞づくりにおいては，ニュース探しである。地域に存在する様々な問題事象と出会い，その中から何が一番重要であるか（ニュースバリュー）を考える。新聞で伝えることを意識させることにより，自分自身の関心とともに，多くの人に知ってもらいたいことは何かを考えることが重要となる。それは，「そのことにどれだけ多くの人が関わっているか」「そのことにどれだけ多くの人が関心をもっているか」という視点である。

総合学習では，他者と協働して問題を解決する学習活動が重視されている。新聞づくりを取り入れ，何を伝えるべきかというニュースバリューを吟味することを通して，課題について話し合うことの必要性が生まれる。新聞づくりは，協同的な学びをするうえでも有効である。

▷3 『新聞活用の工夫提案——学習指導要領に沿って NIEガイドブック小学校編』（2011）日本新聞協会，24-25頁。

3 情報の収集

課題意識や設定した課題を基に，子どもたちは，観察，実験，見学，調査，探索，追体験などを行う。新聞づくりにおいては，取材である。なぜ課題や問

題となっているのか，取材（現地調査，インタビュー，アンケートなど）をもとに，現状，願い，原因，背景などを明らかにする。新聞で伝えることを意識させることにより，そのことがわかる写真，データ（表やグラフ）を提示することが必要となる。

　これまでの総合学習で見られがちな個人研究だと，自分に関心がある情報を集めるだけに終わってしまいがちである。しかし，新聞を通して，多くの人に問題の重要性をわかってもらうためには，客観的なデータや様々な見方，考え方があることを示し，わかりやすく説明することが求められる。

4　整理・分析

　収集した情報を整理したり，分析したりして，思考する活動へと高めていく。新聞づくりにおいては，編集である。新聞の台紙は，画用紙，模造紙など様々なものが考えられる。内容や個人新聞にするかグループ新聞にするかによっても異なる。いずれにせよ，一枚の新聞にまとめるときには，どの記事をどの場所に載せるのかを考えなければならない。その時重要なのは，何を伝えたい新聞であるか，新聞のテーマをしっかり決めることである。あれもこれもと様々な内容のことを載せれば，結局，何を伝えたいのかはっきりしない新聞になる。一番伝えたいことは何かを考えて，それをトップ記事にする。その記事を中心に，どこにどんな記事を載せればいいのかを考える。すると，集めた記事のなかで，テーマに合わないものや載せきれないものが出てくる。その記事はボツとなる。あるいは，テーマにあった記事が足りない場合は，さらにもう一度取材することも必要となる。

　このように，限られた紙面の中で，取捨選択をすることによって，思考力は高まる。さらに，それをどのように表現するかを考えることによって，思考力と結び付いた表現力の育成ができる。見出しを工夫したり，写真やグラフをつけたり，様々な工夫ができる。

5　まとめ・表現

　情報の整理・分析を行った後，それを他者に伝えたり，自分自身の考えとしてまとめたりする学習活動を行う。その成果が新聞である。新聞づくりをすることによって，相手意識や目的意識を明確にしてまとめたり，表現したりすることができる。新聞ならば，学級の友だちや保護者，地域の人々などに広くわかりやすく伝えることが可能である。

　総合学習では，各教科で身に付けたことを総合的に活用できることも期待されている。学習指導要領では，国語科や社会科などで，新聞に関する学習が取りあげられている。新聞づくりは，各教科で学んだことを生かす場としても利用できる。

（橋本祥夫）

▶4　小学校学習指導要領では，国語科の3・4年で書くことの言語活動例として，新聞づくりが取りあげられている。また，5，6年でも「書いたり編集したりする」事例として，新聞づくりが取りあげられている。

おすすめ文献

『新聞活用の工夫提案──学習指導要領に沿って　NIEガイドブック小学校編』（2011）日本新聞協会。

『新聞活用の工夫提案──学習指導要領に沿って　NIEガイドブック中学校編』（2012）日本新聞協会。

実践 17

地域の課題を調べて新聞をつくる

1 総合的な学習における「調べ新聞」づくり

　総合的な学習の時間のまとめとして、新聞づくりをすることが多い。しかし、発表して終わりという場合がよく見られる。ここでは新聞づくりを思考を深める手段、つくった新聞の交流を次の活動の課題意識をもつ手段と位置づけた実践を紹介する。

　本実践では、地域の課題を見つけ、それを解決、改善するための方法を考え、自ら行動をする。

　各グループが新聞社となり、地域の課題を調べる。取材では、地域の人や家族に話を聞いたり、アンケートをとったりして、地域の中でできるだけ幅広く意見を集めて、みんなの思いや願いを参考にする。また、専門家の意見を聞いたり、地域の各種団体の活動を見学に行ったりするなど、多様な取材活動ができるようにする。問題提起をして話し合い活動をするときは、発表会ではなく、問題意識が深まるような情報提供ができるようにする。そのために、各自で調べたことや考えたことを新聞にまとめ、新聞をもとに意見交流をし、問題についてより深く考えたり、自分たちにできることを模索したりして、よりよい解決方法を探り、実践していけるようにする。

2 新聞づくりの方法

　新聞づくりは、2回行う。

　まず、1回目の新聞づくりは、グループで話し合ったことをもとに、各個人で問題意識をもち、その問題意識に基づいて取材活動（調べ学習）を行い、新聞にまとめる。1回目の新聞づくりでは、以下の点に留意させる。

(1) トップ記事は、地域の課題、問題を提示する。見出しも問題提起型の見出しにする。

(2) なぜ課題や問題となっているのか、取材（現地調査、インタビュー、アンケートなど）をもとに、現状、原因、背景や人々の願い、などを書く。また、そのことがわかる写真、データ（表や、グラフ）を提示する。

(3) その課題や問題を解決する方法を自分なりに考え、提案する。その際、その解決に向けて自分が考えた方法を実践し、その結果や感想をふまえて提案するようにする。

　2回目の新聞づくりは、各グループの新聞を読んで、最後のまとめとして新聞をつくる。2回目の新聞づくりでは、以下の点に留意させる。

(1) トップ記事は、各グループの提案、これまでの話し合いをふまえて、最も重要だと思うことを取りあげる。

(2) なぜ最も重要だと考えるのか、その理由を「社説」などの意見型記事にして示す。

(3) 自分たちのグループの提案を実践するとともに、他のグループの提案の中から、自分の地域の課題を解決できるもので、自分自身でできることを選んで実践し、その結果や感想を書く。

3 「調べ新聞」の実践事例

(事例1) 継続的に地域の課題を追究した生徒の場合

　地域の公園にゴミが散乱していることに問題意識

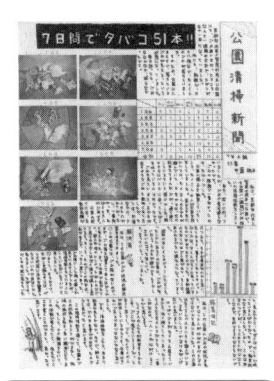

図1 問題発見型新聞の作品

もち，公園に来ている親子連れや公園の近くに住んでいる人にインタビューをして，自分の問題意識は公園を訪れる人や公園の近くの住民も同様にもっていることがわかった。

公園のゴミ問題に継続して問題意識をもち，2回目の新聞づくりで再度，公園のゴミ調査をすると，ゴミの量や種類が変わっており，季節によって，ゴミも変化していることがわかった。他のグループのペットボトルの再利用を自分の家でも実践し，ゴミをできるだけ出さない生活やゴミを持ち帰ることを提言として訴えた。

（事例2）**他のグループの提案をもとに新たな提言を考えた生徒の場合**

地域で横断歩道のない細い道や街灯のない暗い道があり，安心・安全な町にしていくためにはどうしたらいいのかという問題意識をもった。交番の警察官や地域の交通安全協会の人に聞取り調査をすると，見通しが悪い通りで飛び出すことが事故につながるということを知り，飛び出し注意のチラシをつくった。つくったチラシは町内会長さんに頼んで，回覧板で回してもらった。

しかし，安心・安全な町づくりをしていくには，自分にできることには限界があることがわかり，それ以上の発展は見込めなかった。そこで，他のグループの提案を聞いて，自分にもできることとして公園の清掃活動にも取り組んだ。

（事例3）**はじめは問題意識がもてず新聞づくりがうまくできなかったが，活動を通して問題意識をもち，新聞づくりもうまくできるようになった生徒の場合**

グループで公園の美化を課題としてあげたが，公園をきれいにしたいという思いがなく，問題意識がもてなかった。グループで自分の家の近くの公園のゴミの様子を1週間調査して，自分たちでもゴミ拾いをしてみようということになったので，調査と清掃活動をして，表にまとめた。しかし，見出しや記事は書けず，考察も「ゴミ箱がないから，ゴミ箱を設置したらいい」という浅い考察になった。グループで話し合いをし，ほかの人がつくった新聞を見ることで，取材の仕方や記事の書き方，まとめ方もわかってきた。また，意見を交流することで，少しずつ問題意識ももてるようになった。

2回目の新聞づくりでは，絵を描いて，活動の様子が詳細に書かれており，地域の清掃活動に熱心に取り組んでいたことがわかる。またエコキャップ運動など，他のグループの提案にも積極的に取り組んでいる。新聞で提言やメッセージをわかりやすく伝えるという点では，まだ不十分なところはあるが，これからの地域活動に対して積極的に関わっていこうと前向きに考えることができた。

このように，新聞づくりをもとに学習を振り返り，そこから次の活動に生かすために新聞を活用することが重要である。

（橋本祥夫）

▶1　2008（平成20）～2010（平成22）年度日本NIE学会・日本新聞協会共同研究プロジェクト研究報告書（2011）『情報読解力を育成するNIEの教育的効果に関する実験・実証的研究』日本NIE学会・日本新聞協会，229-230，247-250頁．

第Ⅴ部　新聞を活用した代表的な学習活動

② 「まとめ型新聞」

❶ 「まとめ型新聞」の意義

　学習したことを整理して，理解した内容を表現する「まとめ型新聞」は，様々な教科，学年，単元で幅広く行われている新聞づくりである。「まとめ型新聞」の意義としては，以下のような点があげられる。

(1) 限られた紙面の範囲内で学習したことを再構成することにより，学習内容を整理し，より深く理解したり，再認識したりできる。

(2) 新聞形式にすることにより，事実（学習内容）に即してわかりやすく表現する表現力が身に付く。

　小学校における各教科のまとめ型新聞について以下に紹介する。

❷ 国語科における「まとめ型新聞」のポイント

　小学校学習指導要領解説国語編では，3・4年生の「書くこと」の言語活動例で「疑問に思ったことを調べて，報告する文章を書いたり，学級新聞などに表したりする。」ことが取りあげられている。学級新聞では，「複数の種類の文章を集めて編集し，見出しを付けたり記事を書いたり，割付けをすることになる。」とされ，新聞づくりの方法が紹介されている。

　この内容に基づき，国語の学習では，グループや個人でテーマを決め，新聞づくりをする。したがって，国語科における新聞づくりは，学習した内容をまとめるというのではなく，学習した新聞づくりの方法を使って新聞づくりをする。つまり，新聞をつくる方法を学ぶことが学習の目的の一つとなる。新聞づくりの方法とは，インタビューの仕方（それに関するメモのとり方，話の聞き方についての学習など），写真の効果（アップとルーズ），見出しやリード文の作成（それに伴う要約や要旨，キーワードについての学習など）などである。

❸ 社会科における「まとめ型新聞」のポイント

　2008年版学習指導要領では，社会科の各学年の目標に「調べたことや考えたことを表現する力を育てるようにする。」という文言が，共通して入っている。これは前回の学習指導要領にはなかった文言であり，思考力・判断力と結び付いた表現力を育成しようとするものである。調べたことや考えたことを表現する学習方法の一つとして，「まとめ型新聞」がある。

▷1　学習のまとめとして新聞をつくるのは，理科，社会科，総合的な学習などでみられる。国語では，学習の一環としての新聞づくりがある。

▷2　『小学校学習指導要領解説　国語編』(2008)文部科学省。

▷3　橋本祥夫 (2012)「新聞づくり——ひと工夫するヒント」『社会科教育』7月号，明治図書，90-91頁。

②「まとめ型新聞」

　小学校3・4年生では，地域学習をする。地域のお店や工場，農家について調べる。地域にあるので，見学をし，インタビューをすることも可能である。つまり，取材がしやすい。調べたことをもとに，地域のことを紹介する新聞づくりをする。

　5年生では，日本の食料生産や工業などについての産業学習をする。産業に関することには，貿易の問題や外国人労働者の問題など，社会問題となっていることも多くある。学習のまとめとして，こうした問題からテーマを決めて，「まとめ型新聞」をつくる[4]。5年生では資料の読みとりが多いので，新聞に写真，表，グラフ，地図などの各種資料を活用することにより，資料活用能力が身に付く。

　6年生では，歴史学習をする。歴史的事象はどれも大ニュースである。「その当時にもしも新聞があったら……」と考えて，当時の新聞記者になったつもりで新聞をつくってみる。新聞形式にすることにより，歴史的事象をわかりやすく伝える工夫ができ，思考力，表現力が身に付く。

図1　歴史新聞の作品

▷4　まとめ型新聞は学習したことの再構成が重要である。したがって，トップ記事を何にするのか，十分に時間をかけて吟味させることが大切である。

4 算数における「まとめ型新聞」のポイント

　算数では，表やグラフについて学習する。そこでは，表やグラフを作成するにあたり，クラスでアンケートをとり，集計して，それを表やグラフに表す調べ方の学習をする。「給食人気ランキング」「人気の遊びベストテン」など，グループごとで調べるテーマを決め，アンケートをとって，表やグラフを作成する。

　作成した資料に関連して，なぜそれが人気なのか，その結果からどういうことがいえるのか，という追跡調査や結果の考察をし，新聞にまとめる。そうすることによって，表やグラフを読みとる力や活用する力が身に付く。

5 よりよい新聞をつくるためのひと工夫

　新聞は人に読んでもらうことが前提なので，丁寧にわかりやすく書くことが大切である。色を塗ったり絵を描いたりして，見て楽しい新聞をつくる。見出しや文章構成，字の大きさを工夫するなど，読みやすい工夫をする。新聞には一覧性があるので，ぱっと見て，伝えたいことがはっきりわかる工夫が必要である。また，四コマ漫画やコラム，広告など，新聞の形式を参考にして工夫すると，見栄えも良くなり，新聞らしい新聞ができる。

　新聞づくりは，学習指導要領で求められている，言語活動の充実，思考力・判断力と結び付いた表現力の育成という点からも有効な学習方法となる。

（橋本祥夫）

おすすめ文献

『新聞活用の工夫提案――学習指導要領に沿って　NIEガイドブック小学校編』(2011) 日本新聞協会。

『新聞活用の工夫提案――学習指導要領に沿って　NIEガイドブック中学校編』(2012) 日本新聞協会。

実践 18

学習新聞で学びや体験をふりかえる

1 小学校での「新聞づくり」の進め方

　総合的な学習の時間や社会科，家庭科などのまとめで，新聞にまとめる活動が取り入れられている。

　小学校学習指導要領・国語3・4年には，「疑問に思ったことを調べて，報告する文章を書いたり，学級新聞などに表したりする言語活動」があげられている。学習新聞づくりは，国語科で習得したものを活用する場面として大きな意味をもつ。

　日頃，書くことに抵抗がなくなってきている子どもたちでも，ふだん書く題材は自分の出来事が中心であり，客観的に学級全体を見て取材して書くということには慣れていないし，読み手を意識し，伝えたいことをわかりやすく書くまでには至っていない。そこで，国語科の授業で，身の回りの出来事を伝える文章を書き，割付けを工夫したり，見出しを付けたり，要約してリード文を付けたりして，目的や相手を明確にした新聞づくりをしたあと，学習新聞に取り組むのが有効である。

2 4年生での「学習新聞」づくり

　「新聞づくり」を指導するときには，まず一般紙や子ども新聞など身近な新聞を題材にして「新聞」そのものを概観し，新聞の特徴や特性，報道する文章の目的や様式を理解することから学習を始める。ここで，読み手をひきつける見出しの重要性や，わかりやすくするための写真・絵・図・表・グラフの効果，文章表現の工夫などのだいたいを理解する。実際に1つの記事を読んでみると，事実を正確にわかりやすく伝えるために「5W1Hを書く」という基本や，結論を先に示し，だんだんと詳述する逆三角形の構成をしていることもわかる。その後，新聞づくりを進めていくとよい。

　4年生の総合的な学習の時間「大すき　鴨居の町」での学習新聞づくりは，次のように進めた。「大すき　鴨居の町」は自分たちの住む地域のよさを見つけ考えていく活動で，地域のひと・もの・ことに目を向けて調査し，発表していく活動である。

(1) 「新聞」について調べ，単元全体への見通しをもつ。

新聞全体を見て気づいたことを発表しましょう。

　新聞を見て，「日付，号数，書いた人を必ず入れる」「見出しで内容をわかりやすく目立たせて伝える」「写真や絵で記事を助ける」「感想を書くのでなくて，取材した事実を書く」ということに気づき，自分たちの新聞にも生かすことになった。

なぜ，記者の名前が書いてあるのでしょう。

　署名記事について発問すると，「自分だったらうれしいから」とのん気な意見もあったが，「書いた人がわかるようにしている」「書いた中身について文句や質問ができるんじゃないかな」と書いた意味に言及するものも出たので，取材して正確に伝えているということの証明で，記事を書く責任について説明した。みんなに伝えたいことを新聞にするという課題から独りよがりのテーマを選ぶ可能性があるので，役に立つ

（楽しませる，なるほどそうなのかと思わせる，これから直さなくてはと思わせる）新聞にするよう話した。
(2) グループごとに計画を立て，新聞をつくる。

> 新聞調べでわかったことを生かして，グループで新聞をつくりましょう。

　総合的な学習の時間の「大すき　鴨居の町」では，一学期に「ツバメ探検隊」のまとめを新聞にすることにした。ツバメの子育て観察記録，ツバメの種類，ツバメの生態，地域でのツバメの巣の分布調査など，伝えたいことを話し合った。グループでコンセプトを決めて，記事の内容を決め，分担を決めたら，各自が主体的に動き出した。とくにインタビューやアンケートの手法を気に入った子どもたちは，活発に活動した。

- どんな新聞にしたいか，テーマを決める。
- 載せたい記事の内容を決める。
- 割付けをする。
- 取材する。インタビューやアンケートを実施する。
- 割付けに応じた文字数の記事を書き，見出しを付ける。必要に応じてリード文を書く。
- 絵や写真を選び，図表を描く。
- 清書し，新聞を完成させる。

(3) できあがった新聞を合評会などで読み合って相互評価をし，家庭や他学級，他校などにも配布する。
　合評会では達成感をもちつつも，さらに読まれるような新聞をつくる努力の必要性を感じとっていたので，社会科や総合的な学習の時間などで新聞づくりを継続した。

3　「学習新聞」の役割と留意点

　報告会では「ツバメ探検隊」の新聞を参観者に配布し，拡大新聞と補助資料を提示しながら，プレゼンテーションした。参観者に好評だったこともあり，新

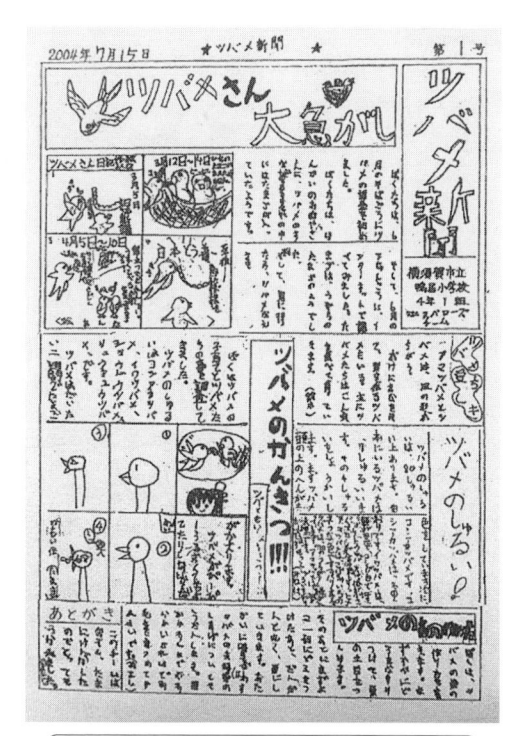

図1　総合的な学習の時間の「学習新聞」4年生

聞の効果に感動した子どもたちは，社会見学や他教科の振り返りでも新聞づくりをするようになっていった。
　学習新聞は，教科や総合的な学習の時間，行事の事前・事後学習などで工夫して取り入れられる。個人新聞として，自分紹介や生い立ち，読書紹介をまとめることもできる。はがき大のミニ新聞も取り組みやすい。
　本来「新聞」は，情報を意図的に発信する報道性・社会性の高いものである。学習新聞の役割は，課題意識を明確にもち「追求した事実を伝える」ことにある。紙面を通して「自分なりの発見・感動・考え」を訴え，制作者だけでなく読み手にも次の学習課題を見出すものとしたい。継続性のある制作を通して，学びの変化を記録するポートフォリオとしたい。　　　（臼井淑子）

3 記事スクラップ，新聞スピーチ

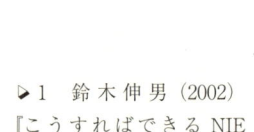

1 記事スクラップの意義

新聞記事をスクラップする意義について鈴木伸男は，(1)子どもを新聞に近づけたり，読むきっかけづくりになること，(2)ある事柄を調べたり，出来事の真相を究明すること，(3)情報を広く集めてあとで何かに役立てることの3つがあるとし，生きる力を育むうえで重要であると述べている。[1]

池上彰は，スクラップをさせることで，子どもの興味・関心を客観的に把握することができると述べている。[2]気になる記事をスクラップしていくことで，子どもの興味・関心の幅も広がり高まっていく。

樋口裕一は，スクラップではただたんに感想を書かせるだけではなく，それに対して賛成できるか，あるいは賛成できないか，「YES」か「NO」で考えさせることで，「考える力」がつくと述べている。[3]その際，子どもにとって一番意見を出しやすいのが投書欄であり，投書欄を読むことを薦めている。また，子どもが大好きな分野の記事や印象に残った記事をスクラップする「びっくりスクラップ」をつくることで，自ら発信する力が付き，書く力と読む力の両方が身に付くとしている。

NIEは新聞を丸ごと使うことが重要であり，スクラップはNIEの基本的な学習方法といえる。スクラップの学習効果をまとめると以下のようになる。

(1) 新聞を読むきっかけをつくることができる。
(2) 自分の興味・関心は何かを知ることができる。
(3) 自分の興味・関心の幅を広げることができる。
(4) 今どんなことが問題になっているのか，社会の様々な情報を集めることができる。
(5) 自分の関心があることについて調べ，探究することで，考える力が身に付く。
(6) 記事を要約したり，自分の考えを書いたりすることにより，書く力，表現力が身に付く。

子どもの発達段階や新聞を読む力に合わせて，まずは(1)だけを目標にしてもいい。段階的に(1)から(3)までとか，(5)と(6)を中心になど，目標を設定してスクラップ学習を行っていくことが重要である。

▷1 鈴木伸男（2002）『こうすればできるNIE——新聞でいきいき授業』白順社，285-290頁。

▷2 池上彰（2009）『小学生から「新聞」を読む子は大きく伸びる！』すばる舎，182-190頁。

▷3 樋口裕一（2011）『小学生の学力は「新聞」で伸びる！』大和書房，76-82頁。

2　記事スクラップの方法

　新聞スクラップの方法には様々な方法がある。まず最初は，自分の好きな記事をスクラップするところから始めたらいいだろう。テーマを決めてスクラップする方法には，主に以下のような方法がある。

(1)　1つの出来事をいろいろな角度から検証する

　　ある事件・事故や出来事の真相を知るために，その掲載日を中心にできるかぎり多くの記事を集めて検証する。できれば複数の新聞を読み比べて情報を集めるようにする。

(2)　キーワードからつくる

　　キーワード（テーマ）を決め，それに関連した記事を集めまとめる。「今」の社会の問題・話題については，「今」を知らせる新聞で調べるしかない。

(3)　テーマに合った写真記事を集める

　　写真に注目し，テーマに合った写真を集める。写真だけを集める方法と，写真と記事を集める方法がある。新聞写真にはどういう写真なのか解説がついているので，それを参考にすればいい。

(4)　1つの出来事がどう変わっていくか追いかけてみる，遡って調べてみる

　　あるニュース記事をもとにして，その後を連続的に追っていき，結末までをまとめる。新聞記事だけでなく雑誌やテレビのニュースがヒントになることもある。また，逆にある事柄が解決してから過去へさかのぼって記事を切り抜いていく方法もある。小さな「ベタ記事」だったものが大きな問題になることがある。また，解明されてから改めて読み返すと真相がはっきりとわかることもある。

3　新聞スピーチの意義と方法

　スクラップした記事の内容を多くの人に知らせ，共有することで，個人でスクラップをするだけよりも何倍もの学習効果がある。一人ひとりで集められる記事は限られているが，クラスのみんなで共有すると，自分に関心がなかった情報も得られるからである。また，記事をもとにみんなで話し合うことにより，記事の内容をより深く理解できたり，様々な見方考え方があることがわかり，多面的なものの見方ができるようになる。

　このような記事をもとに話し合う活動は，クラス単位でもいいし，グループで行ってもよい。また，家族で記事をもとに話し合うことも重要である。

（橋本祥夫）

▷4　スクラップの台紙は，A4判のノートが使いやすい。記事を張っていくうちにノートが分厚くなるので，リング式のノートにするとよい。どのようにスクラップをすればいいかわからない場合は，記事を指定したり，ワークシートにしたりすると書きやすくなる。

▷5　新聞スピーチは朝の会や終わりの会などのプログラムに入れて実施するとよい。

　おすすめ文献

鈴木伸男（2002）『こうすればできるNIE ——新聞でいきいき授業』白順社。

池上彰（2009）『小学生から「新聞」を読む子は大きく伸びる！』すばる舎。

樋口裕一（2011）『小学生の学力は「新聞」で伸びる！』大和書房。

実践 19

記事スクラップで新聞に親しむ

1　記事スクラップとは

　記事スクラップとは新聞記事の切り抜きのことである。子どもが新聞全体を俯瞰し，どのようなジャンルでもいいので，自分の心にぐっとくる記事を見つけることが大切である。新聞に初めて出合う子どもでも，無理なく楽しんで取り組める活動である。

2　記事スクラップの目的

　記事スクラップをする目的は学年や子どもの経験などによって変わる。小学校において，根底にある目的は「新聞に親しむ」ということであろう。

　スクラップをするときには，子どもたちは新聞をまるごと一部，目の前に置きページをめくる。写真や見出しに注目し，自分の気になる記事を探す。未学習の漢字は前後の文から意味を推測していく。記事を探すために新聞全体に目を通す活動そのものが新聞に親しむことなのである。新聞には，世界や日本，身近な地域で起こっていることが毎日掲載される。子どもたちは，スクラップを続けていくことで，新しい情報に触れる。自分の考えをもったり，友達との交流をとおして多様な記事に関心をもったりするようになっていく。

3　記事スクラップの場所と方法

　スクラップに必要なものは，新聞（一人1部），はさみ，糊，（辞書）である。新聞のサイズは子どもたちにとっては大きくて扱いにくい。したがって，オープンスペースや教室の床など新聞を大きく広げられる場所で行うとよい。切り抜くときには記事と記事の間にある線・空間を目安にすることや，切り抜いた記事に新聞名（朝刊・夕刊の別），日付等をメモすることを指導する。

4　記事スクラップ指導のポイント

　授業としてスクラップをするには，「児童数プラス数部」の新聞が必要である。新聞購読をしていない家庭もある。安易に「新聞をもって来よう」などと子どもに投げかけず，下の(1)〜(5)のような具体的な手だてをとっていくことが必要であろう。

(1)　新聞をためる。
　　学校や教師が購読している新聞を児童数以上にためる。新聞をためていく場所を教室内につくり，日直が整理してもよい。

(2)　子どもの新聞へのイメージの把握をする。
　　新聞に対する子どものイメージをアンケートや対話によって把握する。

(3)　スクラップの経験やよさを交流する。
　　子どものスクラップ経験を確認する。今までにスクラップをしてきたことなどを自由に話させる。新聞に限らず，好きなもののスクラップなどをして集めた体験などを語らせると新聞スクラップへの関心も高められる。

(4)　スクラップしたい記事を見つける視点を示す。
　　写真と見出しに着目するよう指導する。また，スクラップ後の交流では，記事を選んだ理由を話したり聞いたりすることを楽しませたい。慣れて

きたら，記事へのコメントを100字程度書かせる。自分の経験（実経験・本や他の記事とのつながりなど）と結び付けて書くことが望ましい。

(5) 学級新聞コーナーをつくる。

当日の新聞は休み時間や図書の時間などに誰でも手に取れるように置いておく。

(6) 保護者へ説明し，活動への理解を促す。

校内の先生方はもちろん，家庭の協力も必要である。時に，授業参観で親子スクラップをしてもよい。子どもたちにとっても，大人の考えを聞き，新しい考え方をもつ機会となる。

5　対象学年

記事スクラップは小学校中学年くらいから取り組むことができる。高学年になるにつれ，スクラップのテーマや要約，感想などが充実する。小学生新聞や写真に焦点を当てたスクラップならば，2年生くらいからでも可能である。実態に合わせて親しませたい。

6　実践例

スクラップでは続けること・交流すること・振り返ることの3つを大切にしたい。一人で行うことが基本だが，時に親子や友だちと行うと意欲の継続につながる。

総合的な学習の時間や，道徳，国語科などの授業として「ちょっと気になるこの記事スクラップ」「親子でスクラップ」「心があたたかくなる記事スクラップ」などの小単元を設定したり，朝15分程度の帯時間を設定したりするとよい。さらに，夏休みや冬休みの自由課題や家庭学習などにも取り入れられる。スクラップをするとどのようなよさがあるかも振り返りで話し合うとよい。「世の中で起こっていることを知ることができた」「友達と気になった記事について交流したら楽しかった」「ためたスクラップを見ると私はスポーツ選手の生き方に共感することが多いと分かった」等の感想があった。スクラップをしたからこそ気づけたことや，自分の考えをもてたこと，自分自身をみつめたことなどがうかがえた。

45分授業の例（5年生前期）
　　　『ちょっと気になるこの記事』総合
活動内容：新聞記事から気になるものをスクラップして，要約と気になった訳を書く。友だちとの交流をとおして，考えを広げる。
流れ
10分：①教師からスクラップの仕方を聞く。
20分：②個人でスクラップする。
　　　③スクラップした記事を台紙に貼り，要約と気になった訳などを書き込む。
10分：④5～6人のグループで交流する。
5分：⑤スクラップを振り返る。

7　記事スクラップの整理の仕方

○模造紙1枚にまとめて掲示（テーマスクラップ）

グループでテーマを決めてスクラップをした記事を，模造紙1枚に貼りまとめる。見出しや吹き出しの書き込み・感想などを付けるとよい。模造紙は廊下等に掲示する。（テーマ例：オリンピック・大震災・幸せ等）

○スクラップファイル・スクラップノート

A4判クリアファイルにスクラップと感想をファイリングしていく。ノートでは，左ページに記事を貼り，右ページに記事の要約や感想を書く。

○掲示板での掲示

スクラップをフォルダーに入れて掲示する。付箋に友だちのスクラップへのコメントを書き，貼ることで交流できる。年度末に表紙をつけて製本するとよい。

（深沢恵子）

実践 20

新聞記事を選んでスピーチする

1 新聞スピーチとは

　新聞スピーチとは，1つの新聞記事を選び，記事の内容について要約し，自分の考えをスピーチすることである。初めは，書かれていることへの感想でもよい。

2 新聞スピーチの目的

　新聞スピーチの目的は多様で，社会に関心をもつため，友だちのよさに気づくため，自分の考えを明確にもつためなどがあげられる。目的は教師が設定しても，子どもたちと話し合って決めてもよい。相手意識をはっきりもたせるとスピーチ内容や言葉遣いが吟味される。同じ記事でも気になる言葉や感想・意見は一人ひとりで違う。「自分はどう思うか」を大切に取り組ませたい。

3 新聞スピーチの場所と方法

　いきなりクラス全員に向かってスピーチすることが難しい場合や思う存分語ることを楽しませたい場合には，場や対象人数を工夫する。隣の子とペアになって話すことや，4人程度のグループで交流することから始め，後にクラス全体にするなどの段階を経るとよい。初回には教師が用意した子どもの関心がもてる記事についてみんなで自由に交流させることが適している。

4 新聞スピーチ指導のポイント

　スピーチは，スクラップの後に取り組むとよい。スクラップにした記事を，朝の会や帰りの会でみんなに

図1　スクラップにスピーチ用の要約と自分の考えを書く児童

発信することからはじめると無理なくできる。
　子どもたちの中には，「難しい」「恥ずかしい」と，身構えてしまう子もいる。楽しんでできるようにするためにはいくつかのポイントがある。
　(1) スピーチをする前に子どもと教師とが対話する。
　子どもがスピーチをしたくなるように自信をもたせたい。子どもがスクラップした記事にどのような感想や意見を書いたか確認する。教師は「がんばりやのAさんだからこそ切り抜いた記事だね」「Bさん以外，誰も気づいていない視点だよ」など声をかける。
　(2) スピーチの項目を形式として示す。
　スピーチに必要な項目を決めておくとよい。聞き手にとってどのような項目があるとよいか考え，子どもが決めてもよい。形式をもとにスピーチするうちに自分なりのアレンジを加えていくよう指導する。
　形式の例は黒板横の掲示板に貼ったり，プリントとして一人ずつに配ったりしておく。朝の会のスピーチは，日直がすることが多いが，誰がいつ行うのか等，クラスで話し合って決めておきたい。教師の支援が必要な子へ具体的にアドバイスすることにつながる。家

で練習してくる子どもの姿も見られるだろう。

（3）感想・質問タイムを設定する。

　スピーチした後に，聞き手から直に反応があることは次の新聞スピーチへの意欲につながる。スピーチを終えて拍手だけで終わるのではなく，質問や感想を伝える時間をとる。その際，「声が大きくてよかった」などの話し方に関する感想だけではなく，記事の内容に触れさせたい。「記事に対してＡさんは〇〇と言っていました。わたしも賛成で，〇〇と思いました」「わたしもこの記事を読みましたが，Ａさんのような視点はなかったので，もう一度記事を読み返したくなりました」など教師も一人の聞き手となり，感想や質問を行うことや，教育機器（ＯＨＣやテレビ画面への投影機）を利用することが効果的である。

【クラスで決めた形式の例】

〈はじめの言葉〉
・これから新聞スピーチを始めます。

〈聞き手を引き付ける投げかけの言葉〉
・みなさんも〇〇したことや考えたことがあると思います。今日は〇〇についての新聞を読んで考えたことをスピーチします。

〈新聞の紹介〉
・これは〇月△日，□□新聞の朝刊です。

〈要約〉
・この記事には，～ということが書かれていました。（５Ｗ１Ｈ）

〈この記事を選んだわけ〉
・〇〇が素敵だなと思ったので，この記事を選びました。

〈自分の考え〉
・私も～の経験をしたことを思い出し，～したいと思いました。
・私は，～と考えました。

〈終わりの言葉〉
・これでスピーチを終わります。

・みなさんの感想や意見をおねがいします。

① 話し方や聞き方の確認をする。

　新聞スピーチはクラスの雰囲気や人間関係なども影響する。あたたかい聞き方，優しい（易しい）話し方が大切である。これはスピーチに限らず４月からの学級指導で徹底していきたい。自分がスピーチするときにどのように聞いてほしいか考えさせるとよい。

② 時間を制限する。

　長すぎるスピーチは聞き手を退屈にさせる。また，何を伝えたかったのかさえわからなくさせる。１分間から始め時間の感覚を養い，少しずつ増やして，長くても３分間以内には終えるようにしたい。

　スピーチに関する上記の指導は，国語科の指導事項「Ａ『話すこと・きくこと』」と関連させて指導していくとよい。

5　対象学年

　記事スピーチは小学校４年生くらいから可能である。低学年から行いたいときには，小学生新聞や記事の写真についてペアやグループ内で簡単な意見交流を楽しむ活動を設定するとよい。

6　実践例の紹介

　スピーチは，朝の会・帰りの会で継続するとともに，スピーチコンテストなどへも挑戦させるとよい。また，テーマを決めて他学年へスピーチすることもできる。６年生が５年生へ国際問題について，５年生が６年生へ環境問題についてスピーチを行ったりすることなどが例としてあげられる。

（深沢恵子）

4 複数紙の比較読み

1 「生きる力」を育てる

　NIEの面白さの一つに複数紙の比較読みがある。同じニュースを伝える各紙の記事を比べたとき，見出しや写真，本文の表現，ニュースの取りあげ方に違いが見られる。複数紙の比較読みの学習は，各紙がそのニュースについてどのようにとらえ，伝えているかという，情報を分析し，判断する「メディア・リテラシー」を育てるのに有効である。また，物事を1つの視点だけでなく，複数の視点でとらえることで，批判的に検討する「クリティカル・シンキング（批判的思考）」も育てることができる。

　2008（平成20）年版学習指導要領にも，小学校国語（5・6年）で「目的に応じて，複数の本や文章などを選んで比べて読むこと」，中学校国語（3年）で「論説や報道などに盛り込まれた情報を比較して読むこと」が示されている。小・中学校ともに学習指導要領で「比較読み」が取りあげられたということは，高度情報化社会を生きていく子どもたちにとって，情報を比較し，考えることがいかに大切かということを表している。また，比較読みの学習を通して，情報を比較し，批判的に分析しながら判断し，自分の考えを発信するという思考のプロセスも身に付けることができる。こうして身に付けた思考やスキルは「生きる力」として，子どもたちの日常生活や社会生活を支えていくこととなる。

2 何を比較読みするか

　何を比較読みするかについて，次の4つを紹介する。

　(1) 同じニュースについての「見出し」「写真」「本文」，(2) 同じニュースについての「社説」，(3) 同じ日の一面の記事，(4) 全国紙と地方紙

　4つの中で最も取り組みやすいのが(1)である。「見出し」の言葉や「写真」の中心となっているものを比べるなど，小学生から楽しんで学習することができる。(2)の社説の比較読みは社説が読めるということで中学生以上が対象になる。取りあげたニュースについて，賛成・反対いずれの立場から書いているかを見出しや本文の内容から考えたり，書き手の考えや主張を文章中のレトリックから読み解くなど，各紙の論調の違いをとらえるという面白さはこのうえない。(3)については，同じ日の一面のトップやセカンド，サード記事を比較する

ことで、各紙がどのニュースに価値をおいているかがわかる。また、この「ニュースの価値」については、(4)の全国紙と地方紙を比較するのも面白い。同じニュースでも取りあげ方に差があったり、地方紙では取りあげているのに全国紙では取りあげていないなど、判断や扱いの違いがよく見られる。なぜそのような差や違いが生じるかを、それぞれの記事について考えさせるとよい。

❸ 大村はまによる「表現比べ」(1979年10月 東京都大田区立石川台中学校1年生での実践)

実際に複数紙の比較読みをどのように授業に取り入れるか。ここではNIE実践の先駆者でもあった大村はまの国語科での「表現比べ」という実践を紹介する。

隅田川の花火大会を報じる4紙(『朝日新聞』『毎日新聞』『読売新聞』『東京新聞』)の取りあげ方、見方、表現について、グループでの話し合い活動を通じて比較するという学習である。まず、花火大会、空模様、人出などについて各紙の表現を抜き出し、次にそれぞれの表現による意味の違い、語感の違いについて話し合う。表1と表2は大村の生徒たちによる「見ている人の様子」とその「表現に関する分析」である。

同じことを伝えるにも各紙の表現は様々である。それぞれの表現を比較し、吟味することで子どもたちに言葉への関心をもたせることができる。また、こうした学習の積み重ねが各教科の土台となる国語の力を養い、子どもたちの日常の言語生活を豊かにしていくことが期待できる。

3 情報を比較し、判断し、自分の考えをもつ

2012(平成24)年度「全国学力・学習状況調査」の中学校・国語Bに、言葉の使い方をテーマにした問題が出題された。「美しい日本語とは」という2人の対談形式の文章を読み、これからどんな言葉の使い方をしていきたいか、2人のどちらかの発言内容を根拠としてあげ、自分の意見を書くという問いである。このように正解が一つに収束しない、拡散的であるが根拠に基づいた個の判断とそれを発信する力が今の子どもたちに求められていることがうかがえる。

この問題で、根拠とともに自分の意見を規定の字数で書けていた正答率は20.6%と、非常に低かった。また、字数を満たし根拠をあげつつも自分の意見が書けていないのは35.9%と、全体の3分の1以上であった。これより、提示された問題について異なる意見を吟味し、自分の考えを導き出し、表現することに課題があることがうかがえる。

このような現実的な問題について、判断し、自分の考えを発信する力をつけるために、子どもたちの身近にある新聞を教材とした比較読みの学習が今後、重要性を増してくるだろう。

(神﨑友子)

表1 見ている人の様子

朝日	見とれる
毎日	忙しい・にぎわった
読売	にぎわった・ゆったり・うれしそう・声をはずませた・歓声
東京	にぎわった・どよめき

表2 表現に関する分析

「見とれる」	心がうたれて、花火に見入っている様子。
「うれしそう」	表情に出している様子をそのまま表している。
「歓声」	動作や声に活発に表している。
「にぎわった」	見物客がうきうきしている様子と、人々がたくさん集まっている様子が表されている。

▷1 1906年神奈川県生まれ。国語教師として50年以上にわたり実践的指導に携わる。著書に『大村はま国語教室』(全15巻別巻1)などがある。2005年没。

▷2 大村はま(1983)『大村はま国語教室9』筑摩書房、375-417頁(筆者による要約)。

▷3 国立教育政策研究所「平成24年度全国学力・学習状況調査 報告書・集計結果」について。http://www.nier.go.jp/12chousakekkahoukoku/index.htm

参考文献

大村はま(1983)『大村はま国語教室9』筑摩書房。
橋本暢夫(2009)『大村はま「国語教室」の創造性』渓水社。

実践 21

社説を比較読みする

1 社説ってナニ？

　各紙には毎日社説が掲載されているが，社説とはどんな記事のことか。同じテーマについて書かれた各紙の社説を比較読みしながら，「社説」について考える。

　① 「全国学力調査」に関する社説を比較読みする

　テーマはこの本を手にしている教員志望の方や現職教員の方に関係のある「全国学力調査」についてで，全国紙4紙（『朝日新聞』2008年8月31日付，『毎日新聞』2008年8月31日付，『読売新聞』2008年8月31日付，『産経新聞』2008年9月1日付）の社説を取りあげる。

　② 各紙の立場とその理由を読みとる

　それぞれどのような立場で「全国学力調査」をとらえているか，理由とともに検討する。

　まず，見出しについて見てみる。

```
A (『朝日新聞』) 60億円はもっと有効に【否定的】
B (『毎日新聞』) このまま続ける必要があるか【否定的】
C (『読売新聞』) 集積データを授業に生かせ【肯定的】
D (『産経新聞』) 成績上位の教育力に学べ【肯定的】
```

このように，見出しを見るだけでも概ねそれぞれの立場を推測することができる。

次に，推測した立場の理由について，見出しに関連する内容を中心に本文を見てみる（①〜⑭の番号は段落番号）。

```
A (『朝日新聞』) ③「多額の税金を使って，全員調査を続けることに意味があるのか」/⑨「多額の予算と労力を費やしたのに，ふさわしい果実は得られなかった。見直すのが筋だろう」/⑬「調査にかかった60億円で外国語教育向けの教員増をまかなえる」
B (『毎日新聞』) ②「全員対象で巨額の費用をかけてやり続ける意味があるのか」/⑧「巨費を投じて行われ，『当たり前の結果』を確認し合うより，課題を抱えた現場を支援する方に力を転じるべきではないか」
C (『読売新聞』) ②「集まったデータを比較・分析し，学校の授業の改善に役立ててもらいたい」/⑥「分析を行い，結果を公表して全体の学力向上につなげるべきではないか」/⑦「授業に生かされなければ効果が薄れる。テストの利用をもっと促すべきた」/⑭「適度な競争はあっていい」
D (『産経新聞』) ①「成績の差を素直に見て，熱心な地域や学校の取り組みに学んでほしい」/⑩「全国規模で自分の成績の位置がわかる学力テストの結果は貴重な情報だ」/⑪「競争の効用を見直すべきだ」
```

③ 結論をまとめる

②の各紙の立場とその理由を合わせて，結論を考える。

```
A (『朝日新聞』) 充実した成果の得られない調査に巨費を投じるよりも，その費用を教員増と質の向上にあてるべきである。【否定的】
B (『毎日新聞』) 全員調査はもう十分で，状況を改善していくための政策と支援策を打ち出していくべきである。【否定的】
C (『読売新聞』) データを学校の授業の改善に役立ててほしい。【肯定的】
D (『産経新聞』) 学校や家庭の指導で成績上位の県に学んでほしい。生徒にとっても調査の結果は貴重である。【肯定的】
```

このように，各紙で「全国学力調査」についての立場が明確に分かれていることがわかる。また，同じ「否定的」もしくは「肯定的」立場でも，その理由や主張が異なっている。

「社説ってナニ？」——社説とは話題になっていることについて，「各社の判断や主張を書いた記事」であり，各社の考え方や方向性が示されている。

2 社説を比較読みする意義

1つのテーマについて複数紙の社説を読むことで，いろいろな考え方や意見が見えてくる。子どもたちは異なる立場の記事を読み，思索する中で，自分の考えを形成していく。このように，社説の比較読みは子どもたちに物事を多面的にとらえさせ，思考を深めさせる学習活動となる。

3 メディア・リテラシーとの関連

社説以外でも同じニュースについての報道記事や写真を比較させてもよい。子どもたちに，なぜ同じニュースであるのに，見方や立場，主張が異なるのかについて考えさせることが大切である。この違いこそが報道の本質であり，様々な視点やとらえ方で情報発信することがメディアの役割であることを学ばせたい。

（神﨑友子）

実践 22

キャリア教育に記事やコラムを利用する

1 若者とキャリア教育

　日本の児童生徒、若者は、自分の将来に夢や希望などをもつ割合が少ないといわれている。いわゆるバブル経済がはじけて以来、若者が正規労働に就くことの困難な時代が続き、いわゆるリーマンショックによって日本経済はさらなる打撃を受けて深刻な状況が続いている。経済の悪化だけが原因ではないと思われるが、いわゆるニートや引きこもりが相当数にのぼる。そこに2011年3月11日の東日本大震災及び東京電力福島第一原子力発電所の事故は、日本の将来に暗い影を落としている。

　そんな時代状況の中で、教育行政もキャリア教育に力を入れ始めている。例えば、文部科学省が2005年5月にまとめた「キャリア教育の推進に向けて――児童生徒一人一人の勤労観、職業観を育てるために」では、キャリア教育を「『児童生徒一人一人のキャリア発達を支援し、それぞれにふさわしいキャリアを形成していくために必要な意欲・態度や能力を育てる教育』ととらえ、端的には、『児童生徒一人一人の勤労観、職業観を育てる教育』とする。」（アンダーラインは出典による。引用者注）と定義している。

　複雑に絡み合った状況を背景に、キャリア教育は、小学校から大学院生にまで必要とされる時代になった。あらゆる機会をとらえて、彼らの「勤労観、職業観」を育て、生きる意欲を高めていく必要がある。

2 キャリア教育の教材集としての新聞

　そのように考えたとき、新聞はとても重要なキャリア教育の教材といいうる。新聞には様々な面や欄があり、種々の職業が登場するし、有名無名の多くの人々の仕事ぶりや人生観などが紹介される。むろん求人欄があるのはいうまでもない。

　あるいはそのような職業紹介のような内容ではなくても、文化欄で紹介された一冊の本が人生の指針を提示するかもしれない。スポーツ欄を読んでスポーツ選手の生き方に励まされることもある。さらには政治に関する記事を読んで、政治家にあこがれたり、逆にこのままにはしておけないと政治家を志したりするきっかけになることもあろう。経済面や国際面を読んだことで、グローバルに活躍できる人材になろうと志を立てる場合も考えられる。社会面で取りあげられた事件やボランティア活動を知って、社会問題の解決に当たる仕事に就きたいと思う場合もあるだろう。さらには投書欄や人生相談の記事などを見て、自分と同じ悩みを抱えている人が少なくないことを知って勇気づけられることもあるに違いない。新聞は、読み手の狭い世界を越え、読み手を奮い立たせたり、癒してくれたりする他者の生きる姿に溢れている。

　しかも新聞というメディアは、その一覧性や総合性という特性のために、思わぬ出会いを演出してくれる。インターネットの検索では、自分の興味のあることにしかたどり着かないことが多いが、新聞は、たまたま開いた紙面に、思いもしなかった出会いが用意されていることも少なくない。また新聞というメディアは、持ち運びにも便利だし、切り抜いて保存し、記録として残しておくのにも手間がかからない。何度でもいつ

でも読み返すことが手軽にできる。そもそもあれだけの情報が詰まっている割に値段は安い。

　そう考えると，種々の職業を知り，「勤労観，職業観」を育み，多様な生き方，考え方を知り，生きる意欲を高めるために新聞はとても効率的だといえよう。新聞を購読していない家庭も増えているが，キャリア教育の観点からも考え直してほしい。また実際には多くの教室でキャリア教育に通じる新聞活用の実践が行われているはずだが，報告される件数からすれば十分とはいえず，今後の課題といえる。

3　キャリア教育の教材となる記事

　では，キャリア教育の観点から，どのような記事に教材化の可能性があるのか。2012年の7月第一週の『朝日新聞』と『読売新聞』から具体例を探した。あらゆる記事が教材化の可能性を有しているが，ここでは求人欄以外で「勤労」や「職業」，「進路」に結び付くもの，かつなるべく種類の異なる内容を取りあげるようにした。

〈7月1日〉
・『朝日新聞』「仕事力」写真家・坂田栄一郎氏へのインタビュー「社会の枠を嫌悪した日々」

〈7月2日〉
・『朝日新聞』「ひと　防災林再生を担う苗木農家　上原和直さん」
・『読売新聞』「七転八起」IHI社長・斉藤保氏へのインタビュー「飛行機へのあこがれ原点」
・『朝日新聞』夕刊「be evening　凄腕つとめにん」IMV東京スカイラボ所長・宮正徳氏インタビュー「多彩な部品の振動試験」

〈7月3日〉
・『朝日新聞』広告特集「大学力〜いま，大学をどう選ぶか〜」
・『読売新聞』「就活ON！　就活に生かす留学」

〈7月4日〉
・『朝日新聞』「リレーおぴにおん　資格大国ニッポン」日本コカ・コーラ役員秘書　風見幸代さんインタビュー「点数ではない自分への評価」
・『読売新聞』「大学の実力　教育力向上の取り組み」

〈7月5日〉
・『読売新聞』「顔　国内の野生メダカが2種いることを突き止めた近畿大大学院生　朝井俊亘さん」
・『読売新聞』夕刊「探究　140年の謎　貪欲に解明　東山哲也氏（名古屋大学教授）」

〈7月6日〉
・『読売新聞』「働く　毎春，終業式後に失業　非正規公務員」

〈7月7日〉
・『読売新聞』「被災3県　高卒求人倍増　復興需要拡大　企業再建進む」

　学習活動としては，これらの記事をもとにスピーチをしたり，話し合ったり，職業や進路について調べたりすることや，意見や感想を書くことも考えられる。むろんただスクラップするだけでもよいだろう。

　だが他にも，例えば異なる記事を組み合わせて，そこに生き方の点で共通性を見つけ，ことわざや故事成語などを使ってタイトルを付けてみるというのも楽しい。読解力を養う手軽な練習にもなるし，情報を関連づける学習にもなる。またことわざや故事成語，語彙などの知識を増やすことにもなる。　　（髙木まさき）

▶1　文部科学省「キャリア教育の推進に向けて――児童生徒一人一人の勤労観，職業観を育てるために」2005年5月。http://www.mext.go.jp/a_menu/shotou/career/05062401.htm（アクセス2012.8.13）

5 新聞記事をどうストックするか

　新聞を授業で活用するためには，まず教材となる記事をストックすることから始めなければならない。ここでは記事のストックの方法について紹介する。

① スクラップブックに貼る

　これは切り抜いた記事を日付順に貼ったり，記事の内容ごとに違うスクラップブックを用意して貼る方法である。大事に残しておきたい記事や，時間をかけてじっくりと考えたい記事をストックするのに適している。付箋を付けてマーキングをしたり，記事を貼った台紙の余白に感想などの書き込みをすることができる。また，スクラップブックの最初のページに目次をつけ，タイトルを書いておけば，後で記事を探すときに見つけやすく，書き込んだことと合わせて活用の幅が広がる。

　しかし，スクラップブックで記事をストックするには，何より作業に手間と時間がかかる。そして，どんどんたまっていくスクラップブックはかさ張り，置き場所をとる。また，外側に表紙や背表紙をつけ，内側にも目次を付けておかないと，使いたい記事がどのスクラップブックのどのページにあるかわからないなど，マイナス面も少なくない。

② ポケットファイルにファイリングする

　これは透明のポケットがついたファイルに切り抜いた記事を入れていく方法である。①で取りあげた半永久的に保存できるスクラップブックと違い，一定期間がたてば「捨てる」という一時的なストックである。

　ファイルを1冊にまとめたい場合は，ポケットごとに記事の種類や内容を書いたインデックスシールを貼り，記事を分類して入れていく。例えば，「国際・地域・社会……」というように記事の面立てで分けると，分野ごとに整理されるため，使いたい記事がすぐに取り出せる。

　また，とくに関心のあることについては，その記事だけを集めるファイルを用意し，項目ごとに分けてストックするとよい。例えば「東日本大震災」のファイルには，「津波・原発・がれき処理……」というようにインデックスシールを貼り，記事を入れていくと，手間と時間をかけずに整理できる。

　しかし，ポケットファイルにファイリングしていくと，1つのポケットに同じ分野・項目の記事がたまっていき，ファイルがふくれあがっていく。

そこで便利なポケットファイルを有効に活用するために，定期的にファイルの閲覧・整理をするとよい。例えば「この記事はこの単元で使おう」というように，記事をどのように使うかを，付箋に書いて貼っていく。そして，半年経って付箋の付かない記事は思い切って捨てる。記事の活用が思い浮かばない記事をいつまでも残しておくよりも，新しい記事を探し，その活用を考えていくことが大切である。記事は古いものはいけないということはないが，新聞は「今」を伝えるものである。できるだけ子どもたちには新しい記事と出会わせたい。新しい記事を取り入れながら，一方で思い切って記事を「捨てる」こともストックするうえでの秘訣である。

③ オンライン記事をパソコンなどに保存する

これは各新聞社のインターネット上の記事を利用して，パソコンなどにデータを取り込む方法である。全国紙から地方紙まで様々な新聞記事から，写真などの画像とともに，データを蓄積することができる。「紙」で保存するより手間がかからず，場所をとることもない。また，個々のデータをフォルダごとに整理することで，簡単に記事を探すことができる。デジタル媒体なので教材化するときも，漢字にふりがなを付けたり，体裁の変更などが容易にできる。

しかし，各社のオンライン記事は一定期間を過ぎると，記事が削除されるため，日々関心のある記事をチェックし，データをこまめに取り入れる必要がある。

④ 新聞の電子版を「スクラップ」する

近年，『日経新聞電子版』や『朝日新聞DIGITAL』が話題をよんでいる。これらの電子版のスクラップ（保存）機能を活用すると，「紙」をスクラップしたり，ファイリングするのと違い，かさばらずに，パソコンや携帯端末で手軽に見ることができる。また，記事の保存も「分類ラベル」を付けたり，「フォルダ」をつくることで整理でき，使いたい記事をすぐに見ることができる。記事の印刷もプリンターとつなげば可能である。

しかし，電子版のサービスで保存できる記事の数には限りがあり，これを超える場合は記事を削除していかなければならない。関心のある分野の記事を中心に，重要度をつけながら，すぐに活用することを目的とした記事をストックするのに適している。

（神崎友子）

参考資料

『日経新聞電子版』http://pr.nikkei.com/

『朝日新聞DIGITAL』http://digital.asahi.com/info/?ref＝com_header_2

6 新聞利用と著作権

1 「著作権」とは何か

「著作権」は私たちの日々の生活に様々な形で関わっている。なかでも学校教育は、著作権との関わりぬきには成り立たないといっても過言ではない。

ここでは、授業での新聞利用を中心に、教員として知っておくべき著作権の基本的な知識を紹介する。

「著作権」は著作権法によって規定されている。その基本的な考え方は、ベストセラー小説やヒット曲の作者がそれに見合った富や名声をえられるよう権利を保護すれば、人々がよい作品を創ろうと競いあう環境が生まれて、その結果、全体として文化の発展がもたらされるだろうというものである。▷1

とはいえ、著作権はプロの小説家や作曲家だけのものではない。「思想又は感情を創作的に表現したもの」はすべて著作物であって、しかも届け出の必要▷2 はなく、著作物が作成された瞬間から作者は著作権をもつ。だから、児童が書いた作文やスケッチも著作物であり、児童はその著作権者となる。

2 「著作者人格権」と「(狭義の) 著作権」

一口に「著作権」といっても、その内容は「著作者人格権」と「(狭義の) 著作権」の2つから成っている。

「著作者人格権」とは、いわば作者の名誉をまもるためのもので、作者に無断で作品を公表してはならないこと（公表権）、公表の際に作者名を記すか匿名か、ペンネームを使うかどうかは作者だけが決められること（氏名表示権）、他人が勝手に作品を変更してはならないこと（同一性保持権）が規定されている。

これに対して「(狭義の) 著作権」が保護するのは、いわば財産としての著作者の権利、例えば小説家と出版社が「1冊当たり定価の○％を支払う」という出版契約をする場合のように、自分の作品の使用や複製を認める代価として利益をえることである。代表的なものには、作品を複製する権利、上演したり演▷3 奏したりする権利、放送する権利などがあり、それ以外にも現代では「利用者がダウンロードできるようにパソコンのサーバーにアップすること」も、ここに含まれる権利である。

▷1 著作権法第1条（目的）「この法律は、著作物並びに実演、レコード、放送及び有線放送に関し著作者の権利及びこれに隣接する権利を定め、これらの文化的所産の公正な利用に留意しつつ、著作者等の権利の保護を図り、もつて文化の発展に寄与することを目的とする。」

▷2 著作権法第2条参照。また第10条では次のようなものが著作物として例示されている。小説、脚本、論文、講演。音楽。舞踊、無言劇。絵画、版画、彫刻。建築。地図、図面、図表、模型。映画。写真。プログラム。

▷3 実際上、この「作品を複製（コピー）する権利」つまり「複製権（コピー・ライト）」が著作権に関して中心的な位置を占めており、そのため著作権の表示にも「©」マークが使われている。

▷4 著作権法第12条（編集著作物）「編集物でその素材の選択又は配列によつて創作性を有するものは、著作物として保護する。」

3 著作物としての新聞

さて，新聞は二重の意味で著作物である。

まず個々の「記事」は，基本的に「思想又は感情を創作的に表現」している。たとえほんの短い記事でも，取材に基づき，問題の経緯や背景などの分析をふまえたうえで，独自の切り口や表現で事柄を描いているからである。

また全体としての「新聞紙面」という意味では，様々な記事をニュースバリューの判断などに基づいて紙面として構成した「編集著作物」という性格ももっている。

なお社外の寄稿者による記事などを除いて，記事の著作権も紙面の著作権も，いずれもその新聞社に属している。

4 学校教育と著作権

このように「(狭義の)著作権」を権利として保護する一方で，許諾がなくても使用が認められるケースが例外としていくつか認められている。

例えばレポートや論文を書くとき，文中に誰かの文章の一節を用いることがある。本来これは著作物の複製にあたり，そのつど著作者の許諾をえなければならないはずなのだが，一定の条件（引用文はあくまで補足であること，どこからどこまでが引用かを明示すること，出典の明記など）を満たしていれば，「引用」として認められている。

学校教育は，教科書への掲載や試験問題での利用など，この例外規定と深く関わっている。とくに重要なのは授業での著作物の利用だろう。例えば授業の中で資料として書籍の一節や新聞記事を印刷して配布することは日常的に行われているが，これが正当であるのは「教育を担任する者及び授業を受ける者」が「授業の過程における使用」のために「必要と認められる限度」において複製することが認められているからである。

ただし注意してほしいのは，ここでも「出所の明示」が必要なことである。新聞記事を資料として利用する場合にも，少なくとも「掲載紙名と日付」は示されなければならない。新聞スクラップや調べ学習の資料として子どもたちが新聞記事を利用する場合にも，できれば著作権についての理解とあわせて，「出所明示」という基本ルールを習慣として身に付けさせておきたい。

とくに現代のインターネット環境の中で，子どもたちは漠然と「著作権」というものがあることは知りながら，気軽に音楽の違法ダウンロードサイトを利用したり，ネットからのコピーで自分の作品をつくったりできる状況におかれている。したがって学校教育の中で著作物を利用する機会を利用して，「著作権」とは何か，どのようなことが定められているか，著作物はどのように利用すればよいのか，これらの学習も必要である。

（平石隆敏）

▷5 なお，各新聞社の著作権に関するポリシーや具体的な利用方法については，各社に窓口が設けられているので，相談していただきたい。

▷6 著作権法第30～47条を参照。

▷7 学校教育における著作権全般に関しては，新聞著作権情報センター（CRIC）「学校教育と著作権」などを参照。

▷8 著作権法第35条参照。なお，どこまでが「授業の過程」といえるかなど詳細については，著作権法第35条ガイドライン協議会「学校その他の教育機関における著作物の複製に関する著作権法第35条ガイドライン」（2004年3月）を参照されたい。

▷9 学校教育での新聞利用に関しては，日本新聞協会NIEのページ「学校における新聞の二次利用」などを参照。

▷10 「著作権」は本当に「文化の発展」に寄与しているのか。もっと自由な利用を認める方が，文化は発展するのではないかという意見もある。こうした議論は，ディベートなどのテーマにできるだろう。

おすすめ文献

日本新聞協会研究所編（1993）『新聞と著作権』日本新聞協会。

福井健策（2005）『著作権とは何か』集英社新書。

福井健策（2010）『著作権の世紀』集英社新書。

山田奨治（2011）『日本の著作権はなぜこんなに厳しいのか』人文書院。

関連サイト・参考図書

■関連サイト
日本新聞協会・NIE　教育に新聞を　http://www.pressnet.or.jp/nie/nie.htm
　（なお，ここには「新聞各社ウェブサイトの NIE・教育関係ページのリンク集」も設けられている。http://www.nie.jp/link/）
日本新聞協会　http://www.pressnet.or.jp/
日本新聞博物館　http://newspark.jp/newspark/index.html
日本 NIE 学会　http://www.osaka-kyoiku.ac.jp/~care/NIE/index.html

■参考図書（読者の入手しやすさを考え，最近出版されたものに限定した）
◇新聞活用・全般
越田清四郎・石川實編（2012）『新聞教育ルネサンスへ——NIE で子どもが変わる，学校が変わる』白順社。
石川實・越田清四郎（2010）『新聞教育の文化誌——NIE はこうして始まった』白順社。
池上彰（2009）『小学生から「新聞」を読む子は大きく伸びる！』すばる舎。
柳澤伸司（2009）『新聞教育の原点——幕末・明治から占領期日本のジャーナリズムと教育』世界思想社。
日本 NIE 学会編（2008）『情報読解力を育てる NIE ハンドブック』明治図書。
全国新聞教育研究協議会・鈴木伸男編（2007）『これからの新聞教育——全国新聞教育研究協議会50年』白順社。
影山清四郎編（2006）『学びを開く NIE ——新聞を使ってどう教えるか』春風社。
妹尾彰・福田徹（2006）『新聞を知る　新聞で学ぶ』晩成書房。
妹尾彰（2004）『NIE の20年　"教育に新聞を"——その歩みと可能性を探る』晩成書房。
小田迪夫・枝元一三編（1998）『国語教育と NIE ——教育に新聞を！』大修館書店。

◇新聞活用・実践ガイド
妹尾彰（2011）『新 NIE 実践ヒント・ワークシート集——新聞は生きた教科書　新聞を楽しく読んで考えよう』晩成書房。
妹尾彰（2010）『NIE 新聞で自由研究』晩成書房。
妹尾彰・枝元一三編（2008）『子どもが輝く NIE の授業——新聞活用が育む人づくり教育』晩成書房。
岸尾祐二・李貞均（2008）『新聞を活用した読解力向上ワーク——PISA 型読解力がグングン身につく』東洋館出版社。
鈴木伸男編（2006）『こうしてできた NIE ——新聞でわくわく授業』白順社。
日本 NIE 研究会（2004）『新聞でこんな学力がつく』東洋館出版社。

鈴木伸男監修（2004）『新聞わくわく活用事典』PHP研究所。
鈴木伸男（2002）『こうすればできるNIE──新聞でいきいき授業』白順社。
妹尾彰（2002）『NIEワークシート100例』晩成書房。
妹尾彰編（2001）『NIE小学校実践事例集──総合学習に生きる』晩成書房。
妹尾彰編（2001）『NIE中学校実践事例集──総合学習に生きる』晩成書房。
妹尾彰・岸尾祐二・吉田伸弥（2000）『総合的な学習で新聞名人──楽しく学習できる66のNIEワークシート』東洋館出版社。

◇新聞・新聞論
ファクラー，マーティン（2012）『「本当のこと」を伝えない日本の新聞』双葉新書。
山本祐司（2012）『毎日新聞社会部』河出文庫。
朝日新聞「新聞と戦争」取材班（2011）『新聞と戦争（上・下）』朝日文庫。
朝日新聞「検証・昭和報道」取材班（2010）『新聞と「昭和」』朝日文庫。
ジョーンズ，アレックス・S.（2010）『新聞が消える──ジャーナリズムは生き残れるか』朝日新聞出版。
浜田純一他編（2009）『新聞学（第4版）』日本評論社。
天野勝文他編（2008）『新・現場からみた新聞学』学文社。
畑仲哲雄（2008）『新聞再生──コミュニティからの挑戦』平凡社新書。
前坂俊之（2007）『太平洋戦争と新聞』講談社学術文庫。
春原昭彦（2003）『日本新聞通史（四訂版）──1861年－2000年』新泉社。
北村肇（2003）『新聞記事が「わかる」技術』講談社現代新書。
中馬清福（2003）『新聞は生き残れるか』岩波新書。
青木彰（2003）『新聞力』東京新聞出版局。

◇マス・メディア論
藤竹暁（2012）『図説　日本のメディア』NHKブックス。
福田充編（2012）『大震災とメディア──東日本大震災の教訓』北樹出版。
鈴木秀美・山田健太編著（2011）『よくわかるメディア法』ミネルヴァ書房。
メディア総合研究所放送レポート編集委員会編（2011）『大震災・原発事故とメディア』大月書店。
橋元良明（2011）『メディアと日本人──変わりゆく日常』岩波新書。
渡辺武達他編（2011）『メディア用語基本事典』世界思想社。
内田樹（2010）『街場のメディア論』光文社新書。
下村健一（2010）『マスコミは何を伝えないか──メディア社会の賢い生き方』岩波書店。
早川善治郎編（2010）『概説　マス・コミュニケーション（新版）』学文社。
佐藤卓己（2008）『輿論と世論──日本的民意の系譜学』新潮選書。
山口功二他編（2007）『メディア学の現在　新訂』世界思想社。
湯浅正敏他編（2006）『メディア産業論』有斐閣。
伊藤武夫他編（2004）『メディア社会の歩き方──その歴史と仕組み』世界思想社。

有山輝雄他編（2004）『メディア史を学ぶ人のために』世界思想社。
大石泰彦（2004）『メディアの法と倫理』嵯峨野書院。

◇メディア・リテラシー教育
マスターマン，レン（2010）『メディアを教える――クリティカルなアプローチへ』世界思想社。
髙木まさき編（2009）『情報リテラシー――言葉に立ち止まる国語の授業』明治図書。
上杉嘉見（2008）『カナダのメディア・リテラシー教育』明石書店。
清水克彦・岸尾祐二（2008）『メディアリテラシーは子どもを伸ばす』東洋館出版社。
池上彰（2008）『池上彰のメディア・リテラシー入門』オクムラ書店。
バッキンガム，D.（2006）『メディア・リテラシー教育――学びと現代文化』世界思想社。
東京大学情報学環メルプロジェクト他編（2005）『メディアリテラシーの道具箱――テレビを見る・つくる・読む』東京大学出版会。
富山英彦（2005）『メディア・リテラシーの社会史』青弓社。
井上泰浩（2004）『メディア・リテラシー――媒体と情報の構造学』日本評論社。
国立教育政策研究所編（2004）『メディア・リテラシーへの招待――生涯学習社会を生きる力』東洋館出版社。
鈴木みどり編（2001）『メディア・リテラシーの現在と未来』世界思想社。
菅谷明子（2000）『メディア・リテラシー――世界の現場から』岩波書店。
森田英嗣編（2000）『メディア・リテラシー教育をつくる』アドバンテージサーバー。

◇ジャーナリズム
山本泰夫（2012）『メディアとジャーナリズム――これから学ぶ人のために』産経新聞出版。
小俣一平（2011）『新聞・テレビは信頼を取り戻せるか――「調査報道」を考える』平凡社新書。
武田徹（2011）『原発報道とメディア』講談社現代新書。
山田健太（2011）『ジャーナリズムの行方』三省堂。
田島泰彦他編（2011）『調査報道がジャーナリズムを変える』花伝社。
小黒純他（2010）『超入門ジャーナリズム――101の扉』晃洋書房。
原寿雄（2009）『ジャーナリズムの可能性』岩波新書。
山田隆司（2009）『名誉毀損――表現の自由をめぐる攻防』岩波新書。
石澤靖治（2008）『テキスト 現代ジャーナリズム論』ミネルヴァ書房。
原剛編（2007）『ジャーナリストの仕事』早稲田大学出版部。
原剛編（2006）『ジャーナリズムの方法』早稲田大学出版部。
田村紀雄他編（2004）『現代ジャーナリズムを学ぶ人のために』世界思想社。
花田達朗・ニューズラボ研究会編（2004）『実践ジャーナリスト養成講座』平凡社。
亘英太郎（2004）『ジャーナリズム「現」論――取材現場からメディアを考える』世界思想社。

さくいん

ア行

青木彰　124
青木理　119
赤木昭夫　36
浅野健一　123
アディソン，J.　79
新井直之　138
有山輝雄　89
アンダーソン，B.　81
井川光雄　88
生きる力　4, 61, 192
池上彰　36, 51, 186
石川旺　131
石原慎太郎　114, 121
磯村春子　85
板垣退助　83
一覧性　37, 39, 45, 69, 161, 183, 196
五木寛之　154
犬養毅　90, 91
インターネット　7, 20, 29, 36, 37, 43-46, 63, 64, 80, 86, 96, 98, 108-110, 119, 129, 133, 139, 145, 159, 161, 163, 174, 196, 199, 201
植木枝盛　84
烏賀陽弘道　135
内村鑑三　85, 90
NIEアドバイザー　61
NIE推進協議会　54, 60, 61, 71
大沢豊子　85
大（おお）新聞　82, 83
大村はま　193
小田光康　89
落合芳幾　86
オング，W.　34

カ行

学習意欲　4, 22, 26, 27, 31, 72, 102, 175
学習指導要領　2-4, 6, 7, 10, 14, 19, 20, 27, 30, 55, 58, 61, 102, 103, 127, 151, 178, 179, 182-184, 192
　新（新しい）――　i, 4, 5, 7, 12, 26, 61, 103, 174

学習新聞　40, 184, 185
影山清四郎　73
学級新聞　40, 62, 63, 67, 182
学校教育法　2, 5, 22, 26, 30
学校新聞　63, 67, 136
活字離れ　46, 54, 102
活用型（の）学力（「活用」する力）
　4, 16, 22, 23, 25, 26, 32, 36
茅原華山　85
苅谷剛彦　14
関心・意欲・態度　27, 30
キー・コンピテンシー　4, 8, 9, 15
菊竹六鼓　91
岸尾祐二　65
岸田吟香　90
記者派遣（出前授業）　71, 102
記者クラブ　113-115, 120, 121, 123, 138, 139, 164
木戸孝允　82
逆三角形（型）／逆ピラミッド（型）
　37, 156, 157
キャリア教育　196, 197
教育委員会　15, 16, 60
教育基本法　5, 103
清武英利　89
桐生悠々　91
久瀬蕨村　85
黒岩涙香　85
言語活動（の充実）　i, 6, 10, 12, 19-21, 27, 30, 61, 157, 175, 179, 182-184
言語力　18, 19, 69
言論の自由　42, 78, 79, 82, 83, 90, 91, 93, 97
言論表現の自由　77, 92, 139
コヴァッチ，B.　139
（新聞）広告　49, 51, 55, 66, 71, 79, 83, 86, 94, 98, 99, 108, 109, 139, 144, 160, 162, 172-174, 183
幸徳秋水　85, 90
河野義行　124
越地真一郎　73
国語科　6, 7, 10, 11, 20, 68, 175,

179, 182, 184, 189, 191, 193
小（こ）新聞　82, 83
5W1H　36, 37, 41, 144, 148, 153, 157-159, 184
誤報　89, 116, 117, 122, 125, 166, 167
コラム　21, 23, 28, 29, 36, 37, 55, 82, 111, 144, 146, 151
混成型テキスト　174

サ行

斎藤茂男　118
齋藤孝　51
堺利彦　90
阪根健二　65
佐藤卓己　131
ジェファソン，T.　103
思考・判断・表現　i, 23, 27, 46
思考力・判断力・表現力　4-6, 16, 19, 20, 22, 26-28, 30, 46, 51, 61, 174, 182, 183
事実と意見　37, 150, 151
実践（指定）校　54, 60, 61, 70
シティズンシップ　5, 55, 59, 103
清水潔　124
志水宏吉　17
下村健一　125
社会科　3, 7, 30, 44, 48, 63, 68, 103, 154, 155, 174, 179, 182, 184, 185
写真　20, 24, 25, 33, 37, 39, 51, 55, 66, 90, 100, 144, 145, 149, 155, 160, 167-169, 171, 172, 174, 175, 179, 180, 182-185, 187-189, 192, 195
　新聞――　170
社説　21, 23, 29, 31, 36, 37, 54, 55, 68, 82-84, 91, 100, 110, 139, 146, 147, 150, 151, 180, 192, 194, 195
ジャーナリズム　63, 83, 85, 88, 89, 95, 103, 109-111, 115, 117, 119-122, 125, 136, 139, 142, 148, 163
主体的な学び　30, 32, 33

205

生涯学習　22, 73, 171
条野伝平　86
情報活用能力　43, 54, 55
詳報性　39, 45
情報読解力　4, 5, 22, 23, 47, 51, 175, 181
正力松太郎　88
知る権利　42, 77, 94, 103, 113, 118, 128, 138
新聞学習　3, 63
新聞づくり　5, 23, 31, 51, 55, 62, 67, 178-185
新聞離れ　45, 58
新聞倫理綱領　94, 95, 103, 113
スウィフト, J.　79
末広鉄腸　84
菅家利和　124
スクープ　76, 116, 117, 119, 165
（新聞）スクラップ　23, 31, 36, 51, 54, 62, 70, 72, 186-190, 197-199, 201
鈴木伸男　186
ストレートニュース　148, 149
スピーチ　23, 31, 55, 187, 190, 197
政論新聞　84
妹尾彰　65
全国学力・学習状況調査（全国学力テスト, 全国学力調査）　11, 12, 14-17, 24, 43, 193-195
全国紙　60, 86, 93, 97, 100-102, 105, 107, 111, 130, 135, 136, 143, 162, 163, 166, 174, 192-194, 199
総合（的な）学習（の時間）　2, 19, 73, 178-180, 182, 184, 185, 189

タ行
竹内謙　121
竹越竹代　85
竹中繁　85
田中角栄　115
田中康夫　114, 121
田中義人　65
多メディア時代／多メディア社会　42-45
知識・技能の習得（知識及び技能を習得）　4, 5, 19, 22, 26, 27, 30

地方紙　85, 88, 93, 96, 97, 102, 105, 107, 118, 136, 143, 174, 192, 193, 199
中央教育審議会（中教審）　4, 6, 15, 18, 19, 26, 27, 73
著作権　36, 69, 106, 200, 201
通信社　97, 121, 156
鶴見俊輔　138
TIMSS　6, 12
デフォー, D.　79
出前授業／記者派遣　60, 67
ドヴィファト　136
投稿／投書　20, 23, 28, 29, 31, 33, 54, 55, 67, 70, 71, 82, 83, 146, 147, 186, 196
道徳　2, 189
特集記事／フィーチャー記事　37, 55, 148, 163
特ダネ　116, 117, 120, 143, 164, 165
図書館　7, 20, 43, 56, 57, 64, 65, 71-73
読解力　9-13, 18, 19, 26, 35, 51, 58, 59, 102, 197
　デジタル――　11, 38

ナ行
成島柳北　84
西田伝介　86
西平重喜　132
日本NIE学会　3, 23, 31, 51, 54, 61, 65, 73, 175, 181
日本新聞協会　50, 51, 54, 60, 61, 63-65, 70, 72, 77, 94, 96, 99, 100-103, 105, 113, 115, 116, 121-123, 127, 153, 168, 170, 173, 175, 178, 179, 181, 183, 201
ノースクリップ, V.　79

ハ行
服部桂子　85
ハバーマス, J.　80, 87
浜野隆　17
東日本大震災　29, 72, 96, 114, 119, 134, 135, 137, 139, 148, 153, 168, 172, 173, 196, 198
樋口裕一　51, 186
PISA（調査）　6, 9-12, 15, 18, 19, 24, 26, 35, 38, 43, 51, 60, 61, 103, 157, 174

表現の自由　42, 93, 107, 113, 139, 172, 173
非連続（的）なテキスト　10, 11, 174
ブーアスティン, D.J.　88
ファミリー・フォーカス　64-67, 70, 72, 171
フィーチャー記事　149
福沢諭吉　83
福地桜痴（源一郎）　82, 84, 90
ブロック紙　96, 97, 136
ペイン, T.　79
報道の自由　77, 79, 112, 113, 127, 134, 139
ポートフォリオ　36, 185

マ行
松岡（羽仁）もと子　85
松本サリン事件　117, 122, 124, 125
見出し　21, 23-25, 31, 34, 36, 37, 41, 68, 143-145, 148-150, 152-161, 163, 167, 170, 171, 179-185, 188, 192, 195
宮武外骨　85
ミルトン, J.　78
民主主義　42, 43, 58, 59, 60, 63, 77, 98, 103-105, 107, 109, 115, 118, 146
村山龍平　91
メディア・リテラシー　8, 13, 20, 24, 32, 35, 43, 45, 55, 61, 63, 167, 170, 192, 195
面立て　160, 163
本山彦一　88
問題（の）発見　30, 31, 48, 55, 175
文部科学省（文科省）／文部省　3, 6, 10-14, 17, 18, 20, 38, 62, 101, 103, 178, 182, 196

ヤ・ラ・ワ行
山路愛山　85
読み比べ（比べ読み・比較読み）　23-25, 31, 37, 61, 68, 144, 145, 187, 192-195
リード　37, 144, 150, 152, 158, 159, 182, 184, 185
レイアウト　160, 161, 163
渡辺裕子　72

執筆者紹介（氏名／よみがな／現職） ＊執筆担当は本文末に明記

赤池　幹（あかいけ・みき）
神奈川県・埼玉県NIEコーディネーター（元日本新聞協会NIEコーディネーター）

有馬進一（ありま・しんいち）
神奈川県藤沢市立大庭中学校教諭

植田恭子（うえだ・きょうこ）
大阪府大阪市立昭和中学校指導教諭

臼井淑子（うすい・すみこ）
神奈川県横須賀市立田戸小学校総括教諭

勝田吉彰（かつだ・よしあき）
関西福祉大学社会福祉学部教授

神﨑友子（かんざき・ゆうこ）
京都教育大学附属桃山中学校教諭

岸尾祐二（きしお・ゆうじ）
聖心女子学院初等科教諭

小原友行（こばら・ともゆき）
編著者紹介参照

髙木まさき（たかぎ・まさき）
編著者紹介参照

橋本祥夫（はしもと・よしお）
京都教育大学附属京都小中学校教諭

平石隆敏（ひらいし・たかとし）
編著者紹介参照

深沢恵子（ふかさわ・けいこ）
神奈川県横浜市立本町小学校主幹教諭

福田　徹（ふくだ・とおる）
武庫川女子大学広報室長，講師

森田英嗣（もりた・えいじ）
大阪教育大学教育学部教授

柳澤伸司（やなぎさわ・しんじ）
立命館大学産業社会学部教授

《編著者紹介》

小原友行（こばら・ともゆき／1951年生まれ）
広島大学大学院教育学研究科教授
『初期社会科授業論の展開』（単著，風間書房，1998年）
『21世紀型"読み・書き・算"カリキュラムの開発』（共著，明治図書，2005年）
『情報読解力を育てるNIEハンドブック』（共著，明治図書，2008年）
『「思考力・判断力・表現力」をつける社会科授業デザイン』小学校編，中学校編（編著，明治図書，2009年）
『Citizenship Education in Japan』（共著，Continuum International Publishing Group，2010年）
『デジタルメディア時代の教育方法』（共著，図書文化社，2011年）

髙木まさき（たかぎ・まさき／1958年生まれ）
横浜国立大学教育人間科学部教授
『「他者」を発見する国語の授業』（単著，大修館書店，2001年）
『認識力を育てる「書き換え」学習』小学校編，中学校・高校編（共編著，東洋館出版社，2004年）
『学びを開くNIE──新聞を使ってどう教えるか』（共著，春風社，2006年）
『情報読解力を育てるNIEハンドブック』（共著，明治図書，2008年）
『情報リテラシー──言葉に立ち止まる国語の授業』（編著，明治図書，2009年）
『広がる！ 漢字の世界』（全3巻，監修，光村教育図書，2011年）

平石隆敏（ひらいし・たかとし／1958年生まれ）
京都教育大学教育学部教授
『正義論の諸相』（共著，法律文化社，1989年）
『環境思想を学ぶ人のために』（共著，世界思想社，1994年）
『生命倫理学を学ぶ人のために』（共著，世界思想社，1998年）
『社会哲学を学ぶ人のために』（共著，世界思想社，2001年）
『情報読解力を育てるNIEハンドブック』（共著，明治図書，2008年）

はじめて学ぶ 学校教育と新聞活用
──考え方から実践方法までの基礎知識──

2013年3月30日 初版第1刷発行　　〈検印省略〉

定価はカバーに表示しています

編著者　小原　友行
　　　　髙木　まさき
　　　　平石　隆敏
発行者　杉田　啓三
印刷者　藤森　英夫

発行所　株式会社　ミネルヴァ書房
607-8494 京都市山科区日ノ岡堤谷町1
電話代表 (075) 581-5191
振替口座 01020-0-8076

©小原・髙木・平石ほか，2013　亜細亜印刷・清水製本

ISBN978-4-623-06577-6
Printed in Japan

田中耕治 編
よくわかる授業論
Ｂ５判美装カバー　232頁　本体2600円

田中耕治 編
よくわかる教育評価［第２版］
Ｂ５判美装カバー　232頁　本体2600円

鈴木秀美・山田健太 編著
よくわかるメディア法
Ｂ５判美装カバー　256頁　本体2800円

石澤靖治 著
テキスト 現代ジャーナリズム論
Ａ５判美装カバー　272頁　本体2800円

渡辺暢惠 著
実践できる司書教諭を養成するための学校図書館入門
Ｂ５判美装カバー　216頁　本体2500円

―ミネルヴァ書房―
http://www.minervashobo.co.jp/